管理学基础

主　编　冯其河
副主编　马朝阳　陈　莉
参　编　许　轲　王小林　李　然

机械工业出版社

本教材共分为6个单元,包括管理认知、管理思想的演进、计划职能、组织职能、领导职能和控制职能。与同类教材相比,本教材具有以下几个特点:①运用新理念,采用任务驱动的引导形式;②体现职业性,将创新思维和创新意识融入各学习单元;③以思政为导向,培育符合社会主义核心价值观的管理者素养;④强化普适性,采用通俗、精练的讲解模式;⑤依托互联网+,丰富配套资源。

本教材同步开发在线课程,实现教、学、练、做、考、评的统一,满足翻转课堂和线上线下混合课堂的需要;通过二维码链接资源,将微课视频和动画等融入相关的知识模块,丰富数字化教学资源。

本教材适用于高职高专、五年制高职财经商贸类专业的基础课教学,也可供相关学习者参考。

图书在版编目(CIP)数据

管理学基础/冯其河主编. —北京:机械工业出版社,2024.6(2025.7重印)

ISBN 978-7-111-75608-8

Ⅰ. ①管… Ⅱ. ①冯… Ⅲ. ①管理学-高等职业教育-教材 Ⅳ. ①C93

中国国家版本馆CIP数据核字(2024)第075747号

机械工业出版社(北京市百万庄大街22号 邮政编码100037)

策划编辑:宋 华 责任编辑:宋 华 何 洋
责任校对:樊钟英 王 延 封面设计:王 旭
责任印制:任维东

北京科信印刷有限公司

2025年7月第1版第4次印刷

184mm×260mm・12.25印张・283千字

标准书号:ISBN 978-7-111-75608-8

定价:45.00元

电话服务 网络服务

客服电话:010-88361066 机 工 官 网:www.cmpbook.com
　　　　　010-88379833 机 工 官 博:weibo.com/cmp1952
　　　　　010-68326294 金 书 网:www.golden-book.com

封底无防伪标均为盗版 机工教育服务网:www.cmpedu.com

Preface 前言

在现代社会中，管理可以说无时不在、无处不在。不管从事何种职业，人人都在参与管理。从某种意义上说，我们每个人都是管理者，因而都需要学习管理知识。但究竟如何学好管理，如何在学习中不感到管理的"空"和"虚"，是值得思考的。同时，数字化时代的今天，管理学被赋予了新时代的特点和内涵，管理学教材同样面临创新和变革。本教材依托课程思政时代背景，作为江苏联合职业技术学院规划教材，在教材内容上以管理的实践性和思政性两大主线进行创新。

本教材立足为高职高专管理学课程构建符合时代需求、基于高职教学实际、体现素质（思政）教育和创新精神的专业基础课。本教材具有以下特色。

（1）运用新理念，采用任务驱动的引导形式。本教材基于高职高专院校财经大类专业人才培养目标的要求，以培养学生管理素养与管理应用能力为核心，紧紧围绕职业岗位管理的实际需求，体现"项目导向，任务驱动"的改革理念，以管理的四大职能为主线、以管理认知与管理思想为辅线设置课程整体框架，在每个任务情境下构建具体的工作任务，作为学生学习的着力点，引导学生通过积极思考和主动学习，深刻领会、理解相关知识要点，从而达到"教中做、做中学、学中练"的目的，全面提升管理思维和管理实践能力。

（2）体现职业性，将创新思维和创新意识融入各学习单元。本教材每一个学习单元都采用"学习目标+知识导图+案例启发+模块情境+知识精讲+巩固练习+拓展训练"的编排模式，使学生按照企业运作的管理过程，在实际管理情境中学习管理知识，提高管理技能，在任务完成后还要对学习效果逐一进行训练考核，以便查漏补缺。每个单元都包含很多小故事和课堂提问，一方面可以增加师生间的互动，另一方面也可以促使学生在学习过程中开动脑筋主动思考，从而进一步激发学习兴趣，提高学习和实践的积极性。

（3）以思政为导向，培育符合社会主义核心价值观的管理者素养。本教材每一个学习单元的学习目标不仅包含知识目标和技能目标，更提炼出每一个单元对应的思政价值目标，即素质目标。运用中国企业案例、中国管理故事、中国企业家风采等载体以及拓展训练，把我国具有东方特色的管理理念融入管理基础与应用知识，培养具有良好思想道德素质、正确职业观和工匠精神、社会责任感、爱国精神的德才兼备的技能型人才。

（4）强化普适性，采用通俗、精练的讲解模式。管理学作为一门具有高度综合性的交叉学科，涉及的内容非常广泛。本教材力求通过精练的语言、通俗的解释、丰富的案例，把抽象的理论演绎成易理解的小故事，增强了教材的可读性和教学的趣味性。

前言 Preface

（5）依托互联网+，丰富配套资源。本教材同步开发在线课程，将二维码链接资源——微课、视频、动画等融入相关的知识模块，丰富了数字化教学资源；同时，开放在线课程，实现教、学、练、做、考、评的统一，满足了翻转课堂和线上线下混合课堂的需要。

本教材共分为6个单元、21个模块，适用学时为40～72学时。参考学时分配为：管理认知（4～6学时）、管理思想的演进（6～10学时）、计划职能（8～16学时）、组织职能（6～10学时）、领导职能（10～20学时）和控制职能（6～10学时）。

本教材由江苏联合职业技术学院苏州工业园区分院冯其河任主编，长春职业技术学院马朝阳、苏州信息职业技术学院陈莉任副主编，参加编写的还有许轲、王小林、李然。具体分工如下：冯其河负责全书的统稿；陈莉编写单元一至四，李然编写单元五，许轲编写单元六，其他老师负责习题及相关文字工作。

本教材在编写过程中参考了大量的著作、企业案例和网络素材，在此向所引用文献的作者表示感谢。由于编者水平有限，书中难免存在不足，恳请广大读者批评指正。

编　者

二维码索引

序号	名称	二维码	页码	序号	名称	二维码	页码
1	丁谓修宫殿		002	6	将相和		078
2	三个和尚喝水		002	7	诸葛"经守权变"		123
3	李离伏剑		010	8	孔子尽人之用		135
4	学习型组织典范：华为		035	9	华为激励		155
5	脱贫决策		046	10	扁鹊论医		162

目录 Contents

前言
二维码索引

单元一 管理认知

案例启发 //002
模块一 认知管理 //002
模块二 认知管理者角色 //007
巩固练习 //012
拓展训练 //014

单元二 管理思想的演进

案例启发 //018
模块一 认知中外早期管理思想 //018
模块二 分析西方古典管理理论 //022
模块三 分析行为科学理论 //028
模块四 认知现当代管理理论 //032
巩固练习 //038
拓展训练 //039

单元三 计划职能

案例启发 //044
模块一 认知科学决策与环境分析 //044
模块二 选择决策方法 //051
模块三 编制计划 //062
巩固练习 //072
拓展训练 //073

单元四 组织职能

案例启发 //078
模块一 设计组织结构 //078
模块二 分析组织结构形式 //091
模块三 配备岗位人员 //095
巩固练习 //104
拓展训练 //105

Contents 目录

单元五　领导职能

　　案例启发　//110

　模块一　树立领导理论　//110

　模块二　善用领导艺术　//124

　模块三　识别沟通条件　//129

　模块四　学会有效沟通　//134

　模块五　认知激励基本原理　//139

　模块六　选择激励方法　//150

　　巩固练习　//155

　　拓展训练　//157

单元六　控制职能

　　案例启发　//162

　模块一　分析控制过程　//162

　模块二　选择控制方法与技术　//170

　模块三　实现管理创新　//176

　　巩固练习　//181

　　拓展训练　//182

参考文献

单元一

管理认知

📖 知识目标

- 理解管理的概念、性质
- 掌握管理的职能以及各职能的特点和关系
- 理解管理者的角色与定位
- 掌握管理者应具备的基本素质和技能

📖 技能目标

- 能运用管理者的思维观察、思考、分析和解决实际管理问题
- 会用管理的基本方法和理念提升自己的管理素质和技能

📖 素质目标

- 培养德才兼备、具有社会责任担当力的优秀管理者
- 培养符合新时代发展需求的优秀管理者

▎知识导图

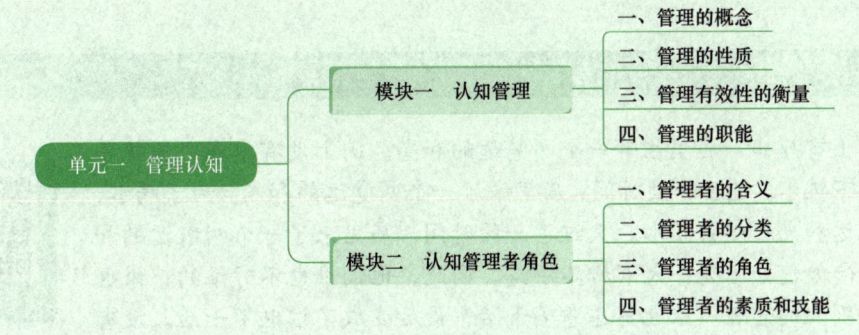

案例启发　丁谓"一举三得"

宋朝真宗年间，皇宫失火，大片宫殿变成废墟。真宗皇帝令曾经做过宰相的丁谓负责建造新皇宫。丁谓到现场一查看，发现有三大问题最难办：一是建房的用土量大，若到郊外取土，路途太远；二是运输难，大批建筑材料只能从外地由水路运到汴水，若再运到皇宫建筑工地，只能靠车马了；三是大片废墟垃圾要运到远处倒掉，这样不知要花费多少人力、物力和时间。

丁谓再三思量，最终想出了一个"一举三得"的办法。他先让人在施工现场到汴水之间挖几条深沟，将挖出来的土堆在两旁，用作烧砖瓦，这样解决了用土的问题。接着，他把汴水引入沟中，使它成为运输材料的河流，等到工程结束后再将水排掉，然后把所有的垃圾倒入沟内，重新填为平地，又成了良田。

丁谓"一举三得"，使工程顺利进行。

【思考】案例给我们带来哪些启示？

【案例启发】丁谓"一举三得"，其过程简单归纳起来，就是就地挖沟（取土烧砖）——引水入渠（水路运输）——填沟平地（处理垃圾）。这说明我国古代就知道运用管理的系统思维，其管理实践也充分体现了我国古人的聪明才智。所以说，管理就是正确地做正确的事。

管理是在协调人类欲望无限性和资源有限性之间矛盾的过程中产生的。管理的历史与组织的历史一样悠远，人类群体活动催生了最早的组织后，管理就产生了。人类群体活动的历史同时也是管理活动的历史。管理与组织如影随形、密不可分。随着人类社会的发展，组织规模越来越大、越来越复杂，管理的重要性也越发凸显。管理无时不在、无处不在。单元一将带领你认知管理，回答什么是管理、管什么、由谁来管等问题。

模块一　认知管理

模块情境

从前山上有座庙，庙里住着一个叫慧远的和尚。山上没有水源，他就每天亲自到山下挑水。过了一段时间，庙里来了一个叫觉远的和尚，为了喝水，他只好与觉远和尚一起去抬水。又过了一段时间，庙里来了一个叫智远的和尚。三个和尚如何分工呢？大家都不清楚。因此，他们谁也不听谁的，谁也不愿意服从别人的管理，谁也不愿意多干活，最后变成了谁也不干活。没有水喝的日子让慧远和尚的心情糟透了。

三个和尚喝水

【思考】三个和尚的力量原本应该比一两个和尚更大，能有更多的水，为什么人越多，水却越少了呢？如果是我们，又该如何保证三个和尚有水喝？

问题分析

为什么三人的力量增加反而没水喝了呢？主要是因为这三个人还没有形成组织管理思维。如果有组织管理意识，那么就有共同的组织目标形成行为动力，就会为了喝水问题制定一个完整的计划、组织等管理过程。

如果从管理的角度来解决喝水问题有很多办法。

（1）建立完善的管理制度。三个和尚分工合作完成挑水或者抬水工作，监督保证水缸长期有水。

（2）采取管理创新激励机制。把挑回来的水量作为考核激励指标，多者可以获得更多的食物或者更多的休息时间等。

（3）完成技术创新。采用新的挑水工作方式——建立引水系统，把山下的水引到山上。

所以，三个和尚最终是否真的没水喝，不在于他们是否有能力挑水，而在于他们三个是否有了共同的目标，是否有了分工，是否有了协作，而这些就是我们所说的管理。

知识精讲

一、管理的概念

关于管理的概念，中外学者有各种不同的观点，许多学者根据自己研究问题的立场、方法和角度对管理进行了不同的定义，可以说是众说纷纭。

1. 国外学者对管理的定义

（1）科学管理之父泰勒认为管理就是："确切地知道你要别人去干什么，并使他用最好的方法去干。"在泰勒看来，管理就是事先安排工作，指导他人用最好的工作方法去工作。

（2）亨利·法约尔对管理学有重大影响。他在《工业管理与一般管理》中指出："管理就是实行计划、组织、指挥、协调和控制。"这一观点强调，当一个人在从事计划、组织、指挥、协调和控制工作时，他便是在做管理工作。

（3）诺贝尔经济学奖获得者赫伯特·西蒙认为："管理就是决策。"西蒙强调，决策贯穿于管理的全过程和所有方面，任何工作都必须经过一系列的决策才能完成，管理者的工作归根结底就是在做各种各样的决策。

（4）彼得·德鲁克认为："管理就是经由他人的劳动，以达成工作目标的一系列活动。"

（5）哈罗德·孔茨等人的观点是："管理就是设计和保持一种良好的环境，使人在群体里高效率地完成既定目标。"他们认为，为在集体中工作的人员谋求和保持一个能使他们完成既定目标和任务的工作环境，是各类企业中各级主管人员的一项基本任务。

（6）斯蒂芬·罗宾斯的观点是："管理是指通过其他人或者与其他人一起有效率和有效果地将事情完成的过程。"罗宾斯强调管理者离不开被管理者，以及强调过程、有效率和有效果。

2. 国内学者对管理的定义

（1）徐国华等人认为："管理是通过计划、组织、控制、激励和领导等环节协调人力、物力和财力资源，以期更好地达成组织目标的过程。"

（2）芮明杰认为："管理是对组织的资源进行有效整合，以达成组织既定目标与责任的动态创造性活动。"

（3）周三多等人对管理的定义是："管理是指组织为了达到个人无法实现的目标，通过各项职能活动，合理分配、协调相关资源的过程。"

3. 本教材对管理的定义

结合百家之长，本教材将管理定义为：管理就是组织在特定的组织环境下，为了更有效地实现组织目标，而对各种资源进行计划、组织、领导、控制等一系列协调活动的过程。这个定义包括以下几层含义：

（1）管理的主体是管理者，回答由谁来管的问题。

（2）管理的客体是各种资源（人、财、物、信息等），即管理对象，回答管什么的问题。

（3）管理的目的是有效地实现组织目标，回答因何而管的问题。

（4）管理的职能是计划、组织、领导和控制，回答如何管理的问题。

（5）组织环境是指组织所处的内外部环境，回答在什么情况下进行管理的问题。

二、管理的性质

1. 管理的二重性

管理从最基本的意义来看有两层含义：一是组织劳动；二是指挥、监督劳动。劳动具有同生产力、社会化生产相联系的自然属性，以及同生产关系、社会制度相联系的社会属性，这就是通常所说的管理的二重性。

（1）自然属性。自然属性是管理的第一属性。管理是保证社会化大生产顺利进行的必要条件，是合理组织生产过程的基本要求。因此，管理的自然属性就是合理组织。生产力的一般属性由生产力和社会化大生产所决定，只要是社会化的大生产，只要是集体劳动，就需要管理。管理与企业的生产关系性质无关，不因社会制度的改变而改变。不论在何种社会制度下，企业均有生产力要素的合理组织问题。管理是企业共有的职能，具有普遍性和永久性。

（2）社会属性。管理总是在一定的生产关系下进行的，不同社会制度、不同历史阶段、不同社会文化，都会使管理呈现出一定的差别，使管理具有特殊性。这就是管理的社会属性，即在一定生产关系下体现阶级意识的特殊属性，它是由社会制度和生产关系决定的。

> **思考与讨论**
>
> 老子曾讲过："人法地，地法天，天法道，道法自然""道生一，一生二，二生三，三生万物"。请问：这两句话蕴涵着什么管理思想？

2. 管理工作既具有科学性又具有艺术性

从管理过程的要求来看，既要遵循管理过程中客观规律的科学性要求，又要体现灵活协调的艺术性要求，这就是管理所具有的科学性和艺术性。

科学性强调了管理有自己的规律、原理、原则，所以管理活动可成为科学分析的对象，可上升为科学知识体系并为人所用。但管理活动中又存在着大量不理性的、无法上升为一般理论的部分，它需要管理者创造性、灵活地处理各种问题，这就是管理的艺术性。

科学是客观规律的反映，艺术是主观创造的反映，管理是客观规律和主观创造的统一。所以，管理是科学性与艺术性的有机统一，管理者一方面要学习管理方面的知识，另一方面又必须在实践中锻炼，积累丰富的经验和技能。

3. 管理的核心是以人为本

在现代社会，人已经取代土地、资本，成为最重要的资源，组织的其他资源都必须靠人才能发挥作用。离开人，一切都无从谈起。人是最有积极性和创造性的因素。管理要以人为中心，管理者要创造相应的环境、条件，以个人自我管理为基础，以组织共同愿景为引导。以人为本的管理强调组织是由人组成的，组织为了满足人不断增长的需求，同时提高员工的工作质量和生活质量，必须依靠全体人员的智慧和力量。因此，现代管理强调以人为本，最大限度地发挥人的作用。

三、管理有效性的衡量

管理的有效性由效率和效果来衡量。

1. 效率

效率是指投入与产出的比值。例如，设备利用率、工时利用率、劳动生产率、资金周转率以及单位生产成本等，这些都是组织效率的具体衡量指标。因为资源是有限的，所以组织要用比较经济的方法来达到预定的目标。对于给定的资源投入，如果组织能够获得更多的成果产出，就有了较高的效率。类似地，对于较少的资源投入，如果组织能够获得同样甚至更多的成果产出，则具有更高的效率。

2. 效果

效果是指目标达成度，涉及活动的结果。效果的具体衡量指标有销售收入、利润、销售利润率、成本利润率、资金周转率等。其中，利润是销售收入与销售成本之间的差额，是衡量效果的一项客观指标。

有效率无效果与有效果无效率都是不可取的，管理的有效性既追求效率更追求效果，效率意味着正确地做事，效果意味着做正确的事。因此，管理是效率和效果的统一，即正确地做正确的事。如果比较正确地做事与做正确的事这两项，后者更重要，因为只有所做的是正确的事，一切才是有意义的；否则，在不正确的事上正确地做事，只能在错误的道路上越走越远。管理的有效性如图1-1所示。

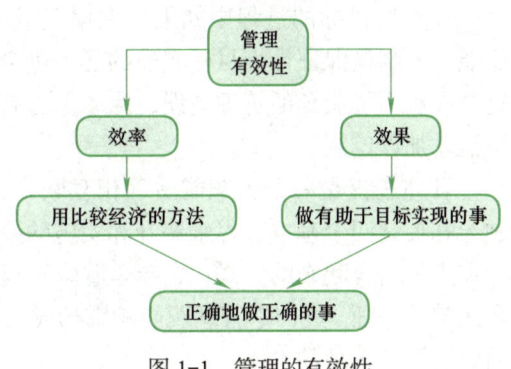

图1-1　管理的有效性

四、管理的职能

管理的职能是指管理者为了有效地管理而必须具备的功能，或者说管理者在执行其职务时应该做些什么。每一项职能表示一类活动。管理学家通常认为基本的管理职能包括计划、组织、领导和控制，其关系如图1-2所示。

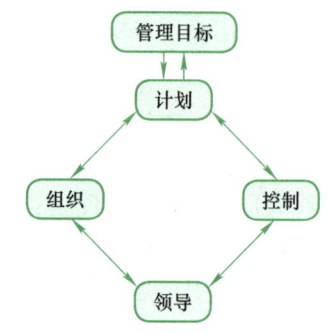

图1-2　管理职能的关系

1. 计划

计划职能是管理的首要职能，是指对未来发展目标及实现目标的活动所进行的设计、谋划及具体的安排。计划是管理的开始，包括信息的获取和处理，对未来的预测，目标的选择，为实现这些目标所采取的策略、政策、规划、程序、步骤、时间、预算等。计划的过程也是决策的过程。

> 谋先事则昌，事先谋则亡。
> ——《说苑·谈丛》

2. 组织

为了有效地实现计划，管理者必须根据工作要求和人员特点设计岗位、配备人员、明确职责和权限关系，形成一个有机的组织结构，使信息、资源和任务在组织内顺畅流动，使整个组织协调地运转。

3. 领导

组织建立以后，领导者就要发挥作用。为了实现组织的目标，领导者必须对组织成员施加影响，包括对他们进行指导、引导和激励，加强沟通，创造一种良好的文化氛围，以使组织成员自觉地与领导者一同去实现组织目标。

领导工作的重点在于调动相关人员的积极性，协调相关人员之间的关系。领导者不仅要进行有效的沟通和激励，还要能够预见未来。

4. 控制

在实现目标的过程中如果存在偏差或失误，要想实现预期的目标，就需要管理的控制职能。控制是保证计划目标实现的必不可少的职能。由于外界环境的不确定性、组织活动的复杂性和不可避免的管理失误，为了保证有效地实现目标，我们必须对环境、组织成员或组织活动加以控制。

管理过程是一个各职能活动相互联系、循环往复的过程。管理正是通过计划、组织、领导和控制四个基本过程来展开和实施的。计划是目标形成的过程；组织是配备人员，将目标和人员结合起来的方式；领导是着眼于提高效率的有效组织方式；控制是整个组织过程正常运转的保证。这四项管理职能相辅相成、不可分割。所有管理职能都是为了协调组织活动，因此协调是管理的本质。

模块二　认知管理者角色

模块情境

汪丽是一家造纸厂的厂长，这家工厂面临着一项指控：厂里排出来的废水污染了邻近的河流。因此，汪丽必须到当地的治水管理局（水利局、河道管理局）和环保局去为本厂申辩。叶明是该厂的技术工程部经理，他负责让自己部门的工作与销售部门相协调。钱夫负责厂里的生产管理，他刚接到通知：每天向本厂提供包装纸板箱的供应厂商发生了火灾，至少在一个月之内无法供货，而本厂的包装车间想知道现在他们该干什么。钱夫说，他会解决这个问题的。最后一位是罗娟，她负责处理办公室的工作，办公室里的员工为争一张办公桌刚发生了一场纠纷，因为它离打印机最远，环境最安静。

【思考】在这家造纸厂里，汪丽、叶明、钱夫和罗娟各自扮演了什么角色？

问题分析

从模块情境中可以看到，汪丽、叶明、钱夫和罗娟在要处理的工作上扮演了不同的角色：汪丽是厂长，她要以企业挂名首脑的角色到治水管理局为本厂申辩废水污染问题；叶明作为工程部门经理，主要以联络者、传播者的角色去负责与销售部门相协调；钱夫以资源分配者、传播者、监听者的角色去处理问题；罗娟则主要以混乱驾驭者的角色来解决内部纠纷问题。

知识精讲

一个企业其管理的功能是相互依赖的。在一个组织中，管理工作是由管理者负责组织开展的。因此，一个组织管理的兴衰成败，首先取决于管理者履行职责的绩效高低。

那么，组织中有哪些管理者角色呢？什么样的人才能成为管理者呢？这些管理者具体又是做什么工作呢？这些都是想要了解组织运作机制的管理初学者或者准备走上管理岗位的人必须首先弄清楚的问题。

> 人之生不能无群，群而无分则争，争则乱，乱则穷矣。
> ——荀子

一、管理者的含义

任何组织都是由人（即组织成员）组成的，每个组织都有一个系统化的结构体系（即组织结构）。在组织中，每个组织成员要有一个共同的目标（即组织目标），为了组织目标，组织要用组织结构来规范和限制组织成员的行为，这就是组织分工。所以，组织是通过分工协作实现组织功能的，其中最大的分工就是操作者和管理者的分离。

操作者就是在组织中直接从事具体业务的人员。他们对组织其他成员不承担监督的职责。例如，公司的业务人员、工厂流水线上的工人、学校的教师、医院的医生等都属于操作者，他们的任务是做好组织下达给自己的具体可操作的任务。

管理者就是为了保证组织正常运行，在组织中负责对组织的资源（人、财、物、信息等）进行计划、组织、领导和控制等管理活动的有关人员。管理者的主要职责是指挥组织中的其他人员完成具体的任务，但不排除也要承担一定的具体事务性工作。例如，公司的经理、企业的主管、学校的校长、事业单位的处长局长等都属于管理者。

衡量一个人是不是管理者，不是看其是否担任一定的职务，关键取决于其是否有直接下属。有没有下属向其汇报工作，是管理者区别于操作者的显著特点。

二、管理者的分类

一个组织对外而言只有一名管理者，但在组织内部，随着组织规模的扩大，通常存在很多管理者。在组织中，不同管理者所负的责任、具有的权限、所处的地位及所起的作用不同，可以采用不同方法将管理者分为不同的类型。其中，最为基本、常用的分类方法有以下两种：

1. 按管理者所处层次分类

按所处层次的不同，管理者可以分为高层管理者、中层管理者和基层管理者。

（1）高层管理者。高层管理者是指对整个组织负有全面责任的管理人员。他们负责制定组织的总目标、总战略，掌握总体方针，有权分配组织中的一切资源，对组织的生存和发展具有极为重要的作用，对组织的成败负有最终责任。高层管理者包括董事长、首席执行官、总裁或总经理及其他高级经理等。

（2）中层管理者。中层管理者负责制订具体计划，是对某一部门或某一方面负有责任的管理人员。他们在高层与基层之间起着桥梁和纽带作用，贯彻执行高层管理者所制定的重大决策并传达到基层，同时将基层的意见和要求反映到高层。中层管理者通常拥有部门主任、科室主管、项目经理、地区经理、产品经理或分公司经理等头衔。

（3）基层管理者。基层管理者又称一线管理者，是管理作业人员的管理人员。基层管理者所关心的主要是具体的战术性工作，他们的主要职责是传达上级的指示和计划，向下属作业人员分派具体的作业任务，指导和协调下属的活动，控制工作进度。基层管理者工作得好坏直接关系到任务的完成和目标的实现。基层管理者通常是汽车厂生产车间一个工作小组的主管人员、医院妇产科的护士长等类似人员。

> **思考与讨论**
>
> 我们身处的组织（企业或者学校），哪些人属于高层管理者？哪些人属于中层管理者？哪些人属于基层管理者？他们的主要职责分别是什么？

2. 按管理者所从事管理工作的领域及专业不同分类

按所从事管理工作的领域及专业不同，管理者可以分为综合管理者和专业管理者。

（1）综合管理者。综合管理者是指负责管理整个组织或组织中某个事业部全部活动的管理人员。综合管理者应当是管理的全才，是全能管理者。例如，一个公司的总经理应当具有生产管理、营销管理、财务管理、人力资源管理、技术管理等多方面的能力。

（2）专业管理者。专业管理者是指仅负责管理组织中某类活动（或职能）的管理者，如人力资源管理人员、营销管理人员、财务管理人员、设备管理人员等。专业管理者应当是某方面的专家，具有某一方面的专长。例如，财务管理人员应当是财务管理方面的行家里手，而营销管理人员应当是精通营销管理的专家。

三、管理者的角色

组织管理中，管理者要履行自己的职责，就必须对自己的角色有一个明确的定位：我到底要扮演什么角色？应该做哪些事务？

在全球管理界享有盛誉的管理学大师、经理角色学派的创始人——亨利·明茨伯格（Henry Mintzberg）在实际调查研究中发现，管理者扮演着十种不同的角色，管理者通过对角色的履行影响组织内外个人和群体的行为。管理者所扮演的十种角色可以进一步划分成三大类，即人际关系方面、信息传递方面和决策制定方面的角色，如表1-1所示。

表1-1 管理者角色分类

角色分类	角色职责	特征活动
人际关系方面		
1. 挂名首脑（形象代言人）	象征性首脑，必须履行法律性或者社会性的职责	接待重要的访客、参加剪彩仪式、签署文件等
2. 领导者	人员配备、激励下属、引导员工努力工作等的有关职责	参与、领导下级的所有活动等
3. 联络者	建立并维护组织与外界的联系、协调组织内部各部门关系的职责	从事外部人员参加的活动、发感谢信等
信息传递方面		
4. 监听者	寻求和获取各种内外部的信息，了解组织内外部环境的职责	阅读期刊与报告、关注新媒体信息、保持私人关系等
5. 传播者	将组织内部或外界的关系信息传递给组织的其他成员的职责	举行信息交流会、与员工电话沟通等
6. 发言人	向外界发布组织的计划、政策、行动结果等的职责	召开董事会、向媒体发布信息等
决策制定方面		
7. 企业家	关注组织内外部环境的变化和事态的发展，发现机会，制定发展策略等职责	开发新产品、制定组织战略、决定国际化扩张等
8. 混乱驾驭者（冲突管理者）	处理组织内部冲突，解决组织问题、意外混乱等的职责	与不合作供应商谈判、调解员工争端、平息客户怒气等
9. 资源分配者	分配组织的各种资源——制定和批准所有有关组织决策的职责	调度、授权、开展预算活动，安排下级的工作等
10. 谈判者	代表组织协调纷争谈判的职责	参加与工会的合同谈判等

四、管理者的素质和技能

1. 管理者的素质

管理者素质的高低直接影响着管理的效果和质量。具备什么样的素质才能成为一个有效的管理者，是一个比较复杂的问题。一般而言，有效的管理者必须具备一定的品德素质、知识素质、心理素质和能力素质。

（1）品德素质。所谓品德就是道德品质，是一个人依据一定社会道德准则行动时所表现出来的行为特征。一个人的品德是推动其行为的主观力量，决定了其工作的意愿和热情。

> 德若水之源，才若水之波；德若木之根，才若木之枝。
> ——《论语》

尽管不同社会、不同时代对品德标准的理解和要求有所不同，但几乎每种社会形态、每个组织都把品德作为选用人才的首要条件和共同原则。管理者应具备的品德素质一般包含以下几个方面：

1）事业心和责任感。管理者的事业心和责任感主要体现在其管理意愿上。强烈的管理意愿是管理者实现高效管理的原动力。管理者如果缺乏管理意愿，也就缺乏为他人承担责任、激励他人取得更大成绩的愿望，从而也就不可能在管理上取得成绩。只有有了事业心和责任感，管理者的管理潜力才可以充分发挥，就会愿意多做事、勇于竞争、敢冒风险，从而在管理岗位上有所作为。

2）开拓进取精神。不断进取的精神、高尚远大的志向、敢于拼搏的勇气、不怕失败的韧性是管理者应该具备的最基本的品质。管理者首先应该成为一名改革者、开拓者。管理是一种开拓性的工作，管理者如果没有开拓进取的精神，就无法做好管理工作，也无法成为一个合格的管理者。

3）公道正派、与人为善。管理者一定要为人正直、坚持原则，处理问题要公道正派、不徇私情。一方面，管理者用人唯贤而不唯亲，不搞帮派；另一方面，管理者还要关心、理解下属，善意待人，以诚相见。

4）以身作则、清正廉洁。管理者要想管好别人，必须首先管好自己。管理者言行一致、表里如一、严于律己、清正廉洁，这样才能在组织中建立起自己的威信，获得员工的认可，才会有强大的影响力和号召力。

5）谦虚谨慎、作风民主。管理者应虚心听取别人的意见，做到虚怀若谷，不嫉妒贤能，能容人、容物、容事，要以善意、诚恳的态度与员工建立良好的沟通关系。这样的管理者才能拥有良好风范。

6）好学向上、勤奋钻研。随着社会的发展和进步，管理及其他领域的知识都在不断更新，方法和技术手段也在不断发展。要想做好管理工作，管理者一定要有勤奋好学、积极向上、刻苦钻研的精神，不但要掌握管理学的新知识、新方法、新手段，也要了解其他学科领域的新理论、新成果、新技术。管理者要成为终身学习、学习型组织的带头人。这样的管理者才能不断提高素质、与时俱进，跟上时代发展的步伐。

（2）知识素质。管理活动是涉及政治、经济、技术和文化等社会各方面的复杂活动。管理工作融汇了很多学科的知识，广泛的知识是提高管理能力和管理水平的基础。管理工作不仅要求管理者掌握专业的知识，更需要管理者具备深厚的知识素养。一般来说，管理者应该掌握以下几方面的知识：

1）政治、法律方面的知识。管理者只有掌握所在国家执政党的路线、方针、政策，所在国家的有关法律法规等，才能把握组织的发展方向。

2）经济学和管理学知识。管理者只有了解当今管理理论的发展情况，掌握基本的管理理论与方法，才能按经济管理办事。

3）心理学、社会学方面的知识。管理者只有善于协调人与人之间的关系，才能调动员工的积极性。

4）专业技术方面的知识。管理者无论管理什么行业，都必须具备本专业的基础知识。管理者可以不是某个领域的专家，但一定要成为内行，避免发生"外行领导内行"的情况。

（3）心理素质。管理活动是一项复杂、艰苦的实践活动，经常会遭遇失败和挫折，常常会受到误解和排斥。要成为一名合格的管理者，必须具备良好的心理素质。一般来说，良好的心理素质主要表现为充满自信、意志坚强以及胸怀宽广。

（4）能力素质。管理者必须有把控全局、准确判断的能力，要有敢于决策、勇担责任的魄力。这里的管理者能力素质主要包括创新能力、沟通能力、观察能力、人际交往能力、组织管理能力、语言表达能力等。

2. 管理者的技能

管理者要想在不同的环境中履行自己的职责，扮演好自己的管理者角色，就必须具备一定的能力。管理是否有效，很大程度上取决于管理者是否真正具备了作为一名管理者应该具备的管理技能。关于管理者应该具备的技能，管理学家提出了各种不同的观点。当前比较被认可的有罗伯特·卡茨（Robert Katz）的研究结论，他指出管理者要具备技术技能、人际技能和概念技能三种技能。

（1）技术技能（Technical Skill）。技术技能是指使用某一专业领域内的程序、技术、知识和方法完成组织任务的能力。例如，生产技能、财务技能、营销技能等都属于技术技能的范畴。管理者要想有效工作，就必须具备一系列相应的技术技能。例如，饭店的管理者也许需要具备烹调技能，以便厨师不在时能够替换上阵；也许需要会计技能，以掌控收入、成本和员工薪资支出；也许需要审美技能，以使饭店对顾客充满吸引力。尽管管理者未必要成为技术专家，但仍需要了解并初步掌握与其管理领域相关的基本技能。当然，不同层次的管理者对技术技能要求的程度不同。技术技能对于基层管理者最重要，对于中层管理者较重要，而高层管理者对技术技能往往只需要一般的了解。

（2）人际技能（Human Skill）。人际技能是指与处理人际关系有关的技能，即理解、激励他人并与他人共事的能力。有效管理者的突出特征之一就是具有良好的沟通、协调能力，能够激励人们使其融合为一个目标一致的团队。为了有效管理好人际互动性活动，组织中的每一个人都需要学习如何与他人形成默契，如何理解他人的观点及他们所面临的问题。人际技能对于高、中、基层管理者的重要性大体相同。

（3）概念技能（Conceptual Skill）。概念技能是指纵观全局，洞察企业与环境要素间相互影响和作用的能力。具有概念技能的管理者往往能够感知和发现环境中的机会与威胁，理解事物的相互关系，并找出关键影响因素，权衡不同方案的优势和内在风险。

概念技能对高层管理者最重要，对于中层管理者较重要，对于基层管理者则不太重要。

要想成为有效的管理者，就必须具备上述三种技能，缺乏其中任何一种都可能导致管理工作的失败。但对处于不同层次的管理者来说，三种技能的侧重点不同。一般高层管理者更强调概念技能，中层管理者的人际技能较重要，而基层管理者的技术技能更突出。图1-3清晰地表达了这些技能与管理层次之间的关系。

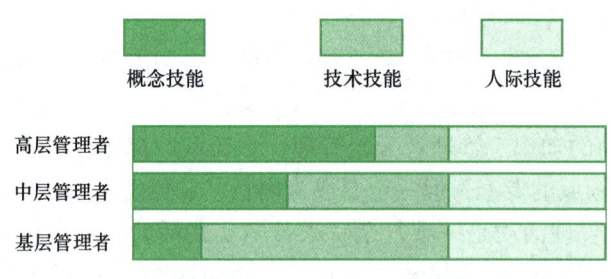

图1-3　不同层次管理者的技能要求

> **管理故事**　**老板的价值**
>
> 　　俗话说："林子大了什么鸟都有。"有一个人去买鸟，正遇上市场中出售三只鸟，于是他问第一只鸟要多少钱。主人开价500元，原因是它会用电脑。会用电脑？这倒很新奇，他决定买下来再说。此人走到第二只鸟的面前，觉得它外表不错，走上去问这只鸟值多少钱。主人说它值1 000元，原因是它不仅会用电脑，还会编程。这更新奇，于是他又买了下来。此人接着问第三只鸟会什么，主人说从来没看它做过什么，但值2 000元，因为前面那两只鸟管这只鸟叫老板。
> 　　【思考】你会"买"哪只鸟？你愿意成为哪只鸟？

巩固练习

一、选择题

1. 关于管理的应用范围，人们的认识不同，你认为下列说法最准确的是（　　）。
   A．只运用于营利性工业企业　　　B．普遍适用于各类组织
   C．只适用于非营利性组织　　　　D．只适用于营利性组织
2. 对资源进行计划、组织、领导、控制，以有效地实现组织目标的过程，称为（　　）。
   A．管理　　　　B．协调　　　　C．战略　　　　D．激励
3. 有效管理是有（　　）的管理。
   A．效果　　　　B．效率　　　　C．A+B　　　　D．以上均不正确
4. 管理的二重性是指管理的（　　）。
   A．科学性和艺术性　　　　　　　B．历史性和现实性
   C．理论性和实践性　　　　　　　D．社会属性和自然属性
5. 反映管理同生产力、社会化大生产相联系的属性是（　　）。
   A．自然属性　　B．社会属性　　C．科学性　　　D．艺术性

6. 管理人员与一般工作人员的根本区别在于（　　）。
   A．需要与他人配合完成组织目标
   B．需要从事具体的文件签发审阅工作
   C．需要对自己的工作成果负责
   D．需要协调他人的努力以实现组织目标
7. 美国管理大师彼得·德鲁克说过，如果你理解管理理论，但不具备管理技术和管理工具的运用能力，那么你还不是一名有效的管理者；反过来说，如果你具备管理技巧和能力，但是未掌握管理理论，那么你充其量只是一个技术员。这句话说明（　　）。
   A．有效的管理者应该既掌握管理理论，又具备管理技巧与管理工具的运用能力
   B．是否掌握管理理论对管理者工作的有效性来说无足轻重
   C．如果理解管理理论，就能成为一名有效的管理者
   D．有效的管理者应该注重管理技术与管理工具的运用能力，而不必注意管理理论
8. 企业管理者可以分成基层、中层、高层三种，其中高层管理者主要负责制定（　　）。
   A．日常程序性决策　　　　　B．长远全局性决策
   C．局部程序性决策　　　　　D．短期操作性决策
9. 管理者密切关注组织内外部环境的变化和事态的发展，以便发现机会进行投资，如开发新产品、提供新服务或发明新工艺。这是管理者扮演的（　　）角色。
   A．领导者　　　　　　　　　B．企业家
   C．资源分配者　　　　　　　D．发言人
10. 下表统计了不同层次的管理者花在各项管理职能上的时间分布。请据此分析：下列说法错误的是（　　）。

管理者层次	管理职能所占时间比例			
	计划	组织	领导	控制
高层管理者	28%	36%	22%	14%
中层管理者	18%	33%	36%	13%
基层管理者	15%	24%	51%	10%

   A．所有管理者承担着相同的管理职能
   B．随着管理者层次的提升，管理者将从事较多的计划工作
   C．不同层次的管理者花在不同管理职能上的时间是不同的
   D．对高层管理者而言，因其很少从事领导工作，所以不必具备人际技能

二、问答题

1. 什么是管理？
2. 什么是管理的科学性和艺术性？
3. 管理的有效性衡量是什么？
4. 管理者应具备的素质和技能有哪些？

拓展训练

拓展1：自我评估练习

你在一个大型组织中从事管理的动机有多强？下面的问题用来评价你在一个大型组织中从事管理的动机，它们基于七种管理者的角色维度。对每一个问题，选择最能反映你动机强烈程度的数字（弱 1 2 3 4 5 6 7 强）。

（1）我希望与我的上级建立积极的关系。　　　　　　　　　　　（　　）
（2）我希望与和我同等地位的人在游戏和体育比赛中竞争。　　　（　　）
（3）我希望与和我同等地位的人在游戏和与工作有关的活动中竞争。（　　）
（4）我希望以主动和果断的方式行事。　　　　　　　　　　　　（　　）
（5）我希望吩咐别人做什么和用命令对别人施加影响。　　　　　（　　）
（6）我希望在群体中以独特和引人注目的方式出人头地。　　　　（　　）
（7）我希望完成通常与管理工作有关的例行职责。　　　　　　　（　　）

测评结果

您的得分将落在 7～49 分的区间，评分标准如下：
得分为 7～22 分的，具有较弱的管理动机。
得分为 23～34 分的，具有中等的管理动机。
得分为 35～49 分的，具有较强的管理动机。

拓展2：课后实践

组建大学生模拟公司

实训目的

1．培养学生初步运用管理基础知识建立现代组织的能力。
2．掌握管理者的角色，并培养管理者的技能。

实训内容

1．管理基本职能的运用。
2．管理者的分类。
3．管理者技能的表现形式。
4．根据所学的知识与对企业的调查、访问获得的信息资料，组建模拟公司。

方法与要求

1．把全班分成 6～8 人一组，组建"××大学×××模拟公司"，共同商议确定公司名称，并建立公司及各成员的"学习积分卡"。

2. 各模拟公司进行总经理竞聘，先组织集中公开演讲，演讲内容要切合本单元理论与实践知识，突出竞聘目标思路，然后参照选举程序，全体成员投票选举产生总经理。

3. 按组织职能设计各部门和人员分工。例如，设置总经理室、办公室、财务部、生产部、营销部、公关部等，各部门设置后，再将人员按职位分工。

4. 在竞聘演讲的基础上，组织一次学习与交流活动。每个组推荐1～2名演讲能力强且口才好的成员发表竞聘演讲，并开展学习讨论，引导学生之间相互学习、取长补短。

5. 演讲讨论后，每个人根据竞聘活动的情况并结合本单元学习的内容，撰写一份心得体会。

实训考核

1. 投票选出公司的总经理，完成模拟公司的初步组建。
2. 每位同学上交一份总经理竞聘演讲稿或提纲。
3. 由教师和学生对各公司的组建情况进行评估打分，并记入公司积分。

单元二

管理思想的演进

知识目标

- 了解中外管理思想的形成与发展
- 掌握古典管理理论、行为科学理论的基本内容及代表人物
- 熟悉现代管理理论丛林中各学派的主要观点
- 了解并关注当代管理理论的最新进展

技能目标

- 能简单阐述中外管理思想的异同
- 会初步运用相关管理理论的方法分析和解决实际问题

素质目标

- 培养具有一定专业素养和职业精神的职场人士
- 培养符合新时代发展需求的优秀管理者

知识导图

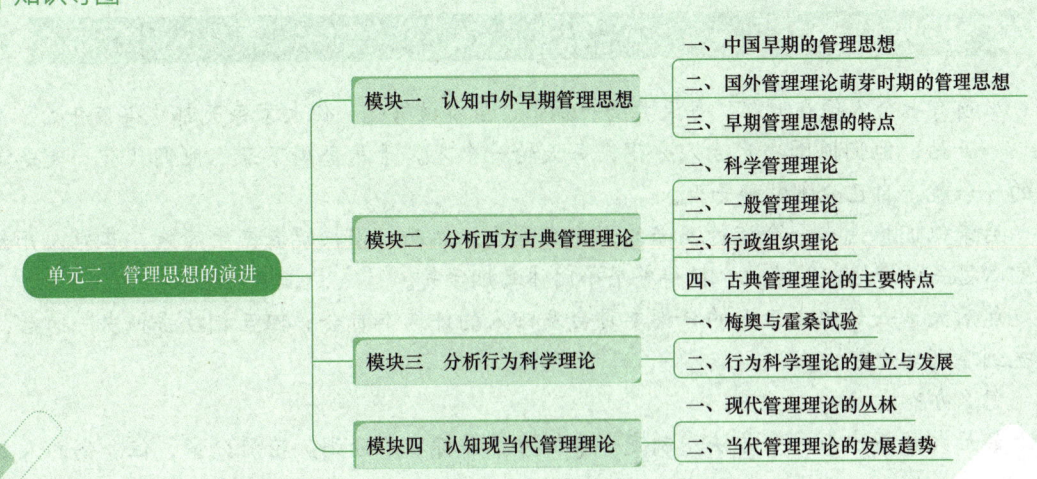

> **案例启发** 两小儿辩日
>
> 孔子东游，见两小儿辩斗，问其故。
> 一儿曰："我以日始出时去人近，而日中时远也。"
> 一儿曰："我以日初出远，而日中时近也。"
> 一儿曰："日初出大如车盖，及日中则如盘盂，此不为远者小而近者大乎？"
> 一儿曰："日初出沧沧凉凉，及其日中如探汤，此不为近者热而远者凉乎？"
> 孔子不能决也。两小儿笑曰："孰为汝多知乎？"
>
> 【思考】"两小儿辩日"案例给我们带来哪些启示？
>
> 【案例启发】两小儿辩日，说明了人们认知的维度不同，论证的关键点不同，同一个现象可以有多种不同的解释与说法，并不是"东风压倒西风"或者"西风压倒东风"。中外管理思想也同样遵循此道理。我国古代不仅有丰富多样的管理思想，也有充满智慧的管理实践，只是由于特定原因而没有形成完整的理论体系。直至19世纪末20世纪初，系统化的管理思想才随着生产力的高度发展和科学技术的进步，在西方形成并蓬勃发展起来。
>
> 管理的历史之所以出现脱节，是因为管理领域缺少系统理论的支撑。本单元主要介绍中外管理思想、管理知识如何从经验之谈一步步演变成科学理论，以及当前的发展趋势。

管理思想的产生和发展同管理实践活动有着密切的关系，管理思想和管理理论是在对管理实践中积累的经验进行总结、提炼后形成的，是对管理活动的体系化的认识，但这种认识反过来又对管理实践活动起着指导和推动作用。本单元主要对管理思想和管理理论的发展历程做简要介绍，以便为不同时期的管理实践提供理论基础。

模块一　认知中外早期管理思想

模块情境

从前有七个人住在一起，每天共喝一桶粥，虽本该够吃，但大家每天都吃得不开心。

一开始，他们抓阄决定专人分粥，每天轮一个人。于是每周下来，他们只有一天是满意的——就是自己分粥的那一天。

后来他们推选出一个道德高尚的人出来分粥。然而，强权就会产生腐败，其他人开始挖空心思去讨好他、贿赂他，搞得整个小团体乌烟瘴气。

然后大家开始组成三人的分粥委员会及四人的评选委员会，但互相攻击扯皮一通后，粥吃到嘴里全是凉的。

怎么办？

最后大家想出来一个方法：制定一个标准，按标准来分粥。轮流分粥，但分粥的人要等其他人都挑完后拿剩下的最后一碗。为了尽量分得平均，每人都照规则分粥拿粥。从此大家都快快乐乐、和和气气，日子越过越好。

【思考】为什么一开始大家都不开心，最后满意了？

问题分析

管理的真谛在"理"不在"管"，"管"其实是为了不管。管理者的主要职责是制定标准和规则。

从模块情境中，我们注意到，前面抓阄分粥、长者分粥以及委员会分粥都是考虑"分粥"本身这件事如何做下去，所以总有人不开心，主要是没有抓住管理的真谛——"建立合理公平的标准与规则"。后面建立了"轮流分粥，分者后取"的限制以权谋私的公平合理的规则，让每个人都按照规则自觉进行自我管理，从而使个人利益与他人利益以及集体利益都得到最大限度的保障，因此大家都很满意。

所以，责任、权力和利益是管理平台的三根支柱，缺一不可。缺乏责任，公司就会产生腐败，进而衰退；缺乏权力，管理者的执行就变成空谈；缺乏利益，员工的积极性就会下降，消极怠工。只有管理者搭建一个好的"责、权、利"结构平台，员工才能"八仙过海，各显其能"。

知识精讲

在人类早期的发展中，形成了灿烂的古代文化，孕育出诸多管理思想，出现了众多管理思想家，他们在不同的方面提出了自己的管理主张。下面从中外两个角度对这些管理思想进行概述。

一、中国早期的管理思想

中国是世界著名的文明古国，其灿烂的历史文化包含了丰富的管理思想，也产生了许多对管理有贡献的古代政治家、军事家和思想家。我国古代的一些管理思想近年来引起世界管理学界的注意，尤其是日本的管理学者和企业家，更是竞相研究与运用。

反映我国古代管理思想的主要著作有《尧典》《孙子兵法》《周礼》《管子》《货殖列传》《梦溪笔谈》《天工开物》等。这些文献包含了国家管理、市场管理、经营理论、用人之道、领导艺术等各种思想。

春秋战国时期的孙武所著的《孙子兵法》，蕴含了丰富且深邃的战略管理思想。《孙子兵法》中"知彼知己，百战不殆"的战略思想、"因敌变化而取胜"的应变策略等已成为当今企业在竞争中取胜的法宝。曾有学者评价，讲管理谋略的周详、具体和可操作性，莫过于《孙子兵法》。

儒家思想是中国传统文化的主流，着重对人类精神文明的研究。孔子是儒家文化的主要代表，《论语》一书记载了他对人性的看法及建立在此基础上的管理观点。孔子主张用"道之以德，齐之以礼"的方法来进行管理，运用仁爱心、自尊心、自信心、自觉心来发挥其内在动力，以求达到社会的平衡与协调。这最终成为贯穿儒家管理思想的一条主线，也成为儒家管理思想的主要特征。《论语》成为人与人之间关系的维护，以及管理者和被管理者自我修养的重要依据。

法家理论对人性的假设与儒家正好相反。法家是春秋战国时期主张以"法"治国的一个重要学派，其主要代表人物有荀子、韩非子。法治思想是建立在人性本恶的基础之上，认为人的本性是"好利恶害"，人与人的关系纯粹是利害关系，人都是好利自私的。为此，韩非子提出了要依循人好利的本性来进行治理，从而达到社会治理或管理的有序。

我国古代还有一位在经营和财政管理方面做出突出贡献的人物——春秋末期的政治家兼巨商范蠡。范蠡提出了许多经营原则，这些原则在今天仍然具有非常有效的启示。如"务完物，无息币。以物相贸易，腐败而食之物勿留，无敢居贵。论其有余不足，则知贵贱。贵上极则反贱，贱下极则反贵。贵出如粪土，贱取如珠玉。财币欲其行如流水。"这强调了物价贵贱的变化是因为供求关系的有余和不足，建议谷贱时由官府收购，谷贵时平价出售。又如，范蠡还强调"财政乃国家经济之本"。这些主张为封建集权统一的财政管理制度奠定了基础。

总之，我国古代管理思想虽未形成独立的理论体系，但丰富多彩、博大精深，是全人类文化宝库中的重要组成部分。其中比较有代表性的管理思想如表 2-1 所示。

表 2-1 中国古代管理思想

流派	人性假设	管理思想核心	管理目标	代表人物
儒家	人性善	实施仁政、以德治国	齐家、治国、平天下	孔子、孟子
道家	人性自然	无为而治	实现"至德之世"	老子、庄子
法家	人性恶	法治和刑治作为管理的根本	富国强兵	韩非子、商鞅
墨家	人性互利	平等相爱、同一和谐、节约尚贤	全社会平等博爱、和谐共处	墨子
兵家	人性复杂	谋略至上、随机应变、知己知彼、不战而屈人之兵	战必胜	孙子

二、国外管理理论萌芽时期的管理思想

18 世纪中期到 19 世纪末的 100 多年里，是西方资本主义工厂制度兴起到资本主义自由竞争发展的时期。此时的人们已朦胧地意识到管理的重要性，并力图摆脱传统管理的桎梏，以寻求资本主义企业的生存发展之道，出现了一些具有代表性的人物及管理思想。

1. 亚当·斯密

亚当·斯密（Adam Smith，1723—1790）是资本主义古典政治经济学的创始人，于 1776 年发表了代表作《国民财富的性质和原因的研究》（即《国富论》）。该著作在论述资本主义"自由经济"的同时，也提出了对管理发展有重大影响的管理见解。

1）提出了"分工协作原理"和"生产合理化"的概念，认为对经济效益的追求主要依靠提高效率来完成，而效率的提高依靠分工。有了分工，同样数量的劳动者就能完成比过去多得多的工作量，所以只有分工协作才能提高劳动生产率。斯密还举了制针厂的例子：一个熟练工单独干一天做不出 20 枚针，而 10 个工人分工合作，每天可制针 4 800 枚，即分工的效率是单干的 24 倍。

2）提出了"经济人"的观点，即经济活动产生于个人利益基础上的共同利益，认为个人在追求个人利益最大化的同时，必须兼顾他人利益，在此基础上产生了共同利益，形成了总的社会利益。个人追求利益的动机和行为有利于发展生产、调动积极性，会自然而

然达到社会的共同利益。后来，斯密"经济人"的观点成为资本主义管理理论的重要依据之一。

2. 查尔斯·巴贝奇

查尔斯·巴贝奇（Charles Babage，1792—1871）是英国剑桥大学教授，代表作是1832年出版的《论机器和制造业的经济》。他在开创与发展把科学方法应用到管理研究方面做出了突出贡献。作为一名技术发明家，巴贝奇接触了制造业的管理问题，并带着极大的兴趣进行了研究，提出了自己的观点。

1）深化了劳动分工原理，认为分工除提高效率外，还可节省工资支出。分工前，工厂主要按全部工序中技术要求最高、体力要求最高的标准支付工资；分工后，则可依不同工序的复杂程度、劳动强度雇用不同的工人，支付不同的工资。

2）提出了边际熟练原则，即对劳动强度进行界定，将其作为计算报酬的依据，同时还对比每个工人创造的效益与企业的效益，按比例付给工人奖金。

3）提出了管理的机械原理，即以科学的方法分析工人的工作量及原材料的使用情况，以提高工作效率。

这些都是巴贝奇对管理思想所做的重大贡献，也为以后古典管理理论的形成提供了一定的思想依据。

3. 罗伯特·欧文

罗伯特·欧文（Robert Owen，1771—1858）是英国空想社会主义代表人物，也是一名企业管理改革家，被人们誉为现代人力资源管理的先驱。欧文提出了著名的管理思想——"人是环境的产物"，即有什么样的环境就会产生什么样的人。他把这种思想应用到企业中，并对此进行了管理实验。实验的结果如欧文所预测，即当企业为工人提供了良好的生活和工作环境时，工人们始终处在争做第一的激励当中。因此，他认为只要对工人加以训练和指挥，就可以使其效率提高50%～100%。欧文在人事管理方面的理论与实践，对后来的行为科学理论产生了很大影响。

三、早期管理思想的特点

由于早期没有系统的管理理论指导，这一阶段的管理工作呈现出以下几个特点。

1）管理的重点是解决企业劳动分工与协作问题。

2）管理的内容局限于生产管理、工资管理和成本管理。

3）管理的方法是凭个人经验，即经验管理。管理工作的成败取决于管理者个人的能力、经验、个性和管理作风。

4）企业的管理工作主要由企业的所有者承担。

> **思考与讨论**
>
> 这一时期的西方管理与我国民营企业发展初期的企业经营管理有何不同？

模块二　分析西方古典管理理论

模块情境

联合包裹运送服务公司（UPS）雇用了15万名员工，平均每天将900万件包裹发送到美国各地和180个国家。为了实现公司的宗旨——"在邮运业中办理最快捷的运送"，UPS的管理层对其员工进行了系统的培训，以使他们以尽可能高的效率工作。UPS的工程师们对每一位司机的行驶路线都进行了时间研究，并对每种运货、暂停和取货活动都设立了标准。这些工程师记录了红灯、通行、按门铃、穿过院子、上楼梯、中间休息喝咖啡，甚至上厕所的时间，并将这些数据输入计算机中，从而给出每一位司机每天工作的详细时间标准。

为了完成每天取送130件包裹的目标，司机必须严格遵循工程师设计的程序。当他们接近发送站时，就会松开安全带，按喇叭，关发动机，拉起紧急制动，把变速器推到1挡上，为送货完毕的启动离开做好准备，这一系列动作严丝合缝。然后，司机从驾驶室出来，右臂夹着文件夹，左手拿着包裹，右手拿着车钥匙；他们看一眼包裹上的地址并记在脑子里，然后以每秒3英尺（1英尺=0.304 8米）的速度快步走到顾客的门前，先敲一下门以免浪费时间找门铃。送货完毕后，他们在回到货车驾驶室的路途中完成登录工作。

【思考】这种刻板的时间表会不会烦琐？它真能带来高效率吗？

问题分析

亚当·斯密在《国富论》开篇中说："劳动生产力上最大的改进，以及运用劳动时所表现的更大的熟练程度、技巧和判断力，似乎都是分工的结果。"

从模块情境中我们可以看到，UPS的15万名员工，每天将900万件包裹发送到美国各地和180个国家，这需要分工来提高邮递效率。同时，不仅通过分工，更需要对各个工种进行标准化科学程序设计。例如，货运司机要严格遵循程序，包括接货运输、送货的每一个工作细节以及顺序，都通过标准化设计、动作规范化培训以及严格控制等方式提高生产效率。模块情境中强调的是工作效率和生产产出，但没有关注员工会不会觉得烦琐而不耐烦等心理因素带来的其他问题。

知识精讲

系统的管理科学产生于19世纪末20世纪初，是随着资本主义工业的发展而逐渐形成和发展起来的。一般认为，管理科学是由美国管理学家泰勒提出的，历经古典管理理论、行为科学理论和现代管理理论三个发展阶段。当然，这三个阶段并不是截然分开的，更不是前一阶段结束后下一阶段才开始的，将其分为不同阶段只是为了讨论方便。

一般认为，古典管理理论主要由三个理论学派构成，即以泰勒为代表的科学管理理论、以法约尔为代表的一般管理理论和以韦伯为代表的行政组织理论。

一、科学管理理论

科学管理理论形成于 19 世纪末 20 世纪初，泰勒 1911 年出版的《科学管理原理》是其正式形成的标志，泰勒也被誉为"科学管理之父"。

1. 泰勒的生平

弗雷德里克•温斯洛•泰勒（Frederick Winslow Taylor，1856—1915）出生在美国一个富裕的律师家庭，他年幼时就爱好科学研究、调查与实验，在考入哈佛大学法学院不久后因得了眼疾而被迫辍学，从而放弃了继承父业的理想。1875—1878 年，泰勒在费城一家小钢铁机械制造厂当学徒工，1878 年任职于米德维尔钢铁公司，不久后升任车间管理员，而后又升至技师、工长、总工程师等职位。这一自下而上的晋升经历，决定了他比较注重基层生产技术等方面的现场管理，以及处理定额标准、时间动作分析等具体管理业务的问题，并在此基础上形成了以劳动管理为主的科学管理理论。

2. 科学管理的主要思想

科学管理的主要思想就是抛弃了根据经验和习惯或主观想象与假设进行管理的做法，用"科学"的观点分析工作，制定各种标准操作方法和制度，并用此方法对工人进行指导训练，以提高劳动生产率。

科学管理制度又被称为泰勒制，其目标是提高劳动生产率。把"经济大饼"做大会使追求利益的劳资双方所占份额同时增加，避免一方多得而另一方少得。为此，泰勒制特别强调劳资双方要进行一场"心理革命"，以构成科学管理的实质。

3. 科学管理的主要内容

科学管理的主要内容包括工作定额原理、标准化原理、科学挑选工人并使之成为"第一流工人"、实行差别计件工资制、管理工作专业化原理、管理控制的例外原理。

（1）工作定额原理。泰勒认为，必须通过工时和动作研究制定出工人的"合理的日工作量"。其方法是选择合适且技术熟练的工人，把他们每一个动作、每一道工序所用的时间记录下来，加上必要的休息时间和其他延误时间，就得出完成该项工作所需要的总时间，以此来确定工人的工作定额，以实行定额管理。

（2）标准化原理。为使工人完成较高的工作定额，就要使其掌握标准化的操作方法，使用标准化的工具、机器和材料，并使作业环境标准化，消除各种不合格因素，把各种最佳因素结合起来，形成一种标准化的作业条件。

（3）科学挑选工人并使之成为"第一流工人"。所谓的"第一流工人"，是指适合所干工作又有进取心的工人，而不是"超人"。泰勒认为，管理人员的责任在于按照生产的需要，对工人进行选择、分工、培训，使之完成最适合他能力的、最有趣的和最有利的工作。

（4）实行差别计件工资制。以有科学依据的定额为标准，采用差别计件制，以激发工人的工作积极性，因此它又称为刺激性付酬制度。这是根据工人是否完成定额而采取不同工资率的付酬制度。如果工人没有完成定额，就按"低工资率"付酬，即正常工资率的 80%；如果超过定额，全部都按"高工资率"付酬，即正常工资率的 125%。

（5）管理工作专业化原理。该原理提出把计划职能同执行（实施操作）职能分开，管理人员也要专业化分工。泰勒设想了"职能工长制"，建议对每个工人的监督至少要有八个职能工长，或者说一个班组的工长要有八种管理职能，而这些职能可分为计划和执行两部分，并由两个管理部门分别承担。其中，工作流程管理、指示卡管理、工时成本管理、车间纪律管理属于计划部门的职能；而工作分派、速度管理、检查、维修保养属于执行部门的职能。

（6）管理控制的例外原理。泰勒认为，规模较大的企业不能只依据职能原则来组织管理，还必须应用例外原则，即企业的高级管理人员把例行的日常事务授权给下级管理人员去处理，自己只保留对例外事项（或重要事项）的决定权。

泰勒的思想在大西洋两岸引起了轰动，受到许多人的追捧，拥有一大批追随者。如亨利·甘特的"人的因素最重要"的思想、吉尔布雷斯（被后人誉为"动作研究之父"）的动作与疲劳研究、吉尔布雷斯夫人对劳动者心理的研究；福特的福利刺激计划；福莱特的利益结合论、埃莫森的效率原则等，都对科学管理理论的形成与完善做出了卓越的贡献。

> **思考与讨论**
>
> 如何评价泰勒的科学管理理论？

二、一般管理理论

法约尔的一般管理理论，也有人称之为经营组织理论。其特点是从企业管理的整体出发，着重研究管理的职能作用、企业内部的协调等问题，探求管理组织结构合理化和管理人员职责分工合理化等问题。

1. 法约尔的生平

亨利·法约尔（Henri Fayol，1841—1925）出生于法国，长期担任一家煤矿大企业的总经理。这使他得以从最高层次探索企业及其他组织的管理问题。所以，人们称他对管理理论的研究是从"办公桌的总经理"开始的，这也是他与泰勒研究管理视角不同的主要原因。法约尔的理论被称为"一般管理理论"，他被尊称为"经营管理之父"。

2. 一般管理理论的主要内容

（1）区分经营与管理的区别。法约尔认为，经营与管理是不同的概念。经营是指导或者引导一个组织趋向某一个既定目标，它的内涵比管理更为广泛，而管理仅仅是经营的一项活动。企业的经营管理活动可以概括为以下六大类。

1）技术活动——生产、制造、加工。
2）商业活动——购买、销售、交换。
3）财务活动——资金的筹集和运用。
4）安全活动——设备和人员的安全。
5）会计活动——存货盘点、资产负债表制作、成本核算、统计。
6）管理活动——计划、组织、指挥、协调、控制。

在不同的企业经营管理中，六大活动所占比例不同。例如，在高层管理人员的工作中，管理活动所占比重较大；而在直接的生产工作和事务性工作中，管理活动所占比重较小。

这六种活动需要六种不同的能力，企业中各个层次的管理者都应具备这六种能力，只是侧重点不同。管理能力的重要性是随着管理者所处层次的提高而增强的。

（2）管理的五要素。法约尔第一次提出了管理的组成要素，即计划、组织、指挥、协调、控制五大职能，并分别对这五大职能进行了详细的分析和讨论。他认为，计划是探索未来和制定行动方案；组织是建立企业的物质和社会双重结构；指挥是使其他人员发挥作用；协调是连接、联合、调和所有的活动和力量；控制是注意一切是否按照已制定的规章和下达的命令进行。

（3）管理的十四条原则。为了进行有效的管理，法约尔提出了管理应遵循的十四条原则。

1）劳动分工。法约尔认为，劳动分工的目的是用同样的努力生产出更多更好的产品。因为，如果工人总是制作同一种部件，领导者经常处理同一类事务，他们就可以轻易达到熟练的程度，从而提高效率。

2）权力与责任。法约尔认为，如果一个人对某项工作的结果负责，就应当赋予其确保工作成功所应有的权力，因为权责是相互对应的。

3）纪律。纪律的实质就是遵守企业各方达成的协议。严明的纪律是企业正常运营的保障。

4）统一指挥。统一指挥强调一个下属只能听命于一个领导者。如果违背这个原则，就会使权力和纪律遭到严重的破坏。

5）统一领导。这一条与统一指挥不同，统一领导是指一个集团为了共同的目的而进行的各种活动，要由一位领导根据计划开展，这是统一行动、协调配合、集中力量的重要条件。

6）个人利益服从整体利益。法约尔认为，整体利益大于个人利益，一个组织谋求实现总目标比实现个人目标更为重要。协调这两方面利益的关键是领导层要坚定并做出良好榜样，协调要尽可能公正，并经常进行监督。

7）人员的报酬要公正。法约尔以"经济人"假设为前提，提出人员的报酬是其服务的价格，所以应该制定公平合理的报酬制度，尽量使雇主与雇员都满意。

8）集中与分散。合理的集中与分散可以使组织各部分运动起来，尽可能发挥所有才能，集中分散的程度应当视企业的规模、环境、人员素质等情况而定。

9）等级链。法约尔认为，为了保证统一指挥，从最高权威者到最低管理者的等级系统是必要的，但在紧急情况下，平级之间跨越权力而进行的横向沟通也是非常必要的。为此，法约尔设计了一种把等级制度与横向信息沟通结合起来的"跳板"，即"法约尔跳板"，又称"法约尔桥"，具体如图2-1所示。

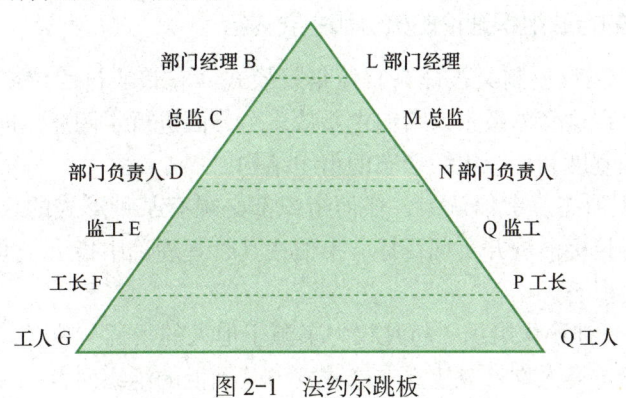

图2-1 法约尔跳板

10）秩序。秩序即人和物必须各尽所能。理想的秩序是指有地方安置每件东西，而每件东西都放在了该放的地方；有职位安排每个人，而每个人都被安排在了应该安排的职位。只有这样才能做到物尽其用，人尽其才。

11）公平。公平即以亲切、友好、公正的态度严格执行规章制度，即"做事公正有理智，有经验，有善良的性格"。雇员们受到公平的对待后，会以忠诚和献身的精神去完成他们的任务。

12）人员稳定。法约尔认为，成功的企业需要有一个稳定的职工队伍。因此，高层管理者应采取措施，鼓励员工尤其是管理人员长期为企业服务。

13）首创精神。一个企业的成功，不仅领导者要富有首创精神，全体人员也需要具有首创精神。

14）集体精神。职工的融洽、团结可以使企业产生巨大的力量。为此，要保持与维护集体中团结、协作、融洽的关系。

法约尔的一般管理理论是西方管理思想和管理理论发展史上的一个里程碑，为以后管理理论的发展勾勒出了基本的理论框架。它跳出了泰勒以实践研究管理原理的局限，在理论上努力将管理的要素和原则系统化并加以概括，使管理具有了一般科学性，为以后推广管理学教育奠定了基础。同时，这些原则也曾给予实际管理人员巨大的帮助，至今仍然为许多人所推崇。其不足之处是管理原则缺乏弹性，以致实际管理工作者有时无法完全遵守。

> **思考与讨论**
>
> 你认为法约尔的十四条原则在当今是否依然有效？与我国明代王阳明提出的"知行合一"比较，适用范围如何？

三、行政组织理论

行政组织理论是古典管理理论的一个流派，它的主要代表人物是韦伯。

1. 韦伯的生平

马克斯·韦伯（Max Weber，1864—1920）出生于德国，对社会学、宗教学、经济学和政治学有着浓厚的兴趣。他在管理思想方面的贡献是在《社会组织与经济组织理论》一书中提出了理想行政组织体系理论，由此被人们称为"行政组织理论之父"。

2. 韦伯的理想的行政组织理论的核心和主要内容

韦伯的理想的行政集权制又被译为官僚集权模式，它是通过职位或职务来实现管理职能的一套管理体系。在这套体系中，韦伯主要从三个方面进行了阐述，即理想的组织形态、理想组织形态的管理制度和理想组织形态的组织结构。

（1）理想的组织形态。韦伯认为，任何组织都必须有某种形式的权力作基础，只有这样组织才会始终朝着目标前进并实现目标。韦伯在其管理理论中指出，世上有三种权力，与之对应的有三种组织形态。

1）超凡权力——神秘化组织。超凡权力来源于他人的崇拜与追随，所谓的救世主、先知、政治领袖就属于这类人物。对建立在这种权力基础上的组织而言，一旦超凡人物去世，组织往往就会走向分裂或死亡。可见，这种神秘化组织的基础是不稳固的。

2）传统权力——传统组织。传统权力即按照传统或继承沿袭而拥有的权力，领导者不是按能力来挑选的，其管理也相对比较单纯，因而其运行效率较低。

3）法定权力——法律化组织。法定权力即领导者是按技术资格或其他既定的标准挑选出来的，其权力是组织赋予的。建立在该种权力基础上的组织是一个按规则或程序来行使正式职能的持续性组织，组织中的决定、规则都以制度形式规定与记载。其优点是能有效地实现组织目标，组织形态是建立在法理、理性基础上的最有效率的形态。这是韦伯极力推崇的理想的组织形态。

（2）理想组织形态的管理制度。韦伯对理想组织形态的管理制度进行了一系列的构想，并提出了十条准则。

1）组织中的官员在人身上是自由的，只是在官方职责方面从属于上级的权力。
2）官员们按职务等级系统组织起来。
3）每一个职务均有明确的职权范围。
4）职务通过自由契约关系来承担。
5）官员以技术资格从候选人中挑选出来。
6）官员们有固定的薪金报酬，并享有养老金。
7）这一职务是任职者唯一的或主要的工作。
8）职务已形成一种职业，有较完善的法理化升迁制度。
9）官员没有组织财产的所有权，并且不能滥用职权。
10）官员司职时受严格而系统的纪律约束与监督。

（3）理想组织形态的组织结构。在理想的行政集权制理论中，韦伯把理想组织形态的组织结构分为三个层次，具体如图2-2所示。

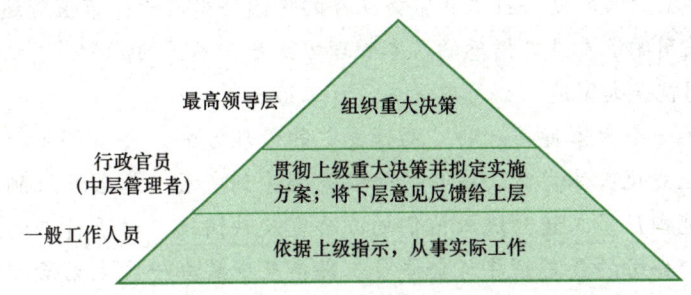

图2-2 理想组织形态的组织结构

韦伯的理想行政集权制理论总结了大型组织的实践经验，为资本主义的发展提供了一种稳定、严密、高效、合乎理性的管理体系理论，也为管理理论的创新做出了贡献。

> **思考与讨论**
>
> 你认为韦伯的行政组织模式与当今的行政机构是否一样，为什么？

四、古典管理理论的主要特点

综合古典管理阶段的管理理论与实践，可看出其具有以下几个特点。

（1）以提高生产率为主要目标。因为这一时期制约企业发展的最主要问题就是效率低下，所以管理理论主要解决的就是效率问题。泰勒等人从事的一系列科学研究都是以提高生产效率为目标的。

（2）以科学求实的态度进行调查研究。无论泰勒、法约尔还是其他管理学者，都是在大量实践基础上以科学的态度进行调查研究，最后形成自己的理论体系的。如泰勒进行了著名的"搬运铁块试验""金属切削试验"等。

（3）强调以个人为研究对象，重视个人积极性的发挥。泰勒认为生产效率的提高主要取决于工人个人积极性和潜力的发挥，所以他对提高劳动生产率的试验和研究都是以个人为对象的，这必然存在一定的局限性。

（4）强调规章制度的作用。泰勒等人在企业管理实践中，通过大量调查研究总结出了一套科学管理的方法，如劳动定额、操作规程、作业标准化、奖励工资、职能分工等。他主张把科学管理的方法纳入企业规章制度，要求工人在生产经营活动中必须遵守，并对执行的好与坏给予一定的赏罚，强调不能破坏组织中的上下关系，不能违反规章制度，把组织机构与规章制度作为重要的管理工具。法约尔的管理十四条原则和韦伯的行政集权制也都突出了制度的作用。

模块三　分析行为科学理论

模块情境

　　A 公司是世界上最大的提供技术和服务业务的跨国公司之一，市值曾达全球第一。A 公司的成就，与它采用的注重员工情感的人本管理方式是分不开的。A 公司认为情感管理即理解雇员心理、公司就是大家庭、公司内民主、员工第一等。

　　将公司培养为一个大家庭是一种"高情感"的管理方式。公司领导和员工都要对"大家庭情感"的企业文化身体力行。从公司的最高领导到中层、基层各级领导都实行"门户开放"政策，欢迎本厂员工随时进入他们的办公室反映情况，对于员工的来信、来访都能负责地妥善处理。公司的最高领导与全体员工每年至少举办一次生动活泼的自由讨论会。A 公司像一个和睦、奋进的大家庭，从上到下直呼其名，不分尊卑，互相尊重，彼此信赖，人与人之间的关系融洽、和谐。

　　公司民主方面，A 公司别出心裁地要求每位雇员写一份"施政报告"，每周三由基层员工轮流当一天"厂长"。"一日厂长"上班听取各部门主管汇报，陪同厂长巡视各部门和车间，提出自己的意见记载在《工作日记》中，各部门车间根据意见整改并在干部会上展示跟进整改后的成果报告。"一日厂长"实施后，成效显著。第一年施行后，节约生产成本就达 200 万美元。公司将节约额的提成部分作为员工的奖金，全公司皆大欢喜。

　　员工第一，不仅强调尊重员工，而且表明员工在企业发展中的作用优先性。有一次，某机械工程师在领工资时，发现少了 30 美元加班费。为此，他找了直接领导，无法解决后，他就给公司总裁写信。3 天后，公司不仅补发了工程师的工资，并且为员工补发工资的小事

"大做文章"：第一，向工程师道歉；第二，了解优秀人才待遇较低的问题，调整工资政策，提高了机械工程师的加班费；第三，向《华尔街日报》披露事件全过程，引发了企业界关于"员工第一"的管理思想热烈讨论。

【思考】A 公司为什么提出"公司大家庭"企业文化？为什么执行"一日厂长"制度？在处理工程师加班费问题上为什么要"小题大做"？这些管理理念体现了 A 公司的什么管理思想？

问题分析

早期的管理思想和古典管理理论都把管理的关注点放在劳动分工和生产率提高的基础上，而忽视人的因素及人的需要和行为。这种管理片面强调对工人进行严格的控制和动作的规范化，忽视了工人的社会需求和感情需求，从而引起工人的不满和社会的谴责。

模块情境中的 A 公司是主要提供技术和服务业务的跨国公司，它主要采用新型的人本管理理念，企业管理方法主要是组织好集体工作，采取措施提高士气、促进协作，使公司中的每个成员都能与公司真诚、持久地合作，从而形成"公司大家庭"的情感纽带，带动公司和员工健康发展。这种以人为本的管理思想是古典管理理论没有涉及的领域，属于部分学者研究的企业中关于人的一些问题。于是，人际关系学说应运而生。这个学派逐步发展成为行为科学学派，也使得科学管理理论过渡到现代管理理论。

知识精讲

行为科学作为一种管理理论，开始于 20 世纪 20 年代末 30 年代初的霍桑试验，而真正发展是在 20 世纪 50 年代。行为科学理论的产生和发展基本可分为两个时期：前期以人际关系学说（人群关系学说）为主要内容，以梅奥的霍桑试验为代表；后期从 1949 年的美国芝加哥讨论会第一次正式提出"行为科学"开始，出现了研究行为科学的浪潮。

一、梅奥与霍桑试验

1. 梅奥的生平

乔治•埃尔顿•梅奥（George Elton Mayo，1880—1949）原籍为澳大利亚，后移民美国，曾获逻辑和哲学硕士学位，后又学习医学进行精神病理学研究，1926 年任哈佛大学工商管理研究院工业研究室副教授，1929 年任教授。作为一名心理学家和管理学家，梅奥参与并领导了著名的霍桑试验。

2. 霍桑试验

20 世纪 20 年代中后期至 30 年代初期，在美国芝加哥西方电气公司所属的霍桑工厂，为测定有关因素对生产效率的影响程度而进行了长达 9 年（1924—1932 年）的一系列试验，这就是著名的"霍桑试验"。

（1）照明试验（1924—1927）。该试验从变换车间的照明开始，计划研究工作条件与生产效率之间的关系。试验分两组进行：一组为试验组，先后改变工厂的照明强度；另一组为控制组，照明强度始终不变。研究人员希望由此推测出照明条件变化对产量的影响。

但试验的结果是两组产量都在增加，而且增加的数量几乎是相等的。研究的结论是：工厂照明只是影响产量的因素之一，而且是不太主要的因素，生产效率还受其他因素影响，由于牵涉的因素太多，难以控制，无法测出照明对产量的影响。表面看这个试验似乎失败了，但梅奥与他的同事们发现，两组产量之所以都得到提高，是因为参加试验的人员对试验本身产生了莫大的兴趣。为了对此做进一步验证，试验继续进行。

（2）继电器装配室试验（1927—1928）。为了更有效地控制影响效果的因素，研究人员决定从工人中选择一小部分人来研究他们的行为。于是，研究人员选定了六位女工在一个专门的继电器装配测度室中进行试验，以研究新环境的影响。在试验中分期改善工作条件，引入了各种变化，如改变休息时间、缩短工作时间、增加休息时的茶点供应、实行集体计件工资制，女工们在工作时间可以自由交谈，监督者的态度也很和蔼。结果，如事先所料，产量上升了。但一年半后，研究人员取消了这些变化，恢复了一周工作六天，产量仍然保持在高水平上。经过研究，发现其他因素对产量无太大影响，而督导方式与指导方式的改善能促使工人改变工作态度，进而使生产率提高。为了掌握更多的信息，管理部门决定通过一个访谈计划来调查工人的工作态度和可能影响工人的工作态度的其他因素。

（3）访问工人试验（1928—1931）。在上述试验的基础上，梅奥等人又进行了为期两年的大规模访谈调查，涉及的对象约2万人次。最初他们采用直接提问的调查方法，也就是列表调查工人对公司、监督、保险计划及工资等的态度，结果发现工人对此不感兴趣，答非所问。后来，他们改变了提问方式，允许工人自由选择他们喜欢的话题，得到了大量有关工人态度的第一手资料。研究人员认识到，工人的工作绩效、职位和在组织中的地位不仅仅取决于工人自身，还取决于群体成员，即任何一个人的工作效率都会受同事影响。这一看法又导致了进一步系统研究职工在工作中的群体行为试验。

（4）布线观察室试验（1931—1932）。研究人员选择了接线板小组做试验，以研究工人在工作中的群体行为，即了解非正式组织的存在对工作绩效的影响，试验在选定的14名工人中进行。研究人员发现，尽管实行刺激性的计件工资，但工人并不追求最高产量，而是有意识地控制自己的产量，让产量保持在中等水平，以保证其他同伴不会因产量低而失业。工人中有一种默契、一种无形的压力，有自己的行为规范和非正式领袖，这些都左右着工人的行为。

3. 梅奥人际关系学说的主要观点

根据霍桑试验，梅奥于1933年出版了著作《工业文明中人的问题》，书中在对人的看法以及对人群关系的认知方面提出了与古典管理理论不同的新观点。霍桑实验主要有以下几个方面的结论：

（1）工人是"社会人"，而非单纯追求金钱收入的"经济人"。作为复杂社会系统的成员，金钱并非刺激工人积极性的唯一动力，社会和心理因素等方面所构成的动力对劳动生产率有极大的影响。

（2）认为生产率的高低主要取决于工人的态度，即所谓"士气"，而这又是由个人家庭和社会生活以及企业中人与人的关系决定的。古典管理理论则认为，"士气"只受工作方法和工作条件的影响。

（3）企业中存在"非正式组织"。这种无形组织有其特殊的感情、规范和倾向，可以左右其成员的行为。在感情与理智之间，人们的思想会更多地受感情支配。企业中正式组织与非正式组织之间的关系是否协调，对生产率有很大影响。古典管理理论仅注意正式组织的作用是不够的。

（4）新型领导能力就是要在正式组织的经济需求和非正式组织的社会需求之间保持平衡，通过提高工人的满足度来激励工人的士气，从而达到提高生产率的目的。

在霍桑试验的基础上产生了人际关系理论，开辟了管理学发展的新领域，奠定了以后行为科学发展的基础。

> **思考与讨论**
>
> 你认为梅奥的这些结论与科学管理思想有何区别？你如何评价梅奥的人际关系学说？

二、行为科学理论的建立与发展

继霍桑试验后，西方从事人际关系研究的学者大量涌现。1949年，"行为科学"在美国芝加哥大学一次跨学科的科学讨论会中被正式提出，随后受到社会广泛重视并快速发展，其研究主要集中在四个领域。

1. 关于动机激励的理论

动机激励理论是行为科学最基本的核心理论。该理论认为，人的行为都是由一定的动机驱使的，动机又是由需要决定的。因此，动机激励理论实质上是研究如何根据各种人所具有的各种需要去激励人们的动机，从而产生符合组织需要的行为，具有代表性的理论主要有马斯洛的"人类需求层次理论"、赫茨伯格的"双因素理论"、麦克利兰的"成就需要理论"、斯金纳的"强化理论"和弗鲁姆的"期望理论"等。

2. 关于企业管理中的人性理论

人性理论是行为科学的理论基础，即如何看待职场上员工的人性。人性假设直接影响着管理者的管理方式，而对人性的不同解释与人的需要相关。人性理论的主要代表理论有麦格雷戈的"X理论与Y理论"、阿吉里斯的"不成熟—成熟"理论及约翰·莫尔斯和杰伊·洛希的"超Y理论"等。

3. 关于领导方式的理论

领导方式是行为科学理论的一个重要方面，它以动机激励和人性理论为基础，强调对人的激励和对人性的看法最终要通过一定的领导方式来体现。领导方式理论包括众多的观点，具有代表性的理论包括坦南鲍姆和施密特的"领导行为连续体理论"、利克特的"支持关系理论"、斯托格第和沙特尔等人的"双因素模式"、布莱克和莫顿的"管理方格理论"等。

4. 关于组织与冲突理论

前面三个方面以个体行为作为研究重点，但是管理者面对的是组织中的全部个体。个体行为与群体行为之间存在密切联系,个体行为是群体行为的基础,群体行为又对个体行为产生重大影响。管理者不仅要重视对个体行为的研究,还要重视对群体行为的研究。因此,群体行为构成了行为科学研究的又一个重要方面。其理论主要有卢因的"团体力学理论"、莱维特和利克特等人的"意见沟通理论"、布雷德福的"敏感性训练"和勃朗的"群体冲突理论"等。

> **思考与讨论**
>
> 《论语》有一句名言:"其身正,不令而行;其身不正,虽令不从。"从管理角度看,你是如何理解的?这句名言更符合哪一种管理思想?

模块四　认知现当代管理理论

模块情境

分钱实验:分给两人100元,由甲决定自己拿多少,乙决定自己是否接受甲的分配方案。如果乙接受甲的分配方案,则双方按照此分配方案各拿各的钱;如果乙不同意甲的提议,则两人都一无所获。请问:甲会提出什么样的方案?

如果按照传统经济学的解释,甲会根据利益最大化的原则选择99:1,而且乙也应该接受这个方案,毕竟得到1元比没有要好,尽管少一点,但也增加了福利。

但现实情况是,这样的提议往往使乙非常气愤而加以反对,宁可自己得不到这1元也不能让甲得到99元。因为乙觉得这种分配方案虽然能够给自己带来1元的利益,但不公平的程度太高,所以宁可不要。乙这样做不仅考虑了利益问题,还重考虑了公平问题。

在这个实验里,双方都能够得到钱而且能接受的方案是甲提出平分,但多数人的方案都在70:30～60:40,很少有人提出99:1。这表明,作为甲的一方,除了考虑自己的福利,还慎重考虑了公平问题,也就是权衡了对方能够接受的不公平程度。

因此,要真正实现自己的利益最大化,仅利己是不够的,还必须利他,也就是"爱自己也要爱他人"。

【思考】如果你是甲,你将如何分钱?如果你是乙,你又将接受哪种程度的分钱方案?

问题分析

从模块情境中我们可以看到,传统的管理理念与现代的管理理念关注点不一样,传统管理更关注效率,作为分配主导者,甲会根据利益最大化选择99:1方案。但现代管理不仅关注效率,更关注公平。作为分配主导者,甲不仅考虑自己的利益方案,还考虑乙会接受的公平方案,所以一般不会给出99:1的方案。所以,企业进行管理时会与时俱进,不仅会考虑生产效率,也会考虑如何激发员工的热情等新的管理理念。

知识精讲

> 苟日新，日日新，又日新。
> ——《礼记·大学》

一、现代管理理论的丛林

1. 现代管理理论的热带丛林

第二次世界大战结束后，随着社会生产力的进一步发展，以及系统科学、电子计算机技术在管理领域的广泛应用，管理理论进入了一个新的发展时期。欧美许多心理学家、社会学家、人类学家、经济学家、政治学家、数学家、物理家、生物学家、工商管理学家以及实际管理人员都参与其中，提出了各种各样的管理观点，形成了许多学派。1961年，美国著名管理学家哈罗德·孔茨发表了《管理理论的丛林》，这成为西方现代管理理论形成的标志。孔茨使用"丛林"一词来形容管理理论发展的主要特征，说明这些理论与学派在历史渊源和理论内容上互相影响和联系，形成"一片各种管理理论和流派盘根错节的丛林"。1980年，他又发表了《再论管理理论的丛林》，指出20年来管理理论的学派增加了一倍，已由原来的6个增加到11个，形成了管理过程学派、社会系统学派、决策理论学派、系统理论学派、社会技术系统学派、经济主义学派、权变理论学派、管理角色学派、管理科学（数理）学派等多个学派。这些理论从不同的角度对管理进行了研究，为管理实践的发展提供了更加坚实的理论基础。

管理理论的不同学派如表2-2所示。

表2-2 管理理论的不同学派

学 派	代表人物	基本思想	主要观点
管理科学（数理）学派	布莱柯特 埃尔伍德·斯潘塞·伯法等	把现代自然科学和技术科学的最新成果广泛地应用到管理中，建立一系列新的组织管理方法和现代管理技术的管理理论体系	强调运用运筹学、系统工程、电子技术等科学技术手段解决管理问题，着重于定量研究，力图利用科学技术工具，为管理决策寻得一个有效的数量解
管理过程学派	哈罗德·孔茨	主要研究管理者的管理过程及其功能，并以管理职能作为其理论的概念结构	①认为管理是一个普通而实际的过程，在履行计划、组织、人事、领导和控制职能；②深入分析每一项管理职能，总结出管理的原理、原则、方法、技术，以指导管理实践；③设计出一个按管理者实际工作过程的管理职能来建立管理理论的思想构架，把一些新的管理原则与技术融入计划、组织、人事、领导及控制等职能框架之中
经验学派	彼得·德鲁克 欧内斯特·戴尔等	关注管理者的实际管理经验，认为成功的组织管理者的经验是值得借鉴的	①主张通过对实际经验的研究来概括管理理论；②在对实际经验研究的基础上，归纳出经理的管理职责；③提出目标管理等现代管理方法与技术

（续）

学 派	代表人物	基本思想	主要观点
行为科学学派	马斯洛 赫茨伯格 麦格雷戈等	运用多学科知识研究人类行为产生、发展、变化的规律，引导和控制人的行为，以调动人的积极性的科学	①重视人在组织中的关键作用，注重探索人类行为的规律，积极推进人力资源的开发；②强调个人目标和组织目标的一致性，把员工满意于其所从事的工作作为最有效的激励因素；③主张打破传统组织结构和关系造成的紧张气氛，实行民主参与管理，使员工自我控制、自主管理
社会系统学派	切斯特·巴纳德等	把组织看成一个社会系统，是一个体现人们之间相互关系的体系；它是受社会环境的各个方面所制约的，是更大社会系统的一部分	①组织是一个协作系统；②组织无论规模大小、层次高低，都存在共同的目标、协作意愿和信息沟通三个基本要素；③组织效力与组织效率是组织发展的两项重要原则；④管理者的权威来自下级的认可；⑤经理人职能通过信息沟通来协调组织成员的协作活动，以保证组织的协调与目标的实现
决策理论学派	赫伯特·西蒙	管理的关键在于决策，管理必须采用一套制定决策的科学方法及合理的决策程序	①认为"管理就是决策"；②对决策的程序、准则、类型及其决策技术等做了科学的分析，提出在决策中应用"令人满意"的准则代替"最佳化"准则；③强调不仅要注意在决策中应用定量方法、计算技术等新的科学方法，而且要重视心理因素、人际关系等社会因素在决策中的作用
系统理论学派	卡斯特等	运用一般系统论和控制论的理论和方法，考察组织结构和管理职能，以系统解决管理问题	①系统观念，强调系统是整体的、开放的、由诸多子系统构成的；②系统分析，按系统论思想解决问题或决策的方法与技术；③系统管理，以系统论为指导的管理方式，主张把企业作为一个系统进行设计与经营
权变理论学派	费雷德·卢桑斯等	不存在无条件适用于一切组织的最好的管理方法，强调在管理中要根据组织所处的内外部环境的变化而随机应变，针对不同的具体条件，探索与采用不同的、最适宜的管理方案	①先确定有关的环境条件，然后根据权变关系的理论，求得与之相应的管理观念和技术，以最有效地实现管理目标；②建立一个观念性的结构，由环境、管理观念与技术、它们两者之间的权变关系三部分组成；③管理模式不是一成不变的，而是要适应不断变化的环境并有所变革，要根据组织的实际情况来选择最适合的管理模式

2. 当代管理理论的发展

20世纪70年代后期到80年代初，整个世界处于一种动荡的状态，国际局势动荡起伏，世界经济变幻莫测，科学技术日新月异，各种文化相互渗透、交融，市场竞争日益白热化。管理学学者对新环境下企业的生存与发展进行了深入思考，形成了新的管理思想与理论。

（1）战略管理理论。战略管理理论起源于20世纪的美国，它萌芽于20世纪20年代，形成于60年代，在70年代得到大发展，80年代受到冷落，90年代又重新受到重视。其主要原因是环境发生了很大变化，特别是进入20世纪以来，信息革命给社会带来了翻天覆地的变化，尤其是石油危机对国际环境产生了重要的影响，导致西方国家长时期的经济衰退。世界市场上的竞争日趋激烈，在这种新的竞争下，企业深切地感到，以前那种低价必胜的原则已经不适应新情况的发展，要想获得持续的生存和发展，必须从战略的高度思考问题。因此，战略管理成为人们关注的主要问题。

战略管理注重研究组织与外部环境之间的关系，研究企业如何适应充满危机和动荡且不断变化的环境。迈克尔·波特（Michael E. Porter）所著的《竞争战略》把战略管理的理论推向了高峰。他强调通过对产业演进的说明和各种基本产业环境分析，得出不同的战略决策。

（2）业务流程再造。业务流程再造（Business Process Reengineering，BPR）是20世纪90年代初于美国发展起来的一种企业组织转型的新理论和新方法。20世纪80年代，许多企业经过一个世纪的发展，已具有相当大的规模，而企业的业务流程也越来越复杂。复杂的业务流程越来越不能适应顾客不断变化的需要，企业必须以为顾客创造价值的流程来重新设计组织结构，以实现企业对外界市场环境的快速反应，提高企业竞争力。业务流程再造理论应运而生。该理论的创始人是美国麻省理工学院教授迈克尔·哈默（M. Hammer）与詹姆斯·钱皮（J. Champy），他们认为企业应以工作流程为中心，重新设计企业的经营、管理及运作方式，即进行所谓的"再造工程"。美国企业从20世纪80年代起开始了大规模的企业重组革命，日本企业也于90年代开始进行所谓第二次管理革命。在这十几年间，企业管理经历着前所未有的，类似脱胎换骨的变革。

业务流程再造理论对管理学最突出的贡献是彻底地改变了200年来遵循的亚当·斯密的劳动分工思想能够提高效率的观念。业务流程再造理论认为企业管理的核心是"流程"，即一套完整的、贯彻始终的、共同为顾客创造价值的活动，而不是一个个专门化的"任务"。

（3）学习型组织。学习型组织理论是当今前沿的管理理论之一。人类社会正处在从工业经济时代进入知识经济时代的转型期。与农业经济、工业经济相比，知识经济的繁荣不是直接依赖于资本、资源，以及硬件的数量、规模和增量，而是直接依赖于知识的创新、传播和运用。知识成为第一生产要素，管理的核心就是对知识的管理。正是在这样的时代背景下，学习型组织理论应运而生。

学习型组织典范：华为

彼得·圣吉（Peter Senge）是学习型组织理论的奠基人，他于1990年完成其代表作《第五项修炼：学习型组织的艺术与实践》，强调未来最成功的企业将是学习型企业，企业唯一持久的竞争优势源于比竞争对手学得更快更好的能力，学习型组织正是人们从工作中获得生命意义、实现共同愿景和获取竞争优势的组织蓝图。学习型组织的提出和一套完整修炼理论的确立，以及随后《第五项修炼：实践篇》《变革之舞》的问世，标志着学习型组织理论框架的基本形成，彼得·圣吉也被誉为20世纪90年代的管理大师。

彼得·圣吉提出要建立学习型组织，必须具备五项修炼的技能。打造学习型组织的五项修炼是自我超越、改善心智模式、建立共同愿景、团体学习、系统思考。

1）第一项修炼：自我超越（Personal Mastery）。"自我超越"的修炼是不断理清并加深个人的真正愿望，集中精力，培养耐心，并客观地观察现实，它是学习型组织的精神基础。精熟"自我超越"的人，能够不断实现他们内心深处最想实现的愿望，他们对生命的态度就如同艺术家对艺术作品一般，全心投入，不断创造和超越，是一种真正的终身"学习"。

2）第二项修炼：改善心智模式（Improving Mental Models）。"心智模式"是根深蒂固于心中，影响我们如何了解这个世界，以及如何采取行动的许多假设、成见，甚至图像、印象。把镜子转向自己，是心智模式修炼的起步，借此学习发掘内心世界的图像，使这些图像浮上表面，并严加审视。它还包括进行一种有学习效果且兼顾质疑与表达的交谈能力——有效地表达自己的想法，并以开放的心灵容纳别人的想法。

3）第三项修炼：建立共同愿景（Building Shared Vision）。如果有任何一种领导理念几千年来一直能在组织中鼓舞人心，那就是拥有一种能够凝聚并坚持实现共同愿景的能力。有了衷心渴望实现的目标，大家会努力学习并追求卓越，不是因为他们被要求这样做，而是因为衷心想要如此。

4）第四项修炼：团体学习（Team Learning）。一个管理团体中的所有人都认真参与，每个人的智商都在120以上，为何集体的智商只有62？团体学习的修炼即在处理这种困境。也有不少惊人的实例显示，团体的集体智慧高于个人智慧，团体拥有整体搭配的行动能力。当团体在真正学习的时候，不仅团体能产生出色的成果，个别成员的成长速度也比使用其他学习方式的成长速度快。

5）第五项修炼：系统思考（System Thinking）。唯有对整体而不是对任何单独部分深入地加以思考，你才能够了解实情。系统思考是整合其他各项修炼于一体的理论与实务，能防止组织在真正实践时，将各项修炼列为互不相干的名目或一时流行的风尚。少了系统思考，就无法探究各项修炼之间是如何互动的。系统思考能强化其他每一项修炼，并不断地提醒我们，融合整体能得到大于各部分相加的总效力。

融合五项修炼对成就学习型组织是非常重要的，然而这是一项充满挑战的工作，因为要整合出一套新工具比分别应用这些工具难多了。但同时，这样做所得到的回报也是无可衡量的。

二、当代管理理论的发展趋势

管理思想与理论的演变是一个漫长的历程，它受组织内部与外部各种因素变化的影响。管理理论在演变与发展中，曾经受到工艺技术和人性假说，以及经济、社会和政治价值动态变化的影响，所有这些的综合作用促进了管理思想和理论的创新，这就是管理理论发展的一般规律。依据这一规律，未来管理的发展趋势包括以下三个方面：

1. 人本管理趋势

人本管理是指一切管理活动以人为根本出发点，调动人的积极性，以充分发挥人的主观能动性。随着信息时代的到来，组织中最缺乏的不是资金和机器，而是高素质的人才。人在组织中的作用越来越凸显，因此管理的中心必然从物本管理向人本管理转变。管理的这一特征要求管理理论研究也要坚持以人为中心，把对人的研究作为管理理论研究的重要内容。事实上，在管理理论的研究中，几乎所有的管理理论都建立在人性假设的基础上，许多管理理论的不同主要是出于对人性的认识不同。例如，20世纪初泰勒的科学管理是基于"经济人"这一假设的；20世纪30年代梅奥等人的行为管理是基于"社会人"这一假设的；20世纪50年代又有了基于"自我实现人"假设的马斯洛的人性管理；20世纪80年代以来出现的文化管理同样强调了实现自我的人性观。管理研究发展史表明，管理理论的发展越来越强调"以人为本"的管理思想。可以预见，未来的管理趋势必定在科学管理的基础上，突出科学管理理论与人本管理的有机结合，达到"既见人又见物"的管理。

2. 跨文化管理

20世纪90年代以来，经济全球化达到前所未有的水平，跨国公司作为全球化的主体发挥着日益突出的作用。世界各个国家和地区之间在经济生活的各方面形成日益密切的相互依存关系，跨国公司作为世界经济这一有机整体不可分割的一部分而存在。世界经济全球化和统一市场的形成，意味着全球范围内各个国家和地区的商品生产和消费都要受价值规律的支配。资金、技术、劳动力等生产要素的配置，产业结构与进出口商品结构的调整，都必须面向全球市场。

随着经济全球化向纵深发展，管理也不再局限于国家的边界。作为对这种现实和趋势的回应，20世纪70年代后期在美国逐渐形成和发展起来的跨文化管理（Cross-Culture Management）得到进一步发展。它将对企业在跨文化条件下如何克服异质文化的冲突，如何在不同形态的文化氛围中设计出切实可行的组织机构和管理机制，如何最合理地配置企业资源，特别是如何最大限度地挖掘和使用企业人力资源的潜力和价值，以及如何最大化地提高企业的综合效益等方面起到切实的指导作用。

3. 参与管理趋势

所谓参与式管理，就是包括员工在内的集体决策、集体责任、集体思考，重视创造力的开发和重视人及其所构成的集体才智。

在现代的西方企业中，这种参与式管理正发展成为一种管理思潮。员工参与企业管理，甚至分享股份和红利，与投资方共同经营企业、共担风险。知识工人已成为当今许多企业的主力军，在这种以知识工作者为基础的组织里，以前那种视经理为"上司"，视其他人为"部属"的传统观念已不再适用。强调平等、尊重员工、强化沟通、听取意见、参与管理已经成为管理的重要方式，而且这种方式正在带来实际效益。

据统计，实施参与管理可以大大提高经济效益，一般可以提高50%以上，有的甚至可以提高一倍至几倍。增加的效益一般有1/3作为奖励返还给员工，2/3成为企业增加的效益资产。因此，可以肯定的是，随着企业的发展与员工素质的不断提高，未来的管理中参与管理必将成为主流。

> **思考与讨论**
>
> 你是如何理解现代管理的重要趋势就是"人本管理"的？它与我国孔子主张的"为政以德"（即"德治"或"礼治"）有什么联系？

> **管理故事** 　求道
>
> 有一个年轻人跋山涉水来到森林中的寺院，请求寺院里德高望重的住持收他为徒。住持郑重地告诉他："如果你真要拜我为师追求正道，必须履行一些义务和责任。""我必须履行哪些义务和责任呢？"年轻人急切地问。主持答道："你必须每天从事扫地、煮饭、劈柴、打水、扛东西、洗菜等工作。""我拜你为师是为了习艺正道，而不是来做琐碎的杂工和无聊的粗活。"年轻人一脸不悦地丢下这句话，就悻悻然离开了寺院。
>
> 【思考】年轻人能求道成功吗？你认为"道"在哪里？

巩固练习

一、选择题

1. 泰勒认为科学管理的中心问题是（　　）。
   A．提高效率　　　　　　　　B．提高人工素质
   C．制定科学的报酬制度　　　D．实现标准化

2. （　　）第一个全面系统地提出管理的计划、组织、指挥、协调与控制五项职能。
   A．泰勒　　　　　　　　　　B．罗伯特·欧文
   C．亨利·法约尔　　　　　　D．韦伯

3. 美国管理大师彼得·德鲁克说过，如果你理解管理理论，但不具备管理技术和管理工具的运用能力，你还不是一个有效的管理者；反过来，如果你具备管理技巧和能力，而不掌握管理理论，那么充其量你只是一个技术员。这句话说明（　　）。
   A．是否掌握管理理论对管理者工作的有效性来说无足轻重
   B．如果理解管理理论，就能成为一名有效的管理者
   C．有效的管理者应该既掌握管理理论，又具备管理技巧与管理工具的运用能力
   D．有效的管理者应该注重管理技术与工具的运用能力，而不必注意管理理论

4. 战国时代的墨子说："能筑者筑，能实壤者实壤，能欣者欣，然后墙成也"。这句话包含了（　　）思想。
   A．计划　　　　　　　　　　B．组织
   C．劳动分工　　　　　　　　D．控制

5. 西方早期的主要管理思想特点是（　　）。
   A．认为工人总是偷懒的，必须采用强制管理方式
   B．管理方式是家长式或独断专制式
   C．管理的依据是靠个人的感觉和经验
   D．工人和管理人员的培养靠师傅带徒弟传授经验，没有统一的标准和要求

6. 被称为"科学管理之父"的是（　　）。
   A．梅奥　　　　　　　　　　B．法约尔
   C．韦伯　　　　　　　　　　D．泰勒

7. 被西方管理学界称为"组织理论之父"的是（　　）。
   A．西蒙　　　　　　　　　　B．韦伯
   C．吉尔布雷斯　　　　　　　D．梅奥

8. 通过"霍桑实验"得出的结论有（　　）。
   A．工人是"社会人"
   B．企业中存在"非正式组织"
   C．新型的领导能力在于提高工人的满意度
   D．存在着"霍桑效应"

9. 决策理论学派的代表人物是（　　）。
   A．西蒙　　　　　　　　　　B．韦伯
   C．巴纳德　　　　　　　　　D．孔茨
10. 权变理论的主要观点是（　　）。
    A．存在普遍适用的最好的管理理论和管理方法
    B．把企业看成一个开放的系统
    C．在组织的领导方面不存在一种普遍适用的"最好的"或普遍不适用的"不好的"领导方式
    D．不同的人对组织采用的管理方式有不同的要求

二、问答题

1. 泰勒科学管理理论的实质是什么？其主要内容有哪些？
2. 法约尔提出了哪些管理职能？十四条管理原则的内容是什么？
3. 梅奥人际关系学说的主要观点是什么？
4. 什么是管理理论"丛林"？管理理论有哪些主要流派？
5. 什么是学习型组织？什么是五项修炼？

拓展训练

拓展1：自我评估练习

你适不适合做一个高效的管理者

在管理范畴中，"胡萝卜"常被引申为有效的激励机制，发放"胡萝卜"奖励，可以充分体现领导的明智和人情味。因此，要成为真正高效的管理者，必须花点心思，准备多种多样的"胡萝卜"，当然包括"不花钱的胡萝卜"——在精神上激励员工，让他们活跃在你所营造的"胡萝卜文化"中，乐此不疲地前进。那么，你是善于发放"不花钱的胡萝卜"的精明领导吗？回答以下问题，并计算出总得分。

（1）你对下属的行为表示满意时，会用肢体语言来表示，如点头微笑、拍肩赞许。
（　　）
（2）你会在开会或其他员工在场的时候对某位员工的良好行为当众表扬。（　　）
（3）不光提出口头表扬，你还会号召其他员工向受表扬的员工鼓掌示意，让他感受集体的尊重。（　　）
（4）你会给激励对象加上一个"先进工作者"或"绩效模范"之类的光荣称号。
（　　）
（5）你会给激励对象颁发奖状，通过这种书面证明来满足员工的荣誉感。（　　）
（6）你会把一件乏味的工作描述得很难，让员工感觉在从事一件非常具有挑战性的工作，激励他认真而充满激情地去完成。
（　　）

（7）你会把激励对象树立为典型，并且鼓励其在会上做报告，既让他人向他学习，也让被树为典型的他一如既往地把优良作风贯彻下去。（　　）

（8）为了激励，你会弱化自己，去征求激励对象的意见，以显示他的意见很重要、他本人很受你器重。（　　）

（9）你会在合适的时候，如逢年过节，对员工嘘寒问暖，表示关怀。（　　）

（10）你会在对员工具有特殊意义的日子（如生日、结婚等）里，送上一张亲笔签名的贺卡。（　　）

（11）你会抽出一定的时间和员工共进午餐，带给他们受赏识的幸福感。（　　）

（12）你会让员工有自己制定工作目标和计划的空间，以提高员工实现目标的主动性。（　　）

测评说明

A．是的　　　B．偶尔　　　C．从不

请从上述三个选项中选择一个你认为最符合你情况的选项。

测评结果

每题选 A 得 3 分，选 B 得 2 分，选 C 得 1 分，最后将分数加总。

（1）得分为 12～19 分：你看上去不是很善于发放"不花钱的胡萝卜"，但看得出你十分务实。在用"胡萝卜"激励员工的过程中，所谓"不花钱的胡萝卜"满足的是员工的精神需要，从某种意义上来讲，是务虚的，而奖金、晋升等激励方式不仅效果强，而且更为实在、直接。但请记住，凡事都讲究虚实结合，关注员工的精神需要是必需的，反正这种"胡萝卜"不花钱，何乐而不为呢？

（2）得分为 20～28 分：你具有发放"不花钱的胡萝卜"的意识，但对于发放"胡萝卜"还没有到非常积极的地步，你发放"不花钱的胡萝卜"的水平处于中等。其实你可以把发放"胡萝卜"转化为一种习惯，因为它能让你用很小的代价得到很大的效果，形成"胡萝卜文化"并没有什么不好。

（3）得分为 29～36 分：你是十分擅长发放"不花钱的胡萝卜"的领导，你对人的了解可谓入木三分，对员工的心理需求拿捏得当，懂得攻心之道。同样，实质性的奖励也是必要的，无论是"花钱的胡萝卜"还是"不花钱的胡萝卜"，只要能提升团队竞争力，就是好"胡萝卜"。

拓展 2：课后实践

2.1 课后实训

网络冲浪——管理理论的应用与发展

实训目的

1. 培养学生学习了解并认知管理理论的应用与发展的能力。
2. 掌握现代管理理论发展前沿，并培养现代管理者的认知素养。

【实训内容】

1. 管理理论的应用案例。
2. 管理理论的发展前沿。

【方法与要求】

上网查询，或通过其他信息渠道搜集一个所学管理理论在实际中应用的事例，或反映最新管理动态的资料。

参考资料：经理人 manager。

参考网址：http://www.sino-manager.com。

【实训考核】

1. 每个学生将自己搜集到的资料整理成书面材料。
2. 将书面材料交由教师批改并评估。

2.2 案例分析

两个厂长的管理之论

在一个企业管理经验交流会上，有两个厂的厂长分别论述了他们各自对如何进行有效管理的看法。

甲厂长认为，企业首要的资产是员工，只有员工们都把企业当成自己的家，都把个人的命运与企业的命运紧密联系在一起，才能充分发挥他们的智慧和力量为企业服务。因此，管理者有什么问题，都应该与员工一起商量解决；平时要十分注重对员工需求的分析，有针对性地给员工提供学习、娱乐的机会和条件；每月的黑板报上应公布当月过生日的员工的姓名，并祝福他们生日快乐；如果哪位员工生儿育女了，厂里应派车接送，并由厂长亲自送上贺礼。在甲厂长的厂里，员工们普遍把企业当成自己的家，全心全意地为企业服务，工厂日益兴旺。

乙厂长则认为，只有实行严格的管理才能保证实现企业目标所必须开展的各项活动顺利进行。因此，企业要制定严格的规章制度和岗位责任制，建立严密的控制体系，注重上岗培训，实行计件工资制等。在乙厂长的厂里，员工都非常遵守规章制度，努力工作完成任务，工厂发展迅速。

【思考】

1. 这两位厂长分别体现了什么管理思想？
2. 你认同哪个厂长的观点，为什么？请说明理由。

要求：小组进行讨论，形成小组意见，由小组代表发言，教师点评，并形成书面作业上交。教师根据每组的发言情况及书面作业给出小组成绩，并记入公司积分。

单元三

计划职能

📖 知识目标

- 理解环境分析模型与方法
- 掌握管理问题界定程序与方法
- 理解决策程序与准则
- 掌握定性与定量决策方法
- 理解计划工作原理与程序
- 掌握计划书的内部结构与编制计划的要领

📖 技能目标

- 能初步运用管理工具观察环境、发现问题并分析界定问题
- 能初步运用决策的方法进行一般问题的科学决策
- 会用计划工作原理和方法制订学习和工作计划

📖 素质目标

- 强化使命感,重视社会责任,科学地进行决策
- 树立良好的时间观,努力培养自律守时的习惯

知识导图

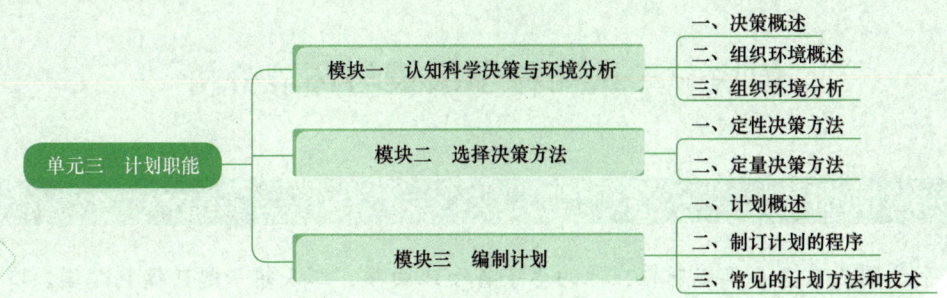

> **案例启发　隆中策**
>
> 　　大家应该都听过《三国演义》中"刘玄德三顾茅庐、诸葛亮决策隆中"的故事。讲的正是刘备第三次到隆中，正遇诸葛亮在家，两人相见，谈得十分投机。诸葛亮为刘备分析了天下形势，又命小童取出画一轴，挂于中堂。他手指着画说道："这是西川五十四州之图。将军欲成霸业，北让曹操占天时，南让孙权占地利，将军可占人和。先取荆州为家，后取西川建基业，以成鼎足之势，然后可图中原。"以后，诸葛亮辅佐刘备，按照隆中决策，在西川建立了蜀汉政权，形成了三足鼎立的局面。
>
> 　　【思考】为什么虽然刘备最后没有统一天下，但诸葛亮的"隆中对"仍被认为是我国最早的成功计划工作案例之一？
>
> 　　【案例启发】隆中对的第一步是确定组织目标：兴汉室，图中原，统一天下。
>
> 　　隆中对的第二步是制订分步实施方案，即确定分步计划的阶段目标：第一，先取荆州为家，成"三分天下"之势；第二，再取西川建立基业，壮大实力，以成鼎足之势；第三，"待天下有变，则命一上将将荆州之兵以向宛、洛，将军身率益州之众以出秦川。"这样，大业可成，汉室可兴矣。
>
> 　　隆中对的第三步是确定目标的指导方针："北让曹操占天时，南让孙权占地利，将军可占人和。"内修政理，外结孙权，西和诸戎，南抚彝、越，等待良机。隆中对又进一步对敌、我、友、天、地、人做了极为细致透彻的分析，论证了为什么应当采取这样的指导方针。
>
> 　　诸葛亮的隆中对并非臆断，而是在调查研究和预测的基础上，准确、及时、充分地掌握了信息。诸葛亮的信息来源，一靠交友，二靠云游。这样才能做到知天下事、知天下人，不然怎么能画出西川五十四州图呢？诸葛亮的隆中对是一项完整的计划工作。但"三分天下"之后，如果不是关羽交恶东吴，丢了荆州；如果不是刘备在战术上犯了错误，使鼎盛时期的蜀汉大伤元气；如果后主刘禅是明君……诸葛亮也不会功败垂成。蜀汉之所以灭亡，并非隆中对之失，而是执行计划有误。

　　任何组织都不是独立存在、自我封闭的。组织的管理工作实际上是在一个开放的系统里展开的，管理者必须时刻明智地对周围环境的变化做出反应，这样才能掌握机会、计划未来，以期达到组织的目标。

　　实施计划职能的首要工作就是要弄清楚哪些外部环境因素会给组织提供机会或造成威胁，并分析组织内部环境所带来的优势与隐忧，从而为科学决策提供依据。

模块一　认知科学决策与环境分析

模块情境

　　有个鲁国人自身善于编麻鞋，他的妻子善于织白绢，二人想一起迁徙到越国。有位友人对他们说:"你到越国去,一定会贫穷的。"鲁国人问:"为什么?"友人回答说:"草鞋,是用来穿着走路的,但越国人却是赤脚走路的;白绢,是用来做帽子戴的,但越国人却披头散发,不戴帽子。你们的手艺虽然不错,可是去一个用不着这种手艺的国家,想要不贫穷,难道可能吗?"

【思考】鲁国人徙越后一定会贫穷吗?为什么鲁国人的友人认为鲁国人夫妻去越国后就一定会贫穷?

问题分析

一个人要发挥其专长,就必须适合社会环境的需要。如果脱离社会环境的需要,其专长也就失去了价值。同样,组织决策也要考虑环境,既要考虑外部环境的约束因素,也要考虑外部环境的变革因素。例如模块情境中,也许鲁国人到越国后,因编麻鞋、织白绢的技艺都无法起作用而造成贫穷。但也有可能因为他们夫妻穿鞋舒服、戴帽高雅,影响越国人,使其改变赤脚披发的行为,开始穿鞋戴帽。这样鲁国人不仅不会贫穷,反而会成为越国鞋帽市场的"领头羊"、大富翁。

所以,任何决策的影响都不仅仅是由组织本身承担的,同时也是其他组织的外部影响因素,会给组织外部带去积极或者消极的影响。这充分说明决策要充分考虑组织内外部环境,分析不同决策带来的不一样的结果。

知识精讲

一、决策概述

1. 决策的概念

从管理科学的历史发展来看,决策既是计划职能的一个组成部分,也是领导职能的一部分。无论哪个级别和哪个领域的管理者,都需要制定决策。决策是指人们在行动之前,做出决定的策略和办法。

2. 决策的类型

依据不同的标准,我们可以将决策分为不同的类型,以便更好地帮助管理者进行合理决策。

(1)按决策性质分类。按性质不同,决策可分为战略决策、战术决策和业务决策。

1)战略决策,又称为经营决策。它是直接关系组织的生存和发展,涉及组织全局的长远性、战略性、方向性的决策。此类决策的风险较大,一般由企业的高层管理者做出。它涉及企业的经营方向和经营目标、技术革新和技术改造、产品更新换代、企业上市、合并分立、开拓海外市场等。

2)战术决策,又称管理决策。它是组织内部范围贯彻执行的决策,属于战略决策过程的具体决策。此类决策不直接决定组织的命运,但会影响组织目标的实现和工作绩效的高低，一般由企业的中层管理者做出。它涉及企业的生产计划、销售计划、产品定价，以及企业内部人力、物力、财力的协调与控制等。

3）业务决策，又称执行性决策。它是日常工作中为了提高生产效率和工作效率的决策，如工作的日常分配和检查等。它涉及范围小，只对局部产生影响。

（2）按决策活动的表现形式分类。按决策活动的表现形式不同，决策可分为程序化决策和非程序化决策。

1）程序化决策是指经常重复发生，能按已规定的程序、处理方法和标准进行的决策，例如材料与工具出入库问题、工资发放问题等。由于这些问题经常地、重复地出现，解决对策可以参照以往的经验，甚至可以把不断重复的工作方法变成固定的工作规则和程序。

2）非程序化决策是指管理中首次出现的或偶然出现的非重复性的决策。此类决策无先例可循，随机性和偶然性大。当管理者面对新问题需要决策时，他们要尽可能多地收集相关信息，并借助于个人的判断从各种备选方案中做出选择。

（3）按决策主体分类。按主体不同，决策可分为个人决策和群体决策。

1）个人决策是指单个人做出的决策，通常是在最后选定决策方案时，由最高领导最终决定的一种决策形式。

2）群体决策是指两个或两个以上的决策主体做出的决策。

相较个人决策，群体决策具有以下特点：

① 能在更大范围内汇总信息。
② 能提供更多的备选方案。
③ 能得到更多的认同。
④ 能更好地沟通。
⑤ 能做出更好的决策。

脱贫决策

群体决策也存在一些缺点，例如花费时间和金钱较多、易发生相互推卸责任的现象等。

（4）按决策的可控程度分类。按可控程度不同，决策可分为确定型决策、不确定型决策和风险型决策。

1）确定型决策即决策者已完全掌握决策所需的各种情报资料，每种备选方案只有一种确定的执行后果，决策过程中只要直接比较各种备选方案的执行后果即可。

2）不确定型决策即决策者不能预先确知环境条件，对可能产生的执行后果也难以确切估计。在实际操作中，大部分的企业决策都属于这种类型。

3）风险型决策即决策方案未来的自然状态不能预先确定，可能有几种状态，对每种自然状态发生的概率可以做出客观估计，但不管执行哪种方案都有风险。

3. 决策的程序

决策过程是指从问题提出到方案确定所经历的过程。它作为一个动态的行为模式，并不是瞬间完成的，而是需要经过一定的程序来进行的。了解这些程序可以提高个人的分析能力和决策能力，从而提高决策效率。尽管决策是一个复杂的工作过程，但一般来说，绝大多数决策包括以下基本步骤，如图3-1所示。

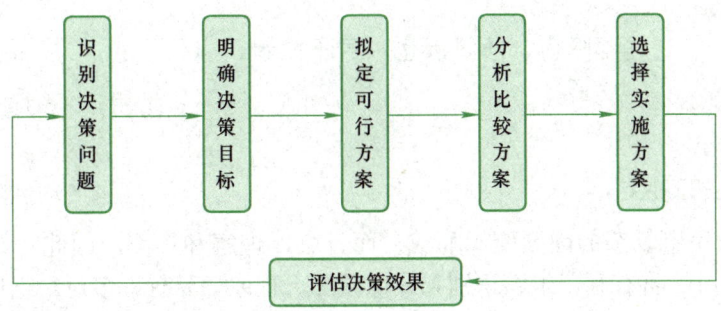

图 3-1 决策的基本过程

4. 影响决策的主要因素

正确的决策是管理者提高管理水平所必须行使的重要职能。但是，在决策过程中有诸多因素影响着最终决策。一般来说，影响决策的主要因素有环境因素、决策者因素、组织文化因素和时间因素，具体如表 3-1 所示。

表 3-1 影响决策的主要因素

影 响 因 素	对决策的影响
环境因素	环境因素对决策的影响是非常明显的，主要体现在： 1. 市场环境的稳定性 2. 市场结构 3. 买卖双方的市场地位
决策者因素	决策者的知识、心理、观念、能力、经验等方面的因素都会影响决策，主要体现在： 1. 决策者对待风险的态度 2. 决策者的个人能力
组织文化因素	组织文化是影响决策的一个重要因素，主要体现在： 1. 偏向保守、怀旧、维持的组织 2. 偏向开拓、创新的组织
时间因素	不同的决策对时间要求不同，主要体现在： 1. 时间敏感型决策 2. 知识敏感型决策

二、组织环境概述

1. 组织环境的概念

（1）组织环境的定义。任何组织都是在一定的环境中从事活动，不可能脱离整个社会而独立存在，因此组织总与社会的方方面面有着千丝万缕的联系，这就是组织环境。因此，组织环境就是指影响组织形成与发展的各种力量和条件因素的集合。

（2）组织环境的重要性。组织环境的特点制约和影响着组织活动的内容和进行方式。组织只有不断地与环境进行能量和信息交换，把投入转变为产出，才能生存发展，从而实现组织的目标。组织环境的变化要求管理的内容、手段、方式、方法等也随之调整，以便利用机会、趋利避害，更好地实施管理。

> 居不隐者，思不远也；身不危者，志不广也。
>
> ——《北朝齐·刘昼》

2. 组织环境的分类

组织环境由纷繁复杂的因素交织而成，而且难以理解和预测。因此，如果把组织环境区分成不同的部分，将有利于组织识别和环境预测。管理学界有许多对组织环境的分类，常见的分类方法是把环境分成组织的外部环境和组织的内部环境。

（1）外部环境。外部环境是指存在于组织周边，影响组织经营活动及其发展的各种客观因素与力量的组合。组织的外部环境错综复杂且变幻莫测，外部环境分析就是收集和处理环境因素的相关信息，分析组织面临的机遇和挑战。外部环境通常包括一般环境与具体环境两方面。

1）一般环境是组织的大环境，是指可能对所有组织的活动产生影响的各种因素所构成的集合，具体包括政治环境、经济环境、社会环境、技术环境，故也称其为宏观环境。

2）具体环境也称特殊环境，是与实现组织目标直接相关的那部分环境。它具体地与某一组织发生作用，直接而迅速地影响着组织的活动方式等。不同组织的具体环境各不相同。对企业来说，具体环境主要包括供应商、顾客、竞争者（现实的竞争者、潜在的竞争者、替代品制造商）、政府机构以及企业所在社区等影响企业经营的一组因素所构成的环境，这些因素的特点是直接影响企业的竞争能力。

（2）内部环境。内部环境是指组织内部的各种影响因素的总和，包括组织资源、组织文化等因素，是组织内部的一种共享价值体系。内部环境是指组织内部与战略有重要关联的因素，是制定战略的出发点、依据和条件，是竞争取胜的根本。内部环境是随组织的产生而产生的，在一定条件下内部环境是可以控制和调节的。

思考与讨论

我国汉代就有："天下以言为戒，最国家之大患也。"请问这句话蕴涵着什么管理理念？

三、组织环境分析

组织环境分析是指通过对组织自身所处的内外环境进行充分认识和评价，以发现机会和威胁，确定组织自身的优势和劣势，从而为战略管理过程提供指导的一系列活动。

1. 一般环境分析——PEST 分析法

一般环境分析主要通过政治（Politics）、经济（Economy）、社会（Society）和技术（Technology）四个方面的因素分析，从总体上把握宏观环境，并评价这些因素对组织的影响。这种分析法通常称为 PEST 分析法。

（1）政治因素（Political Factors）。政治因素是指对组织经营活动具有实际与潜在影响的政治力量和有关法律法规等因素，包括国家的社会制度、政治形势、国际关系、执政党的性质、政府的方针政策、国家法律和法规等。政治环境不同的国家有着不同的社会制度，不同的社会制度对组织的经营管理活动有着不同的限制和要求。即使同一个国家，在不同时期，由于执政党不同等原因，其政策倾向也是不断变化的。管理者必须全面了解与组织活动有关的各种法律政策，并依法对组织进行管理。

政治环境是一种强环境，对组织来说一般是不可控的，同时它对组织的影响又是根本性的。任何组织只能适应政治环境，而不能改变政治环境。因此，政治因素是组织环境因素中的重要因素。

（2）经济因素（Economic Factors）。经济因素又分为宏观经济因素与微观经济因素两类。宏观经济因素主要是指一个国家的经济制度、经济结构、产业布局、资源状况，以及经济发展水平和未来的经济走势等因素。微观经济因素主要是指组织所在地区或所服务地区消费者的收入水平、消费偏好、储蓄情况、就业程度等因素。

经济环境决定和影响组织战略计划的制订，它不仅是营利性组织重点关注的因素，同时也受到非营利性组织的重点关注。当今组织活动的全球化趋势使经济环境异常复杂，这增加了组织活动的不确定性。成功的管理者必须密切关注经济环境的变化，如各种经济指标的变动，及时捕捉经济信息和政策，以便根据经济环境的变化适时调整自己的战略。

（3）社会因素（Social Factors）。社会因素是指组织所在社会中成员的民族特征、文化传统、价值观念、宗教信仰、教育水平及风俗习惯等因素。构成社会环境的因素包括人口规模、年龄结构、种族结构、文化传统、受教育程度、收入分布、消费结构和水平、人口流动性等，其中最为重要的是文化传统和受教育程度。通常不同的国家（或地区）和民族，其社会文化传统和教育水平也不同，这不仅会影响甚至改变人们的生活习惯和价值观念，而且会对企业的产品和服务提出不同的要求。

（4）技术因素（Technological Factors）。技术因素不仅包括那些引起革命性变化的发明，还包括与企业生产有关的新技术、新工艺、新材料的出现、发展趋势及其应用前景。技术对组织及其管理具有重要的影响。在过去的半个世纪里，最大的变化就发生在技术领域，像华为等公司的崛起改变着世界和人类的生活方式。同样，技术领先的医院、大学等非营利性组织，也比没有采用先进技术的同类组织具有更强的竞争力。现代技术手段的发展使管理手段、方法乃至管理思想和管理模式都发生了巨大变化，信息技术使管理系统实现了集成化和一体化，改善了组织内外整体管理的水平。

2. 具体环境分析

在具体环境分析中，组织多采用迈克尔·波特的行业竞争"五力模型"，对现有竞争者、潜在竞争者、替代品生产者、供应者、购买者这五种力量进行分析，因为它们决定着行业的竞争强度，也决定着行业的利润水平。行业的竞争力量如图3-2所示。

3. 内部环境分析

内部环境是指组织内部的物质环境和文化环境的总和，包括组织资源、组织能力、组织文化等因素，也称组织内部条件。内部环境是组织活动的基础，也是组织战略的出发点、依据和条件。

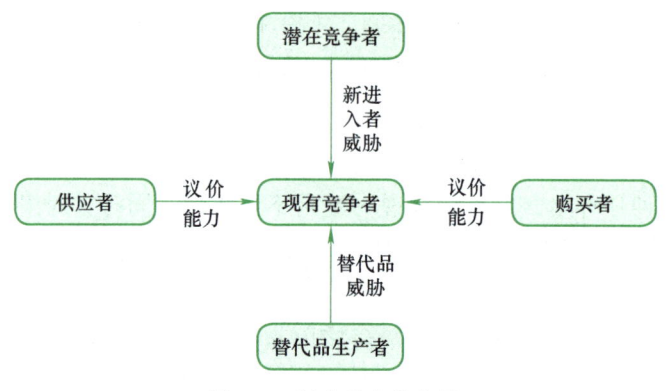

图 3-2 行业的竞争力量

> **思考与讨论**
>
> 《孙子兵法》中讲:"知己知彼,百战不殆;不知彼而知己,一胜一负;不知彼不知己,每战必殆。"请问这句话的含义是什么?其蕴含了什么管理理念?

组织内部环境分析的目的在于掌握组织历史和目前的状况,明确组织所具有的优势和劣势。这有利于组织制订有针对性的战略计划,有效地利用自身资源,发挥组织的优势,同时避免组织的劣势,或采取积极的态度改进组织劣势,扬长避短。

组织内部环境分析的内容包括很多方面,如组织结构、组织文化、资源条件、价值链、核心能力分析等。按组织的成长过程,内部环境分析又分为组织成长阶段分析、组织历史分析和组织现状分析等。

一般来说,组织内部环境分析可归纳成两大类,即纵向分析和横向比较分析。

1)纵向分析,即分析组织各方面职能的历史演化,从而发现组织在哪些方面得到了加强和发展,在哪些方面有所削弱。根据纵向分析的结果,在历史分析的基础上对组织各方面的发展趋势做出预测。

2)横向比较分析,即将组织的情况与行业平均水平做横向比较。通过横向比较分析,组织可以发现自身相对于行业平均水平的优势和劣势。这种分析对组织的经营来说更具有实际意义。

4. 组织环境综合分析法——SWOT 分析法

(1)SWOT 分析法的含义。SWOT 分析法是在外部环境与内部环境分析的基础上,将外部环境中的机会与威胁和内部环境的优势与劣势结合在一起的分析方法。SWOT 这几个字母分别代表的含义:优势(Strengths)、劣势(Weaknesses)、机会(Opportunities)和威胁(Threats)。

SWOT 分析法是编制战略计划的重要步骤,它能够帮助组织将精力集中在关键问题上,避免力量的削弱。

(2)SWOT 分析法的系统模型。分析组织的内部优势与劣势。优势与劣势既可以是相对组织目标而言的,也可以是相对竞争对手而言的。

分析组织面临的外部机会与威胁。机会与威胁可能来自与竞争无关的外部环境因素的变化，也可能来自竞争对手力量与因素的变化，或二者兼有。但无论来源是什么，都应对关键性的外部机会与威胁予以确认。组织环境分析的系统模型如图 3-3 所示。

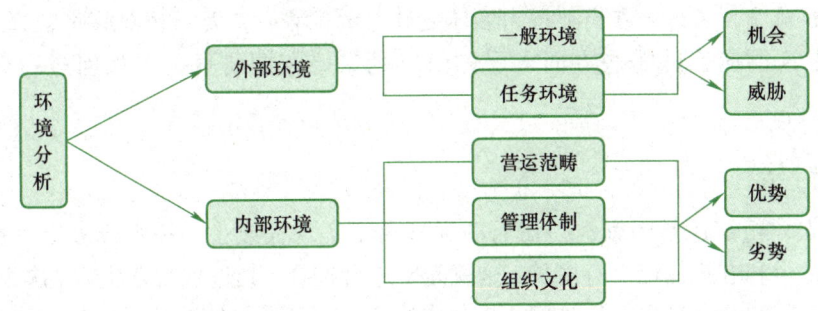

图 3-3　组织环境分析的系统模型

（3）SWOT 分析法的系统模型组合。将外部机会和威胁与组织内部优势和劣势进行匹配，形成可行的组织发展战略的组合，具体如表 3-2 所示。

表 3-2　组织发展战略组合

组　合	含　义	解　释
SO 组合	这是一种能发展组织内部优势与利用外部机会的组合，是一种理想的状态。在这种情形下，组织可以用自身内部优势撬起外部机会，使机会与优势充分结合并发挥作用	例如，有良好的市场前景、供应商规模扩大和竞争对手有财务危机等外部条件，配以企业市场份额提高等内在优势，可成为企业收购竞争对手、扩大生产规模的有利条件
WO 组合	WO 组合即外部存在机会，但由于组织有一些内部弱点而妨碍其利用机会。在这种情形下，组织需要提供和追加某种资源，以促进内部资源劣势向优势方面转化，从而迎合或适应外部机会，最终赢得竞争优势	例如，企业的弱点是原材料供应不足和生产能力不足，则要追加原材料供应和提高生产能力，以迎合外部机会
ST 组合	ST 组合指外部环境存在威胁而组织自身有着一定的优势。在这种情形下，环境状况很可能对组织优势构成威胁，致使优势得不到充分发挥。为此，组织需要利用自身优势回避或减轻外部威胁所造成的影响，以发挥优势	例如，竞争对手利用新技术大幅度降低成本，带给企业很大的成本压力，同时原材料供应紧张，导致产品价格可能上涨；消费者要求大幅度提高产品质量等。这使企业在竞争中处于非常不利的地位，但若企业拥有充足的资金、熟练的技术工人和较强的产品开发能力，便可利用这些优势开发新工艺，简化生产工艺过程，提高原材料利用率，从而降低材料消耗和生产成本，以回避外部威胁的影响
WT 组合	当组织的内部劣势与外部威胁相遇时，组织就面临着严峻的挑战，如果处理不当，可能直接威胁到组织的生死存亡	例如，企业成本状况恶化、原材料供应不足、生产能力不够，无法实现规模效益，而设备老化使企业在成本控制方面难以为继。这时，企业需要采取集中战略或差异化战略，以回避成本方面的劣势及成本原因带来的威胁

模块二　选择决策方法

模块情境

汪丽是一家中式快餐店的总经理。她在对中式快餐店的收入和支出及市场潜力等情况进行综合分析后决定开设第二家快餐店。为此,她要进行选址、规划、设计等一系列决策。

已知快餐店的选址具有三个标准:一是要交通便利,最好选择交通枢纽所在地;二是要有充足的客流量,最好开在商业圈内客流量较大的地方;三是店铺要临街,位置要显眼。

【思考】汪丽应当从哪些方面入手调研?她又该在调研基础上如何进行店铺位置的选择?

问|题|分|析

不论个人、组织还是国家,一切活动都是为了实现大或小、一个或多个目标。而实现这些目标的途径和方案往往也有多种,这就需要进行选择,其过程就是决策。决策贯穿计划、组织、领导、控制的全过程,是管理的核心内容之一。汪丽要完成第二家快餐店选址任务,需要做好这些工作:①进行市场调研,拟定备选方案;②运用决策工具科学分析、比较各种备选方案;③做出科学决策。

知识精讲

决策的科学性主要体现在决策过程的理想化和决策方法的科学化上。根据决策方法的性质不同,我们将决策方法分为定性决策方法和定量决策方法。

> 夫运筹策帷帐之中,决胜于千里之外。
>
> ——西汉·司马迁

一、定性决策方法

定性决策方法又称主观决策法,是指在决策中主要依靠决策者或有关专家的知识、经验、能力和智慧,在把握事物本质的基础上做出科学、合理决策的方法。这种方法适用于受社会、经济、政治等非计量因素影响较大,所含因素错综复杂,涉及社会心理因素较多及难以用准确数量表示的综合性问题。此方法包括头脑风暴法、名义群体法、德尔菲法和哥顿法。

1. 头脑风暴法

头脑风暴法(Brain Storming)是由奥斯本(Osborn)于1939年首次提出,后于1953年正式发表的一种激发创造性思维的方法。它是一种通过会议的形式,让所有与会者在自由愉快、畅所欲言的气氛中,自由交换想法或点子,并以此激发与会者的创意及灵感,以产生更多创意的方法。

小组人数一般为10~15人,最好由不同专业或不同岗位的专家组成;时间一般为20~60分钟;设主持人一名,主持人只主持会议,不对与会者的设想做评论;设记录员1~2名,要求认真将与会者的每一种设想,不论好坏完整地记录下来。

头脑风暴法须遵循以下几个原则:

(1) 禁止批评和评论。对别人提出的任何想法都不能批判,也不得阻拦,即使自己认为是幼稚、错误甚至荒诞离奇的设想,也不得驳斥,同时也不允许自我批判,在心理上调动每一个与会者的积极性,彻底防止出现一些"扼杀性语句"和"自我扼杀的语句"。诸如"这根本行不通""你这想法太陈旧了""这是不可能的""这不符合某某定律",以及"我提一个不成熟的看法""我有一个不一定行得通的想法"等语句,禁止在会议上出现。只有这样,与会者才可能保持完全放松的心境,并在他人的激励下集中全部精力开拓自己的思路。

(2)畅所欲言。目标集中,追求设想数量,越多越好,各种建议是不必经过深思熟虑的。会议提倡自由奔放、随便思考、任意想象、尽量发挥,主意越新、越独特越好,因为只有这样才能启发人推导出好的创意。

(3)鼓励巧妙地利用和改善他人的设想,这是激励的关键所在。每个与会者都要从他人的设想中激励自己,从中得到启示,或补充他人的设想,或将他人的若干设想综合起来提出新的设想。

(4)人人平等。与会人员一律平等,需将各种设想全部记录下来。与会人员中,不论是该方面的专家、员工,还是其他领域的学者,或是该领域的外行,一律平等;各种设想,不论大小,甚至是最荒诞的设想,记录人员也要认真地将其完整记录下来。

(5)主张独立思考,不允许私下交谈,以免干扰他人。

(6)不强调个人的成绩,应以小组的整体利益为重,关注和理解他人的贡献,创造民主环境,不以多数人的意见阻碍个人新观点的产生,以激发个人追求更多更好的设想。

2. 名义群体法

名义群体法由德尔比克等人于1968年开发,又称NGT法、名义团体技术、名目团体技术、名义群体技术、名义小组法。它是指在决策过程中对群体成员的讨论或人际沟通加以限制,但群体成员是独立思考的。像召开传统会议一样,群体成员都出席会议,但他们的思考是独立的。名义群体法的实施步骤如下:

1)针对特定的问题,将对此问题有经验的人员组成一个小组,并事先向他们提供与决策问题有关的资料。

2)小组成员在各自独立思考的基础上提出决策建议,并将自己的建议或方案整理成文字材料。

3)经过一段沉默后,每个成员将自己的想法提交给群体,然后一个接一个地向大家说明自己的想法,直到每个人的想法都表达完并被记录下来为止。所有的想法都被记录下来之前,不进行讨论。

4)接下来小组成员开始讨论,以便将每一种想法或方案都搞清楚,并做出评价。

5)每个成员独立地对所有意见或方案进行排序,最终方案的选择为综合排序最高的方案。

名义群体法的主要优点在于,使群体成员正式开会但不限制每个人的独立思考,不像互动群体那样限制个体的思维,而传统的会议方式往往做不到这一点。

3. 德尔菲法

德尔菲法(Delphi Method)也称专家调查法或专家意见法,是以匿名方式轮番征询专家意见,最终得到预测结果的一种集体经验判断法。这种方法是市场预测方法中最重要也是最有效的一种,应用十分广泛,可用于预测商品供求变化、市场需求、产品的成本价格、商品销售、市场占有率、商品生命周期等。这种方法不但在企业预测中发挥作用,还在行业预期、宏观市场预测中被广泛采用。德尔菲法不仅可以用来进行短期预测,还可用来进行中长期预测,且效果比较好,尤其当预测中缺乏必要的历史数据且应用其他方法有困难时,采用德尔菲法预测能得到较好的效果。

运用德尔菲法进行市场预测,一般都要经过如下几个步骤:

(1)成立预测领导小组及选定专家。预测领导小组是预测工作的主持者,负责编制和组织实施调查计划。其职责主要包括确定预测主题、拟定调查表、搜查和提供有关背景材料、选定专家并与各位专家保持联络、负责整理和反馈专家意见、编写预测报告等。小组由预测单位的领导、业务部门的负责人和预测工作人员共同组成。选定专家是应用德尔菲法的一个重要环节,直接关系到预测的成果,应根据预测主题涉及的范围及复杂程度来确定专家的人数和结构。

(2)拟定征询表,准备背景材料。征询表是将要调查了解的内容按照一定的顺序和逻辑关系排列而成的表格,是专家回答问题的依据。在征询表中要说明预测的目的和任务、应答的要求、寄回的时间和地点等。征询表应紧紧围绕预测主题,从各个侧面提出有针对性的问题,问题要简明扼要、含义明确、数目适当,不能占用专家过多的时间。为了使每个专家都能清楚理解每个问题,有时还要在表后对每个问题给予必要的说明和注释,包括指标的含义、计算方法等。要根据调查了解的不同内容,设计出不同的征询表,并在征询过程中根据实际需求不断对征询表进行调整和修正。征询表中要留有足够的空白,以便专家表述意见和说明理由,且便于整理和汇总。

背景材料是指与预测主题直接相关的各种市场信息资料,包括预测主题历史发展的变化和当前国内外同类现象的发展变化,供专家回答问题时参考。这些资料要事先搜集和整理好,及时提供给专家,并且仅对背景材料做客观提供,不应做任何评论,以免影响专家的独立思考。背景材料要尽可能全面、准确,为专家对预测主题做出正确的分析判断提供可靠依据。

(3)进行多轮匿名征询。收集意见和信息反馈一般要经过3~4轮。

第一轮:预测领导小组将预测课题、征询表和背景材料寄给每位专家。要求专家根据自己的知识、经验和判断,提出自己的预测意见和理由以及进一步研究所需要的资料,并在规定时间内寄回预测领导小组。预测领导小组将各专家的意见进行归纳整理和统计分析。

第二轮:预测领导小组将第一轮汇总的结果、新的预测要求和补充的背景材料反馈给专家。每位专家在参考和评论第一轮其他专家意见的基础上,再结合掌握的新资料,对自己原来的预测意见进行补充和修正,或者提出新的看法和设想,同时说明理由,并在规定时间内寄回,由预测领导小组汇总整理。

第三轮:将第二轮汇总整理的结果、补充材料等再反馈给各位专家,请他们再次修改或补充自己的预测意见,并在规定时间内寄回。

如此反复进行3~4轮,甚至5轮征询,当多数人的意见渐趋一致时停止征询,根据最后一轮汇总整理的结果做出预测结论。

(4)做出预测结论。经验和研究表明,专家意见的分布是接近或符合正态分布的,尤其是最后一轮的意见更为符合正态分布,因此可以运用统计的方法对预测意见进行集中整理。

4. 哥顿法

哥顿法(Gordon Method)是美国人哥顿于1964年提出的决策方法,又称教学式头脑风暴法或隐含法。它是一种由会议主持人指导进行集体讲座的技术创新方法。其特点是不让与会者直接讨论问题本身,而只让其讨论问题的某一局部或某一侧面,或者讨论与问题相似的某一问题，或者用"抽象的阶梯"把问题抽象化向与会者提出。主持人对提出的构想加以分析研究，一步步地将与会者引导到问题本身上来。

哥顿法的实施在很大程度上取决于与会者，而领导者与其他方法的领导者相比，应起到更为举足轻重的作用。

领导者：主持讨论的同时，他要完成将与会者提出的论点同真实问题结合起来的任务。因此，要求领导者有丰富的想象力和敏锐的洞察力。

成员：人数以 5～12 名为佳，尽可能由不同专业的人参加，如有科学家和艺术家参加那就更好。与会者预先必须对哥顿法有深刻的理解，不然的话会感到不愉快。

时间：会议时间一般为 3 小时，这是为了寻求来自各方面的设想，需要较长的时间；另外，当会议进行到某种程度的疲劳状态时，可以获得无意识中产生的设想。

其他条件：最好是在安静的房间中进行，与会议室等相比，舒适的接待室更为理想；一定要将黑板或记录用纸挂在墙上，与会者可将设想和图表写在上面；营造轻松愉快的气氛，充满幽默情调。

哥顿法的实施步骤：

（1）领导者决定主题。认真分析实质问题，概括出该事物的功能作为主题。必须在肯定"揭示实质问题，能更广泛地提出设想"的情况下进行。

（2）召开会议。主题决定以后，领导者召开会议，让与会者自由发表意见。当与实质性问题有关的设想出现时，领导者要马上将其抓住，使问题向纵深发展，并给予适当的启发，同时指明方向，使会议继续下去，在最佳设想好像已经出现，而时间又接近结束时，要使实质问题逐渐明朗化，然后使会议结束。

二、定量决策方法

定量决策方法是指根据现有数据，运用数学工具，建立反映各种因素及其关系的数学模型，并通过对这种数学模型的计算和求解来选择决策方案的方法。与定性决策方法相比，运用定量决策方法进行决策能够提高决策的准确性、时效性和可靠性，特别适用于程序性决策。

定量决策方法主要包括确定型决策方法、风险型决策方法和不确定型决策方法三种。

1. 确定型决策方法

确定型决策是指决策事件的各种自然情况非常明确且固定，各种方案的分析都会得到一个明确的结果，从中选择最优决策方案的活动过程。最常用的确定型决策方法是盈亏平衡分析法和线性规划法。在此，我们只对最常用的盈亏平衡分析法做简单分析。

盈亏平衡分析法又称量本利分析法或保本点分析法，是通过研究产量、成本和利润三个经济指标之间的关系，借盈亏平衡点分析来进行决策的一种方法。

其基本假设：只研究单一产品；产品销售量等于产量；生产产品的成本分为固定成本和变动成本两部分；产品的售价不变。

在此假设基础上，要想企业达到盈亏平衡必须满足以下条件：

$$销售收入 - 总成本 = 0$$

$$销售收入(Y) = 销售量(Q) \times 销售价格(P)$$

$$总成本(C) = 固定成本(F) + 可变成本(QV)$$

式中，V 代表单位产品变动成本。

图形表示如图 3-4 所示。

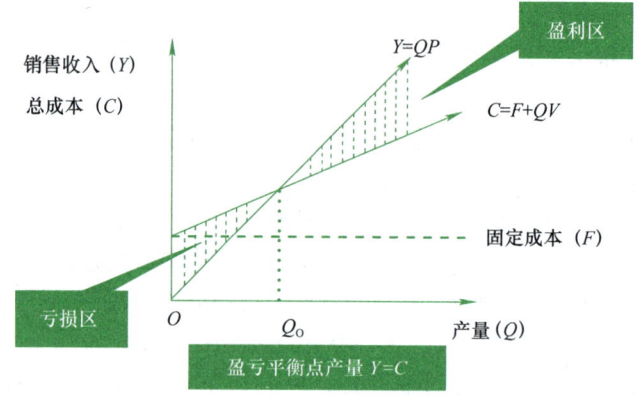

图 3-4 盈亏平衡分析

基本公式为

$$\text{利润 } \pi = \text{销售收入}（Y）- \text{总成本}（C）$$
$$\pi = Y - C = QP -（F + QV）$$

整理后有 $Q =（\pi + F）/（P - V）$

盈亏平衡时，$\pi = 0$，收入（Y）= 成本（C），即有

$$QP = F + QV$$

盈亏平衡时的产量为 $Q = F /（P - V）$

目标利润下，$\pi \neq 0$ 的产量为 $Q =（\pi + F）/（P - V）$

依据上述盈亏平衡分析工具，我们可以对企业的以下四种情况进行简单应用分析。

1）盈亏平衡时的产量。

> **例3-1** 某企业生产某产品的固定成本为 50 万元，单位售价 80 元，单位可变成本为 40 元，请问盈亏平衡产量为多少？
>
> 解：依题意有：$Q =（\pi + F）/（P - V）$
>
> $\pi = 0$，$Q = F /（P - V）$
>
> $Q = 500\,000 /（80 - 40）= 1.25$（万件）

2）目标利润额下的产量决策。

> **例3-2** 某企业生产某产品的固定成本为 50 万元，单位售价 80 元，单位可变成本为 40 元，如果本年目标利润为 150 万元，产量应为多少？
>
> 解：依题意有：$Q =（\pi + F）/（P - V）$
>
> $Q =（1\,500\,000 + 500\,000）/（80 - 40）= 5$（万件）

3）预测一定销量下的利润水平。

> **例3-3** 某企业生产某产品的固定成本为 50 万元，单位售价 80 元，单位可变成本为 40 元，若本年预定销售 5 万件，利润额为多少？
>
> 解：依题意有：$\pi = QP -（F + QV）$
>
> $\pi = 50\,000 \times 80 -（500\,000 + 50\,000 \times 40）= 150$（万元）

4）确定企业的目标成本。

> **例3-4** 某企业计划生产某产品5万件，产品单位售价为80元，当目标利润确定为200万元时，目标成本应控制在什么水平？
>
> 解：依题意有：$\pi = Y - C$
> $$C = QP - \pi = 50\,000 \times 80 - 2\,000\,000 = 200（万元）$$

思考与讨论

如果企业生产的产量低于盈亏平衡点的产量就必须停止生产吗？

2. 风险型决策方法

风险型决策也称为随机决策，在这类决策中，自然状态不止一种，决策者不知道会发生哪种自然状态，但可以知道有多少种自然状态及每种自然状态发生的概率。

其基本假设：

1）存在决策者希望达到的一个或一个以上明确的决策目标。
2）存在决策者可以主动选择的两个或两个以上的行动方案。
3）存在不以决策者主观意志为转移的两种或两种以上的自然状态。
4）存在决策者可以根据有关资料事先估算出来的各种自然状态出现的概率。
5）存在可以计算出来的不同行动方案在不同自然状态下的损益值。

风险型决策常用的方法主要有期望损益决策法、决策树法、贝叶斯决策法、边际分析决策法等。在此，我们对应用最广的决策树法做简单介绍。

（1）决策树的构成。决策树法是以图解方式计算各方案在不同状态下的损益值，通过综合期望值的比较做出方案选择的方法。决策树由决策点、方案枝、状态节点、概率枝和损益值构成。绘制决策树主要有以下步骤：

1）先画一个□作为出发点，称为决策点。
2）从决策点引出若干条直线，每条直线表示一种可供选择的方案，在每条直线上标出该方案的名称，这条直线和直线上的名称称为方案枝。
3）在方案枝末端画上一个○，称为状态节点。
4）从状态节点引出若干条直线，表示可能发生的各种自然状态，并标明出现的概率，称为概率枝。
5）在概率枝的末端写上各方案在每种自然状态下的损益值，用△表示。

依据上述步骤画出的图形称为决策树，如图3-5所示。

（2）决策树法的操作步骤。应用决策树法进行决策方案的选择是从右向左逐步后退，根据损益值分层进行的，决策树的具体操作步骤如下：

1）绘制表格。决策者整理、分析资料，把决策要解决的问题整理绘制成表格。
2）绘制决策树。绘制决策树的顺序从左到右，对决策条件进行细致分析，确定有哪些方案可供选择，以及各种方案的实施会发生哪几种自然状态，然后展开其方案枝、状态节点和概率枝。
3）计算期望值。计算期望值的程序从右向左依次进行。

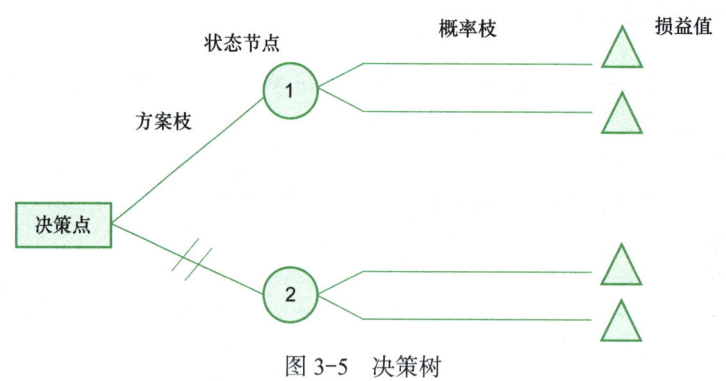

图 3-5 决策树

期望值（E）可用公式表示为

$$E=\sum_{i=1}^{n}（各种自然状态下的概率\times 损益值\times 有效期限）-投入$$

4）剪枝决策。比较各方案的期望值，凡是期望值小的方案枝一律剪掉，最后只剩下一根贯穿始终的方案枝，其期望值最大。将此最大值标于决策点上，即为最佳方案。

例3-5 某纺织企业生产一种新产品，有两种方案供选择：建大厂或建小厂，使用期限均为10年。大厂投资300万元，投产后销路好时年利润为150万元，销路差时则要亏损20万元；小厂投资120万元，投产后销路好时年利润为80万元，销路差时年利润为20万元。根据市场预测，在今后10年内该产品销路好的概率为70%，销路差的概率为20%，试选择行动方案。

解：第一步，绘制如图3-6所示的决策树

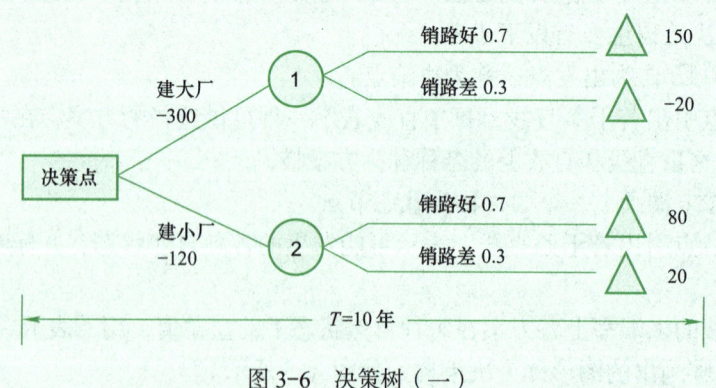

图 3-6 决策树（一）

第二步，计算每一个方案的期望值（从决策树右侧向左进行）

$$E_{大}=[150\times 0.7+(-20)\times 0.3]\times 10-300=690（万元）$$

$$E_{小}=[80\times 0.7+20\times 0.3]\times 10-120=500（万元）$$

第三步，剪枝决策（由右向左，剪去劣势方案分枝，保存优势方案分枝），方案优选过程。因为$E_{大}>E_{小}$，所以根据决策树法，决策方案为建大厂，如图3-7所示。

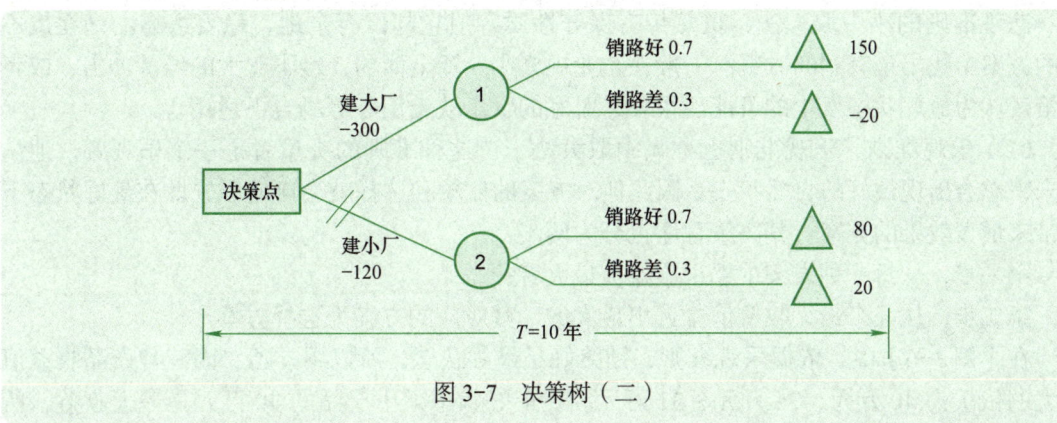

图 3-7 决策树（二）

决策树不仅有单级决策树，也有多级决策树。例如，一个问题需要进行两次或两次以上的决策才能选出最优方案，达到决策目的就需要画出多级决策树。利用决策树进行多级决策，实际上就是单级决策的复合，即第一个阶段决策树（单级）的每一个末梢作为下一个阶段的决策树（下一个单级决策树的决策点）根部，下一个阶段以此类推，从而形成枝繁叶茂的多级决策树。

3. 不确定型决策方法

不确定型决策是指决策者所要解决的问题有若干种方案可供选择，但对事物发生的各种自然状态缺乏客观概率，决策取决于决策者的主观概率估计和他所持有的决策标准。然而，不同的人有不同的决策标准。常用的不确定型决策准则有悲观准则、乐观准则、等概率准则、折中准则和最小后悔值准则。

例3-6　某企业有甲、乙、丙三种产品待选，市场预测结果表明市场有三种可能：销路好、销路一般、销路差。各种产品在不同自然状态下的预测损益值如表 3-3 所示。

表 3-3　不同自然状态下每种产品的预测损益值　　　　（单位：万元）

生产方案	市场需求		
	销路好（β_1）	销路一般（β_2）	销路差（β_3）
甲产品	40	10	-10
乙产品	36	12	-4
丙产品	32	14	2

（1）悲观准则。悲观准则也称为小中取大法。悲观的决策者认为未来会出现最差的状态，因而为避免风险，决策时只能以各方案的最小收益值进行比较，从中选取收益值最大的方案。其决策程序分为两步：

第一步，从每一种方案中选出收益值最小者。

第二步，从几个最小收益值中选出最大的，其对应的方案为选择方案。

在【例3-6】中，依据悲观准则，销路差是最差状态，所以甲、乙、丙三种产品收益值最小的依次为 -10 万元、-4 万元、2 万元。在最差状态下，丙产品的 2 万元是最大的收益，所以生产丙产品是悲观准则的选择。

悲观准则的小中取大法，虽然带有保守性质，但它却留有余地，稳妥可靠，是在最不利的方案中找出最有利的方案。一般在企业规模小、资金薄弱，经不起大的经济冲击，或者决策者认为最坏状态发生的可能性很大，对好的状态缺乏信心等场合下适用。

（2）乐观准则。乐观准则也称大中取大法。持这种准则的决策者是一个乐观者，他认为未来总会出现最好的自然状态，因此他对方案的比较和选择就会倾向于选取在最好状态下能带来最大效果的方案。其决策程序也分为两步：

第一步，从每一种方案中选出收益值最大者；

第二步，从几个最大收益值中选出最大的，其对应的方案为选择方案。

在【例3-6】中，依据乐观准则，销路好是最好状态，所以甲、乙、丙三种产品收益值最大的依次为40万元、36万元、32万元。在最好状态下甲产品的40万元是最大收益，所以生产甲产品是乐观准则的选择。

一般来说，采用乐观准则决策法，比较适用于以下几种情况：

1）高值诱导。决策者试图运用有可能实现的高期望值目标来激励、调动人们奋进的积极性。这时，实际结果其实并不重要，关键是决策目标的激励作用。

2）绝处求生。企业处于绝境，运用其他较稳妥的决策方法难以摆脱困境，此时与其等着破产，还不如实施决策最大期望值的方案，通过拼搏以求最后一线生机。

3）评估竞争对手。决策者在竞争中对竞争对手做充分估计，判断其在乐观状态下可能达到的极值，以便心中有数，给出相应对策。

4）前景看好。决策者对前景充满信心，应当采取积极进取的行动方案，否则可能会延误时机。

5）实力雄厚。企业虽力量强大，但如果过于稳妥、保守，往往会无所作为，甚至会削弱自身的力量。因此，不如凭借强大的风险抵御力勇于开拓、积极发展。

（3）等概率准则。等概率准则也称机会均等法，是指假定任何一种自然状态发生的可能性是相同的，通过比较每种方案的损益平均值来进行方案的选择，在利润最大化目标下选择平均成本最小的方案的方法。其决策程序如下：

第一步，确定概率，计算各个方案的期望收益值。

第二步，从几种方案的期望收益值中选出最大的，其对应的方案为选择方案。

在【例3-6】中，依据等概率准则，

解：第一步，计算各个方案的期望收益值。

$$甲产品的期望收益值 = (40+10-10)/3 = 13.33（万元）$$
$$乙产品的期望收益值 = (36+12-4)/3 = 14.67（万元）$$
$$丙产品的期望收益值 = (32+14+2)/3 = 16（万元）$$

第二步，从几种方案的期望收益值中选出最大的，其对应的方案为选择方案。

从第一步计算中知道丙产品的期望收益值最大，所以选择生产丙产品。

（4）折中准则。在实际决策过程中，人们一般会觉得悲观决策准则过于保守、悲观，不愿采用，而乐观决策准则又过于乐观、冒进，也不宜采用。这种情况下就产生了折中准则，其主张折中平衡，既不乐观也不悲观，以一个乐观系数 α（$0 \leqslant \alpha \leqslant 1$）代表乐观度，作为折中决策的标准来进行综合决策。其决策程序如下：

第一步，先确定乐观系数 α，计算各个方案的期望收益值 E。计算公式为

$$E = \alpha \times 最大收益值 + (1-\alpha) \times 最小收益值$$

第二步,比较每种方案的期望收益值,期望收益值最大的方案为选择方案。

在【例3-6】中,我们假设乐观系数 $\alpha=0.8$,依据折中准则,

甲产品的期望收益值 $=0.8\times40+(1-0.8)\times(-10)=30$(万元)

乙产品的期望收益值 $=0.8\times36+(1-0.8)\times(-4)=28$(万元)

丙产品的期望收益值 $=0.8\times32+(1-0.8)\times2=26$(万元)

由此可见,甲产品的期望收益值最大,所以选择生产甲产品。

在实际应用中,乐观系数 α 不易确定,其取值依赖于决策者的经验与个性。乐观系数对决策有较大的影响。乐观系数测定不同,其决策方案必然不同。乐观系数的不易确定性反映了不确定型决策的本质。一方面,它增强了决策者的决策灵活度。若决策者认为形势看好,可定得略高些;若估计形势不妙,可定得略低些,能够灵活掌握。另一方面,使决策的客观性降低、主观性增强,因而可靠性就成问题了。

(5)最小后悔值准则。最小后悔值准则也称为萨维奇准则。当决策者确定决策方案后,可能会因为发现所选非最优方案而后悔。这种后悔实际上是一种机会损失。后悔感越强,损失的机会就越多。最小后悔值准则就是要求决策者在选择决策方案之前必须考虑到这种后悔,尽量使决策方案所产生的后悔感最弱。该方法的关键就是计算出后悔值。后悔值是指在某一自然状态下的最大收益值与各方案收益值之差。

采用最小后悔值准则进行决策的程序如下:

第一步,找出在不同自然状态下的最大期望收益值。

第二步,找出每一方案的最大后悔值。

第三步,从最大后悔值中找出最小的,其对应的方案就是选择方案。

在【例3-6】中,依据最小后悔值准则进行计算。

解:第一步,找出不同自然状态下的最大期望收益值。

市场需求大时,最大期望值收益值是40万元;市场需求一般时,最大期望收益值是14万元;市场需求小时,最大期望收益值是2万元。具体如表3-4所示。

表3-4 各种自然状态下的最大期望收益值 (单位:万元)

生产方案	市场需求		
	销路好(β_1)	销路一般(β_2)	销路差(β_3)
甲产品	40	10	−10
乙产品	36	12	−4
丙产品	32	14	2

第二步,找出每一方案的最大后悔值。

甲产品的后悔值分别为 40−40=0(万元),14−10=4(万元),2−(−10)=12(万元),因此最大后悔值为12万元。

乙产品的后悔值分别为 40−36=4(万元),14−12=2(万元),2−(−4)=6(万元),最大后悔值为6万元。

丙产品的后悔值分别为40-32=8（万元），14-14=0（万元），2-2=0（万元），最大后悔值为8万元。

第三步，从最大后悔值中找出最小的，其对应的方案就是选择方案。

显然，最大后悔值最小的是6，即生产乙产品的方案。

最小后悔值准则一般适用于有一定基础的中、小企业。因为这类企业一方面能承担一定风险，因而可以不必太保守、过于稳妥；另一方面又不能抵挡大的灾难，因而不能像乐观准则那样过于冒进。它属于一种稳中求发展的决策方法。

另外，竞争实力相当的企业在竞争决策中也可采用此方法。因为竞争者之间已有一定的实力，必须以此为基础进一步开拓，不可丧失机会，但也不宜过激，否则欲速则不达，会危及基础。因此，在势均力敌的竞争中，企业采用此方法既可以稳定已有的地位，又可使市场开拓机会的丧失风险降到最低。

> **管理故事　绵羊与狼**
>
> 有一只刚刚饱餐一顿的狼，发现前面一只绵羊倒在地上，知道绵羊是因过分害怕而昏倒，就很绅士地过去叫它不要怕，并答应绵羊，只要说三件真实的事就放它走。
>
> 绵羊听了就说出下面三件事：第一，我不想遇到狼；第二，如果一定要遇到，最好是只瞎眼的狼；第三，我希望所有的狼都死掉，因为我们对狼丝毫没有恶意，而狼却常来攻击我们，欺负我们。
>
> 狼认为绵羊说的话都是发自内心的、真实的，于是说："好吧，今天就放了你。"
>
> 绵羊一听，赶紧撒开蹄子一溜烟跑了。
>
> 【思考】从管理的角度思考，这个故事中绵羊是如何避险的？

模块三　编制计划

模块情境

大多数同学可能都有过打篮球的经历，也都知道与踢足球相比，投进一个篮球比踢进一个足球要容易很多。那么，你们想过其中的原因吗？以及，你们留意过篮球架吗？篮球架为什么要做成现在这么高，而不是像两层楼那样高，或者跟普通人的平均身高差不多？不难想象，对着两层楼高的篮球架，谁也别想把球投进篮圈，只会白费力气；而跟普通人的平均身高差不多的篮球架，几乎谁投都会百发百中，既缺乏挑战也缺乏趣味。正是现在这个需要跳起来才能够得着的高度，才使得篮球成为一个世界性的体育项目，让许许多多的篮球爱好者乐此不疲。

【思考】为什么篮球架的高度能够激发无数篮球爱好者参与其中？

问题分析

每个人做任何事情都需要有目标：学生刻苦学习是为了取得更好的成绩，为自己的理想拼搏；员工认真工作是为了完成某项工作任务，获取应得的收入；农民辛勤劳作是为了获取好的收成，用一年的辛苦换取丰硕的果实……目标是激发人们行动的动力。目标需要富有挑战性，但并不是定得越高越好。所以，人们需要根据自己的实力、特点、优势等来制定行动目标。不切实际的目标不仅不能实现，还会浪费人力、物力和财力。

篮球架的高度启示我们，一个"跳起来，够得着"的目标是最具有吸引力的，这样的目标才会激发人们的热情。因此，要想调动人的积极性，就应该想法设置出这种"高度合适"的目标。

知识精讲

管理者为什么要制订计划呢？因为管理者的主要工作是对未来进行把握，而计划可以指出今后的方向，减少变化的冲击，避免由于犹豫不决所造成的机会损失，或多走弯路所造成的人、财、物等资源的浪费。

> 先谋后事者昌，先事后谋者亡。
> ——《意林·太公金匮》

一、计划概述

1. 计划的含义和特点

（1）计划的含义。所谓计划，是对事情进行预先筹划和安排的一项活动。管理中的计划就是明确管理的总体目标和分目标，并围绕这些目标对未来活动的具体行动任务、行动路线、行动方式、行动规则等进行规划、选择、筹划的活动。计划的过程是决策的落实过程，决策是计划的前提，计划是决策的逻辑延续。

计划有广义与狭义之分。广义的计划指制订计划、执行计划和检查计划等整个计划工作的全过程；狭义的计划指制订计划，即通过一定的科学方法，为目标的实施制定出具体的安排。

无论是广义的概念还是狭义的概念，计划的内容都可以概括为"5W1H"，计划必须清楚地确定和描述这些内容。"5W1H"具体指：

1）What——做什么？（目标与内容）即要明确计划工作的具体任务和要求。

2）Why——为什么做？（原因）即要明确计划工作的宗旨、目标和战略，并论证其可行性。

3）When——何时做？（时间）即规定计划中各项工作开始和完成的时间，以便进行有效的控制，平衡能力及资源。

4）Who——谁去做？（人员）规定由哪些部门和人员负责实施计划。在计划中要明确规定每个阶段由哪个部门负主要责任，哪些部门协助，各阶段交接时由哪些部门和哪些人员参与鉴定和审核等。

5）Where——何地做？（地点）即规定计划的实施地点或场所，了解计划实施的环境条件，以便合理安排计划实施的空间组织和布局。

6）How——如何做？（过程）即规定如何具体实施计划。

（2）计划的特点。可以从五个方面来阐明计划工作的性质，即目的性、首位性、普遍性、效率性、创新性。

1）目的性。每一个计划及其辅助计划都是为了实现企业或各类组织的总目标或一定时期的分目标而制订的。没有计划，一个组织就不可能实现目标。

2）首位性。计划相对于其他管理职能，是处于首位的。从管理过程的角度看，计划、组织、领导和控制等方面的管理活动都是为了实现企业的目标，而计划必须优先于其他管理职能。计划与其他管理职能的关系如图3-8所示。

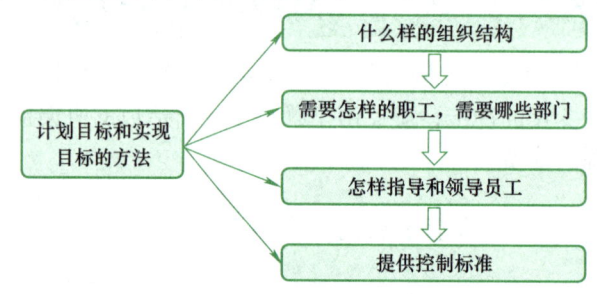

图3-8　计划与其他管理职能的关系

3）普遍性。虽然计划工作的特点和范围随制订计划的主管人员的职位不同而不同，但它是各级主管人员的一个共同职责。主管人员的主要任务是作决策，而决策本身就是计划工作的核心。

虽然所有主管人员都要制订计划，但是基层管理人员制订的工作计划与高层主管人员制订的战略计划完全不同。在高层管理人员规划企业总方向时，各级管理人员必须准备好自己的计划，这样才能保证全面完成组织的目标。

4）效率性。计划工作的任务不仅要确保总目标的实现，而且要从众多方案中选择最优的资源配置方案，在实现总目标的过程中合理地利用资源和提高效率。计划工作的效率是以实现企业的总目标和一定时期的分目标所得到的利益，扣除制订和执行计划所花费用以及预计不到的损失之后的总额来测定的。它一般是指投入与产出之间的比率，但这一概念不仅包括了按资金、工时、成本表示的投入产出比率，而且包括了组织和个人的满意程度这一类主观评价标准。因此，只有按合理的代价实现目标的计划才是有效率的。

5）创新性。计划工作总是针对需要解决的新问题和可能发生的新变化、新机会而做的，因而它是一个创造性的管理过程。

2. 计划的分类

管理实践活动的复杂性决定了组织计划的多样性。可以按照不同的标准对计划进行分类，不同的分类方法有助于我们充分了解各种类型的计划。

（1）按照计划的内容分类。按内容从抽象到具体，计划可分为一个完整的层次体系，即使命、目标、战略、政策、程序、规则、方案和预算，如图3-9所示。

图3-9　计划的层次体系

1）使命。任何有意义的集体组织活动，都至少应该有一个目的，即社会对该组织的基本要求——使命。使命是为了说明组织存在的根本价值和意义，也是不同组织互相区别的根本标志。

2）目标。使命是组织价值的高度抽象，组织的运行还需要一定时空范围内的具体目标。目标是组织活动所要达到的结果，它是在组织的目的或使命指引下确立的，是目的或使命的具体化和数量化。

3）战略。战略是为实现组织目标所确定的发展方向、行动方针、行为原则、资源分配的总体谋划。战略是指导全局和长远发展的方针，对组织的思想和行动起引导作用。

4）政策。政策是组织在决策或解决问题时用来指导和沟通思想与行动方针的规定或行为规范。组织的不同层级可以相应地制定不同层级的政策，用于指导和规范各个职能部门的工作。

5）程序。程序是完成未来某项活动的方法和步骤，是指将一系列行为按照某种顺序进行安排。程序是通过对大量的日常工作过程及工作方法的总结、提炼而逐渐形成的，对组织的例行活动具有重要的指导作用。

6）规则。规则是一种最简单的计划，它是在具体场合的具体情况下，允许或不允许采取某种特定行动的规定。

7）方案。方案是为了实施既定方针所必需的目标、政策、程序、规则、任务分配、执行步骤、使用的资源而制订的综合性计划。方案可大可小，不同级别的组织都可以有自己的方案。

8）预算。预算是用数字表示预期结果的报告书，也可以称为数字化的计划。它是组织使用各类可支配资源的计划。

（2）按照时间跨度分类。按照时间跨度，计划可以分为三种，即长期计划、中期计划和短期计划。

1）长期计划。长期计划一般是指5年以上可以完成的计划。长期计划描述了组织在较长时间（通常为5年以上）的发展方向和方针，规定了组织各个部门在较长时间内从事某种活动应该达成的目标和达到的要求，绘制了组织长期发展的蓝图。

2）中期计划。中期计划一般是指1～5年可以完成的计划。中期计划介于长期与短期之间，是根据长期计划提出的战略目标和具体要求，并结合计划期内实际情况制订的计划。它是长期计划目标的标准化，同时又是短期计划目标的依据。

3）短期计划。短期计划是指1年以内可以完成的计划。短期计划具体规定了组织各个部门从目前到未来的各个较短时期应该从事的活动，为各组织成员在近期内的行动提供了依据。

当然，这种划分不是绝对的，会因组织的规模和目标的特性而有所不同。

（3）按照企业职能分类。按照企业职能，计划可分为销售计划、生产计划、采购计划、供应计划、新产品开发计划、财务计划、人事计划、后勤保障计划等。这些职能计划通常是企业相应的职能部门编制和执行的计划。

（4）按照广度分类。按照广度，计划可分为战略计划与作业计划。应用于整体组织的、为组织设立总体目标和寻求组织在环境中的地位的计划称为战略计划；规定总体目标如何实现的细节的计划称为作业计划。

> **思考与讨论**
>
> 人们常说："计划赶不上变化。"所以，不需要制订计划。你觉得对吗？

二、制订计划的程序

计划的制订是一个过程，一般由若干相互连接的步骤构成，主要包括评估机会、确定目标、确定前提条件、确定备选方案、评价备选方案、选择方案、拟订派生计划、编制预算，具体如图3-10所示。

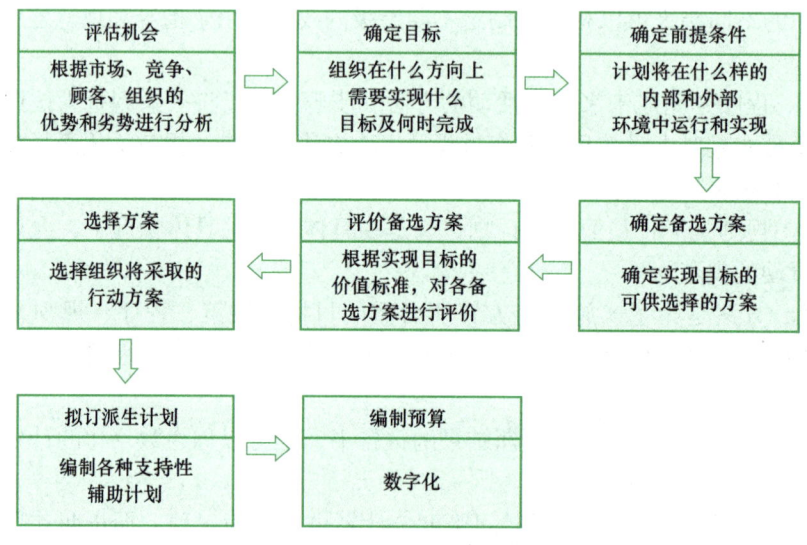

图3-10　计划的制订步骤

1. 评估机会

评估机会就是根据现实可能存在的机会做出判断。确切地说，这项工作并不属于计划的正式过程，它应该在计划过程开始之前就已经完成，但它是整个计划工作的真正起点。

2. 确定目标

管理者通过预测和机会分析，对组织面临的机会、挑战及应对策略形成了初步判断，以此确定组织的阶段目标和长远目标。

3. 确定前提条件

确定前提条件，即计划实施前的预期环境，是计划工作的一项重要内容。对前提条件了解得越细、越透彻，计划工作也就越协调。环境因素有的可控，有的不可控。一般来说，不可控的因素越多，预测工作的难度也就越大。同时，对以上各环境因素的预测同样应遵循"重要性"原则，即对与计划工作关系最为密切的因素应给予高度重视。

4. 确定备选方案

几乎每次活动都有"异途"存在。所谓异途，就是不同的途径、不同的解决方式和方法。要发掘出多种高质量的方案必须集思广益、开拓思路、大胆创新，但同样重要的是，要进行初步筛选，减少备选方案的数量，以便集中对一些最有希望的方案进行仔细分析和比较。

5. 评价备选方案

确定了备选方案后就要根据计划的目标和前提条件，通过考察、分析对各种备选方案进行评价。影响备选方案评价的因素有两个：一是评价的标准；二是各个标准的相对重要性，即权重。显然，计划前期工作的质量会直接影响方案评估的质量。

6. 选择方案

选择方案无疑是整个计划流程中最关键的一步，这一步的工作完全建立在前五步的工作基础之上。为了保持计划的灵活性，结果往往是选择两个甚至更多的方案，并且决定首先采取哪个方案，并对其余的方案也进行细化和完善，作为后备方案。

7. 拟订派生计划

完成选择之后，计划工作并没有结束，还必须帮助涉及计划内容的各个下属部门拟订支持总计划的派生计划。几乎所有的总计划都需要派生计划的支持保证，完成派生计划是实施总计划的基础。

8. 编制预算

计划的最后一步工作就是将计划数字化，即编制预算。预算使计划的人、财、物等资源和任务分配变得容易，有利于对下级分配适当的权利与责任。预算本身也是衡量绩效的标准，必须认真核定。

三、常见的计划方法和技术

1. 目标管理

（1）目标管理的含义。1954 年，美国管理大师彼得·德鲁克在《管理的实践》一书中，首先提出"目标管理与自我控制"的主张，随后在《管理：任务、责任、实践》一书中对此做了进一步阐述。德鲁克认为，先有目标才能确定工作，所以企业的使命和任务，必须转化为目标。现在目标已经成为当代管理学的重要组成部分。

目标管理（Management By Objective，MBO）理论并不是主张有了工作才有目标，而是主张有了目标才能确定每个人的工作。因此，管理者应该通过目标对下级进行管理，当组织最高层管理者确定了组织目标后，必须对其进行有效分解并转变成各个部门及个人的分目标，管理者根据分目标的完成情况对下级进行考核、评价和奖惩。目标管理不是用目标来控制、约束员工，而是旨在激励员工。组织目标分解与实现过程如图 3-11 所示。

（2）目标管理的特点。

1）目标管理是以目标为中心的管理。实行目标管理要通过一定的宗旨，确立组织某一段时间内的目标，并以此为重点把组织的工作目标和任务转化为全体职工的明确目标。发动群众自下而上、自上而下地制定目标，在组织内部建立起一个纵横交错且互相联系的目标体系，并将目标明确固定下来。目标管理能够发挥组织各部门和全体职工的积极性，是一种全方位的管理，可以取得全面的管理效果。

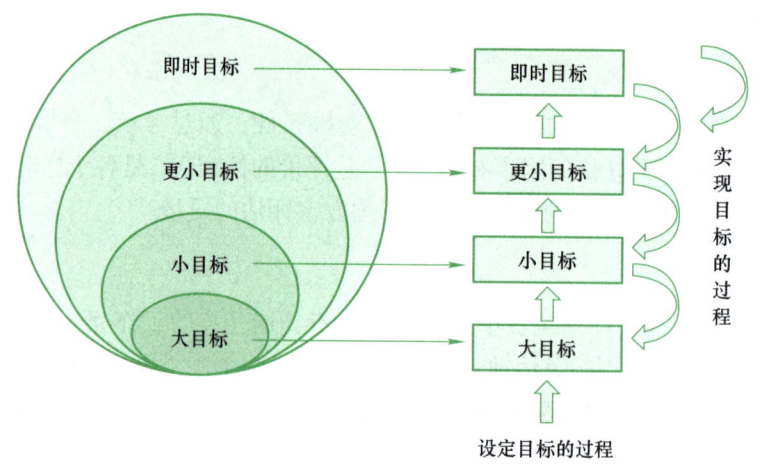

图 3-11　组织目标分解与实现过程

2）实行参与管理。这是一种民主的管理。目标管理实际上也是一种参与管理制度，在目标管理的实施过程中，让全体职工参与管理，实行管理民主化。这和以往由上而下分派工作任务的做法截然不同，目标管理在制定目标时尽量考虑目标执行者的意愿，以增强员工的责任感并提高其工作兴趣。目标管理重视协商、讨论和意见交流，而不是命令、指示、独断专行，它是一种体现民主的管理方式。

3）实行自我控制。这是一种自觉的管理。目标管理是一种"自动"的管理方式，即自觉地努力追求目标的实现，以积极的行动代替空洞的言论，以自我要求代替被要求，以自我控制代替被控制，这也是目标管理的特征之一。目标管理注重人性，以目标激励人们，使人们把隐藏的潜力尽量地发挥出来，并以自我控制实现组织和个人的目标。

4）注重管理实效。这是一种成果管理。目标管理非常强调成果，注重目标的实现及成果的评定。目标管理对目标的实现和成果的评定都规定得比较明确、具体、客观、公平，根据成果评定的最终结果，给予相应的奖励和表彰，作为晋升、提薪的依据。这种把组织业绩的提高和职工晋升等个人利益结合起来的做法，必然会成为鼓励职工积极争取更好成果的驱动力。

（3）目标管理的程序。目标管理的程序如图 3-12 所示。

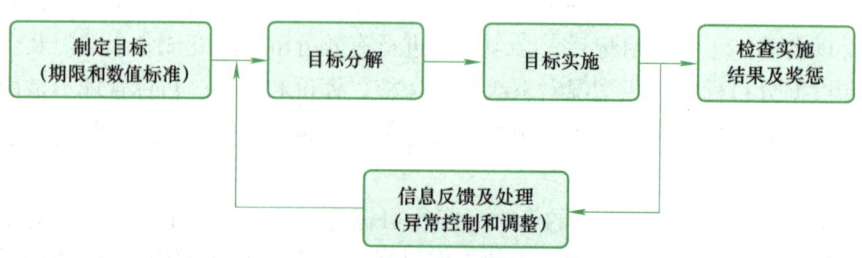

图 3-12　目标管理的程序

1）制定目标。制定目标包括制定企业总目标、部门目标和个人目标，同时要制定完成目标的标准，以及达成目标的方法和完成这些目标所需要的条件等多方面的内容。

2）目标分解。目标分解就是建立企业的目标网络，形成目标体系，通过目标体系展示出各个部门的目标信息，就像看地图一样，使任何人一看目标网络图就知道工作目标是什么，以及遇到问题时需要哪个部门来支持。

3）目标实施。目标实施是指要经常检查和控制目标的执行情况和完成情况，看实施过程中是否出现偏差。

4）检查实施结果及奖惩。对目标按照制定的标准进行考核，目标完成的质量可以与个人的职位变动挂钩。

5）信息反馈及处理。企业在控制目标实施的过程中，会出现一些不可预测的问题，如目标是年初制定的，但年底发生了全国性的金融危机，那么年初制定的目标就有可能不能实现。因此，在实行考核时，要根据实际情况对目标进行调整和反馈。

2. 滚动计划法

滚动计划法是一种定期修订未来计划的方法，它根据计划的情况和环境的变化调整和修订未来的计划，并逐期向前推进，如图 3-13 所示。

从图 3-13 中可以看出，滚动计划法是一种动态编制计划的方法，在每次编制或调整计划时，均将计划按时间顺序向前推进一个计划期，即向前滚动一次。滚动计划法的特点是：分段编制，近细远粗；长、短期计划紧密结合。

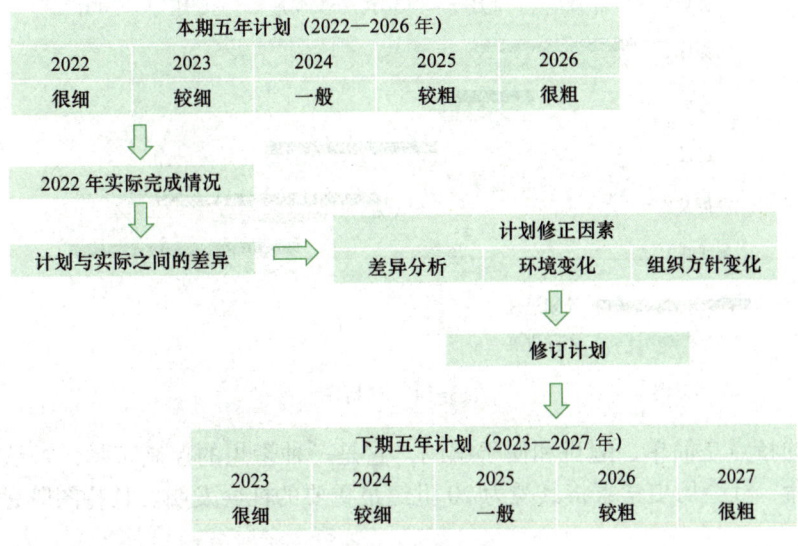

图 3-13　滚动计划法

滚动计划的具体编制方法是：在已编制计划的基础上，每经过一段固定的时期（例如一年或一个季度，这段固定的时期被称为滚动期）便根据变化的环境条件和计划的实际执行情况，从确保实现计划目标出发，对原计划进行调整；每次调整时，保持原计划期限不变，并将计划期顺序向前推进一个滚动期。此方法既可用于编制长期计划，也可用于编制年度、季度生产计划和年度生产作业计划。不同计划的滚动期不一样，一般长期计划按年滚动，年度计划按季滚动，月度计划按旬滚动。

虽然滚动计划法使得计划安排工作的任务量加大，但在计算机已被广泛应用的今天，其优点非常明显：

1）把计划期内各阶段以及下一时期的预先安排有机衔接起来，并且定期调整补充，从而在方法上解决了各阶段计划的衔接问题，使计划更符合实际。

2）较好地解决了计划的相对稳定性和实际情况的多变性这一矛盾，使计划能更好地发挥指导生产实践的作用。

3）使企业的生产活动能够灵活地适应市场需求，把供、产、销密切结合起来，从而有利于实现企业预期的目标。

3. 甘特图

甘特图是由亨利·甘特（Henry Gantt）提出的，其本质是一种条形图，分别以时间和所计划的活动为横轴和纵轴，条形表示产出，既包括计划产出，也包括实际产出，如图3-14所示。甘特图直观地显示出任务的预期完成时间，并且把这些计划与每项任务的实际进度进行比较。这是一种简单却重要的工具，能够使管理者轻易地搞清楚还需要从事哪些活动以完成一项工作或计划，并且评估一项活动是超前、落后还是符合进度计划。

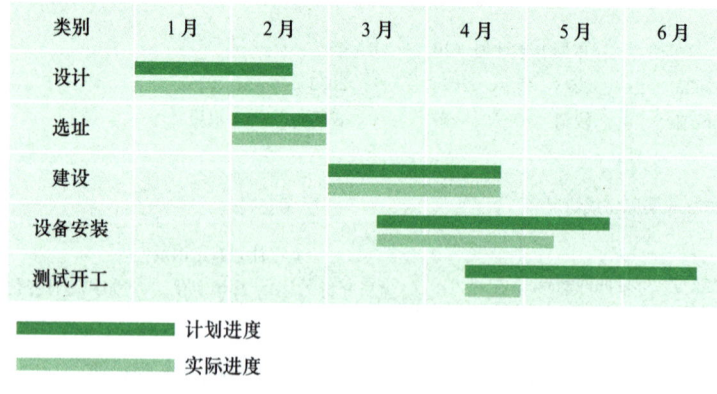

图3-14 甘特图

甘特图的特点是简单、醒目和便于编制，它是一种理想的控制工具，被认为是管理工作的一次革命，社会历史学家将其视为20世纪最重要的社会发明。甘特图既是计划工具也是控制工具。

4. 作业计划表

作业计划表是指在明确目标的前提下，列出各种活动的顺序、起始和结束的时间以及由谁来完成各项活动。某公司的作业计划表如表3-5所示。

表 3-5　某公司的作业计划表

作 业 计 划				
目　　标：在每月的 15 日以前寄出一份亲笔信函给所有的目标客户				
负 责 人：张三				
起始时间：每个月的第 1 天				
完成时间：每个月的第 15 天				
活动（内容、步骤、地点、方法、所需资源及其他）		起始时间	结束时间	负责人
1. 将信函内容输入计算机		第 1 天	第 2 天	李四
2. 把完成排版的信函电子稿传送到印刷厂		第 3 天	第 4 天	张三
3. 用公司专用信纸印出信件		第 5 天	第 6 天	印刷厂
4. 从印刷厂取回信件		第 6 天	第 7 天	张三
5. 在每个信封上打上收信人的姓名和地址		第 7 天	第 9 天	张三
6. 由李四在每封信函上签名，折好后放入信封内		第 10 天	第 11 天	李四
7. 将所有信件打包，做成大宗邮件		第 12 天	第 13 天	张三
8. 把邮件拿到邮局投递		第 13 天	第 13 天	张三
9. 邮寄信件		第 14 天	第 15 天	邮局

现实中还有很多计划方法，在此不一一列举。总之，可以选择相适应的方法和工具帮助制订计划。

管理故事　　鱼与钓竿

从前，有两个饥饿难耐的人行走在人迹罕至的荒野，正当危难之际遇到了一位长者，长者给了他们两样东西：一根鱼竿和一篓鲜活硕大的鱼。其中一个人一眼盯上了鱼，要了一篓鱼，另一个人则要了一根鱼竿，然后他们分道扬镳了。得到鱼的人原地就用干柴生起篝火煮起了鱼，他狼吞虎咽，还没有品出鲜鱼的肉香，就连鱼带汤吃了个精光。就这样，没过多久，他便饿死在空空的鱼篓旁。

另一个人则提着鱼竿继续忍饥挨饿，一步步艰难地向海边走去，可当他已经看到不远处那片蔚蓝色的海洋时，浑身的最后一点力气也使完了，他也只能眼巴巴地带着无尽的遗憾撒手人寰。

又有两个饥饿的人，他们同样得到了长者恩赐的一根鱼竿和一篓鱼。结果是——他们并没有各奔东西，而是商定共同去找寻大海。他俩每次只煮一条鱼，经过长途跋涉，终于来到了海边。从此，两人开始了捕鱼为生的日子，几年后，他们盖起了房子，有了各自的家庭，有了自己建造的渔船，过上了幸福的生活。

【思考】你从这个故事中得到什么与管理相关的启示？

巩固练习

一、选择题

1. 决策的影响因素包括（　　）。
   A. 环境因素　　　　　　　　　　B. 组织自身的因素
   C. 决策问题的性质　　　　　　　D. 决策主体的因素
2. 不确定型决策与风险决策的区别在于（　　）。
   A. 可供选择的方案中是否存在两种或两种以上的自然状态
   B. 各种自然状态发生的概率是否可知
   C. 是否确定最终发生哪种自然状态
   D. 决策是否经常重复进行
3. 对于一个完整的决策过程来说，第一步是（　　）。
   A. 明确目标　　　　　　　　　　B. 筛选方案
   C. 识别问题（识别机会）　　　　D. 集思广益
4. 下述（　　）活动属于计划活动的范畴。
   A. 程序　　　　B. 目标　　　　C. 预算　　　　D. 使命
5. 下列不是滚动计划法的特点的是（　　）。
   A. 预见性　　　B. 连续性　　　C. 灵活性　　　D. 滞后性
6. 组织环境分为外部环境和内部环境，管理者对环境应采取的态度是（　　）。
   A. 任务环境重在管理，一般环境重在适应
   B. 外部环境和内部环境都应采取积极改造的管理方法
   C. 外部环境重在适应，内部环境重在改造
   D. 一般环境重在管理，任务环境重在适应
7. 下列关于头脑风暴法的说法，不正确的是（　　）。
   A. 相关专家或人员各自发表自己的意见，对别人的建议不做评论
   B. 所发表的建议必须深思熟虑
   C. 鼓励独立思考、奇思妙想
   D. 可以补充完善已有的建议
8. 决策树的优点在于（　　）。
   A. 直观简洁　　　　　　　　　　B. 便于解决多阶段问题
   C. 简化决策过程　　　　　　　　D. 上述三方面均是
9. 作业计划通常不具备以下哪种属性（　　）。
   A. 个体性　　　B. 独立性　　　C. 可重复性　　D. 较大的刚性
10. 制订计划方案不包括（　　）工作。
    A. 提出方案　　B. 比较方案　　C. 修改方案　　D. 选择方案

二、问答题

1. 什么是决策？影响决策的主要因素有哪些？
2. 什么是组织环境？组织环境包括哪些类别？
3. 简述 SWOT 分析法的系统模型组合。
4. 简述定量决策方法的适用性。
5. 简述头脑风暴法的操作程序。
6. 什么是计划？计划的构成要素有哪些？
7. 常见的各种计划方法的优缺点是什么？

拓展训练

拓展1：课堂实践

定量决策方法的应用

实训目的

1. 培养学生初步运用管理基础知识建立决策的能力。
2. 通过训练，使学生熟练掌握定量决策方法。

实训内容

1. 某企业生产甲产品，2017 年的销售量为 48 000 件，市场售价为 500 元/件，其固定成本为 800 万元，总的变动成本为 1 200 万元，求：
（1）盈亏平衡点的销售量和销售额。
（2）实现目标利润 500 万元时的销售量。
（3）当价格下降 10% 时，盈亏平衡点的销售量和实现目标利润 500 万元时的销售量。

2. 某企业欲开发某种新产品，现有甲、乙、丙三种方案可供选择，有关资料如表 3-6 所示（括号内的数字表示自然状态下的概率）。请用决策树进行决策。

表 3-6　开发新产品可选方案　　　　　　　　（单位：万元）

开发方案	投资	自然状态下的收益			使用年限
		销路好（0.5）	销路一般（0.3）	销路不好（0.2）	
甲	6	150	70	-25	3 年
乙	7	110	80	30	3 年
丙	8	80	50	40	3 年

3. 某企业有甲、乙、丙三种产品待选，市场预测结果表明市场有三种可能：销路好、销路一般、销路差。各种产品在不同自然状态下的预测损益值如表 3-7 所示。请分别用悲观准则、乐观准则、等概率准则、折中准则和最小后悔值准则进行决策。（注：乐观系数 $\alpha=0.8$）

表 3-7　各种自然状态下每种产品的预测损益值　　　　　　　　（单位：万元）

生产方案	市场需求		
	销路好（β_1）	销路一般（β_2）	销路差（β_3）
甲产品	200	90	-60
乙产品	150	80	-50
丙产品	90	40	-20

┃方法与要求┃

1. 本部分内容讲授后，在课堂上完成（2课时）。
2. 教师提前准备好练习题。
3. 学生练习。
4. 结束后学生以书面形式上交，教师给出成绩并保存。

┃实训考核┃

由教师根据各学生的练习完成情况进行评估打分，并记入公司积分。

拓展 2：课后实践

2.1 案例分析

Y 家具公司的目标管理

汪丽是 Y 家具公司的副总经理，负责公司销售、财务、资源、人事、法律事务和控制等方面的工作，并担任总经理李总的助手。Y 家具公司是李总的父母一手创建的，目前由李总继承成为公司的大股东。该公司的卧室和会客厅家具经营是相当成功的，但是在餐桌和儿童家具的经营方面却面临着重重困难。公司的董事会每年召开一次会议，研究讨论策略和有关的政策。在会议上，李总指出了公司内职工懒散的问题，对此进行了严厉的批评，并要求扭转这种局面。他还为公司制定了 5 年目标：

（1）卧室和会客厅家具销售量增加 20%。
（2）餐桌和儿童家具销售量增加 100%。
（3）降低总生产费用 10%。
（4）减少补缺职工人数 3%。
（5）开辟一条庭院室外桌椅生产线，争取 5 年内达到年销售额 500 万元。

这些目标主要是想增加公司收入，降低成本，获取更大的利润。汪丽认为李总这些目标听起来很好，但由于李总不了解公司的具体情况，这些目标并不适合本公司。汪丽认为：

目标（1）太容易了。这是公司最强的生产线，用不着花费多少力气就可以增加 20%。

目标（2）难以实现。在这方面的市场上，公司根本不具备竞争力，很难实现 100% 增长。

目标（3）与目标（2）相互矛盾。要想增加销售量或者扩大生产线，必然要增加产品设计、产品宣传等费用。

目标（4）更是与前面三个目标矛盾。扩大生产和降低费用，必定需要对职工施加更大的压力，因此职工更可能离开公司，空缺的职工会越来越多。

目标（5）倒是有可能打开一条新的利润线。不过，需要做好市场调研才能确定年销售额。

【思考】

1. 你认为汪丽对李总目标的分析有道理吗？李总的目标错在何处？
2. 制定一个组织的目标需要符合哪些要求？

2.2 活动策划

|实训目的|

1. 培养创新能力与策划能力。
2. 掌握实际编制计划的方法。

|实训内容与形式|

1. 在调研的基础上，运用创造性思维策划一项活动，并编制计划书。要求：

（1）活动的内容与主题，既可以由教师统一指定，也可以由学生自选。选题要尽可能与所学专业相关。

（2）应通过调研，附有较为充分的材料。

（3）运用创造性思维，所策划的活动要有创意。

（4）科学地规划有关要素，计划书的结构要合理、完整。

2. 在每个人进行个别策划的基础上，以模拟公司为单位，运用头脑风暴法等方法，组织深入研讨，形成公司的创意。

3. 利用课余时间系统地进行活动策划，编制公司的活动策划书或计划书。

4. 在课上进行交流。

|实训考核|

由教师根据各学生的练习完成情况进行评估打分，并记入公司积分。

单元四

组织职能

📖 知识目标
- 理解影响组织结构设计的因素和原则
- 掌握各种组织结构形式的特点
- 理解人员配备的原则
- 掌握配备岗位人员的工作内容

📖 技能目标
- 能够对小型的组织进行工作分析和组织设计
- 能对小型组织进行岗位说明并配备合适的人员

📖 素质目标
- 培养团队协作精神、组织大局和奉献的使命感
- 培养具备新时代背景下社会主义特色的组织文化素养

知识导图

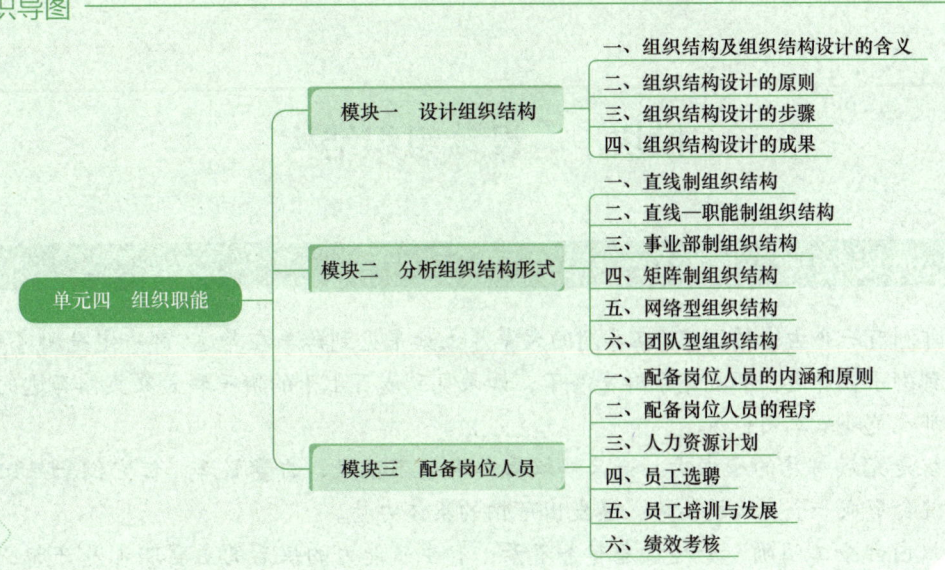

案例启发　将相和

战国时期，赵国蔺相如因为"完璧归赵"与"渑池会盟"有功而被封为上卿，位列廉颇之上。

大将军廉颇很不服气，扬言要当面羞辱蔺相如。蔺相如得知后，尽量回避、忍让，不与廉颇发生冲突。蔺相如的门客以为他畏惧廉颇。然而，蔺相如说："秦国不敢侵略我们赵国，是因为有我和廉将军。我对廉将军容忍、退让，是把国家的危难放在前面，把个人的私仇放在后面啊！"这话被廉颇听到，于是便"负荆请罪"，将相和好，令敌国不敢进犯，成为历史佳话。

【思考】"将相和"案例给我们带来哪些启示？

【案例启发】蔺相如的容忍退让和廉颇的"负荆请罪"使得赵国将相和好，从而抵挡住外部威胁。这说明组织结构中要合理分配职权与责任，充分调动每名组织成员的积极性与创造性，最终实现组织的目标。

将相和

另外，蔺相如和廉颇都意识到工作中的配合与支持，准确地定位自己的职务角色，做好岗位工作。赵国不被外敌进犯，就是因为"文"有蔺大夫，"武"有廉大将军这样科学的岗位设计，并配备了合适的岗位人员，让每个人都有发挥才智和能动性的机会。

组织是管理的一项重要职能。一个组织的目标、计划被制订出来以后，一个重要的问题就是如何使它们变为现实。这就要求管理者按照组织目标和计划提出的要求，设计合理、高效、能保证计划顺利实施的组织结构，合理安排、调配人力资源，以保证组织目标的顺利实现，这也是组织管理职能的目的。

本单元包括设计组织结构、分析组织结构形式和配备岗位人员三个模块，以帮助学习者科学地设置组织结构，锻炼组织协调能力。

模块一　设计组织结构

模块情境

在非洲有一个古老的寓言：在非洲的大草原上如果见到羚羊在奔逃，那一定是狮子来了；如果见到狮子在躲避，那就是象群发怒了；如果见到成百上千的狮子和大象集体奔逃的壮观景象，那就是蚂蚁军团！

蚂蚁是充满智慧的小生物。一只蚂蚁看起来弱不禁风、力量微薄，但它们一旦组成了群体，就会形成一个庞大的集体，爆发出可怕的集体力量。

蚂蚁内部分工明确，干起活来有条不紊：有生殖能力的蚁后的主要职责是产卵、繁殖后代和统管这个群体大家庭；雄蚁的主要职责是与蚁后交配；工蚁是没有生殖能力的雌蚁，年轻的工蚁往往在巢内从事饲养、清洁等工作，而年长的工蚁则在巢外觅食、防卫、建筑蚁巢等；兵蚁主要从事战争和防卫工作。同时，蚂蚁通过化学信息素和工蚁的分泌物来进行信息交流，以确保相互之间的分工与合作。分工与团队协作，是蚂蚁生存、发展的法宝。

【思考】为什么弱小的蚂蚁能在地球上生存上亿年？蚂蚁军团给我们的管理带来什么启示？

问｜题｜分｜析

尽管组织的形式多种多样，每个组织的性质和目标各不相同，但作为一个正式组织，其组织结构设计的内容大体上是相同的，都要进行职能设计、部门设计、管理层次设计、职权设计、管理规范设计等。蚂蚁军团内部分工明确，团队协作共同实现组织生存目标。

同时，岗位设计具有很强的科学性。蚂蚁军团中，每种蚂蚁工种明确、各司其职，充分调动每个工种蚂蚁的积极性与创造性，从而保证了蚂蚁军团的强大。明确的组织分工和由此形成的组织框架使弱小的蚂蚁一直生存繁衍到今天，这对于我们人类社会各种组织的管理活动有着深刻的启示。

知识精讲

一、组织结构及组织结构设计的含义

组织是人类社会最普遍、最常见的社会现象之一，如政府机关、公司、学校、医院等都是组织的表现形式。并且，组织是在不断发展的，因此组织结构也不可能是一成不变的。由于不同组织具备各自不同的特点，因此，一个适合所有组织的理想组织结构模式是不存在的。

1. 组织结构的含义

组织可以从不同的角度来阐述。组织既可作为一个名词，也可作为一个动词。

（1）名词"组织"。"组织"作为一个名词，即组织结构，它的含义可以用巴纳德提出的观点来解释，即组织就是由两个或两个以上的人为了实现共同目标而有意识地形成的系统集合。这个定义包含以下三层含义：

1）组织必须有目标，共同目标的存在是组织存在的前提。因此，管理者必须使组织成员确信共同目标的存在，并能根据组织的发展不断制定出新的目标。

2）没有分工与合作的群体不是组织，只有将分工与合作结合起来才能产生较大的团体力量和较高的效率。

3）组织要有不同层次的权力与责任制度，有权无责则权易滥用，有责无权则责易落空。

所以，静态的组织一般包含以下构成要素：

1）组织成员：组织是由两个及以上的人组成的集合体。

2）组织目标：组织存在的理由，必须有特定的目标。

3）组织结构：组织必须有分工和协作，一般由部门、岗位、职责和从属关系构成。

4）组织管理：为了实现目的，组织要有一套计划、控制、组织和协调的流程。

（2）动词"组织"。"组织"作为一个动词，是指某项管理活动过程，是管理的一个基本职能，即职能组织或称组织的职能。也是说组织按照计划要求，组织人力、财力、物力，建立组织结构，制定规章制度，保证计划在将来能够顺利地实现。

组织职能一方面是指为了实施计划而建立起来的一种结构，另一方面是指为了实现计划目标所进行的组织过程。

> 天时不如地利，地利不如人和。
> ——《孟子·公孙丑下》

2. 组织职能工作的主要内容

作为管理职能之一的组织工作，其具体工作内容主要包括：

1）根据组织目标，设计和建立与之相适应的组织结构和职位系统。
2）确定职权分配，明确职权关系，合理授权。
3）合理进行人员配备与人力资源管理。
4）根据组织内部条件和外部环境的变化，适时进行组织协调与组织变革。

3. 组织的类型

组织可以按规模大小、社会职能、内部是否有正式分工进行分类。

（1）按规模大小分类。按规模不同，组织可分为小型组织、中型组织和大型组织。比如，同是企业组织，有小型企业、中型企业和大型企业；同是医院组织，有个人诊所、小型医院和大型医院；同是行政组织，有小单位、中等单位和大单位。按这个标准进行分类是具有普遍性的，不论何类组织都可以这样划分。按组织规模划分组织类型，是对组织的表面认识。

（2）按社会职能分类。按社会职能不同，组织可分为文化性组织、经济性组织和政治性组织。

1）文化性组织是一种人们之间相互沟通思想、联络感情、传递知识和文化的社会组织。各类学校、研究机关、艺术团体、图书馆、艺术馆、博物馆、展览馆、纪念馆、报刊出版单位、影视电台机关等都属于文化性组织。文化性组织一般不追求经济效益，属于非营利性组织。

2）经济性组织是一种专门追求社会物质财富的社会组织，它存在于生产、交换、分配、消费等不同领域。工厂、工商企业、银行、保险公司等社会组织都属于经济性组织。

3）政治性组织是一种为某个阶级的政治利益而服务的社会组织。国家的立法机关、司法机关、行政机关、政党机关、监狱、军队等都属于政治性组织。

（3）按内部是否有正式分工分类。按内部是否有正式分工分类，组织可分为正式组织和非正式组织。

1）正式组织一般是指组织中体现组织目标所规定的成员之间职责的组织体系。一般我们谈到的组织都是指正式组织。在正式组织中，其成员保持着形式协作关系，以完成企业目标为行动的出发点和归宿点。正式组织是经过正规策划的组织形式，有明确的组织目标，同时通过正规程序建立权威、制定规章制度来约束人的行为，讲究效率，追求以最有效的方法达到目标。

2）非正式组织通常是自发形成的，成员因工作、社会地位、认识、观点、性格、爱好自发走到一起，共同接受并遵守一些行为规则。非正式组织能满足成员的心理需要，创造和谐、融洽的人际关系，体现相互合作的精神；当正式组织与非正式组织出现目标差异和冲突时，会对正式组织带来不利影响；非正式组织对成员的一致性要求会束缚成员个人的发展；非正式组织给正式组织变革形成压力，造成组织创新的惰性。关于非正式组织，首先必须承认其存在的客观性，通过引导使其目标与正式组织的目标相一致，进而影响与改变其行为规范，引导其为正式组织做出积极的贡献。

4. 组织结构设计的含义及影响因素

组织结构设计是以组织结构安排为核心的组织系统的整体设计工作，是一项操作性很强的工作，是在组织理论的指导下进行的。它着眼于建立一种有效的组织结构框架，对组织成员在实现组织目标中的工作分工与协作关系做出正式、规范的安排。

组织结构设计的目的就是形成实现组织目标所需要的正式组织。

（1）组织结构设计的含义。组织结构设计是对一个组织的结构进行规划、构造或者再构造，目的是从组织的结构方面确保组织目标的有效实现。

组织结构设计必须根据组织的目标和任务，以及组织的规律和组织内外部环境因素的变化来进行。只有这样，组织结构的功能和协调才能达到最优化的程度。否则，组织内的各级机构就无法有效运转，也就无法保证组织任务和目标的有效完成和实现。

（2）影响组织结构设计的因素。组织内外的各种变化因素都会对其内部的组织结构设计产生重大的影响。一般来说，要合理设计组织结构，管理者需要明确组织战略、组织规模、技术水平、权力控制等对组织结构的影响。

1）组织战略。组织战略与组织结构关系的基本原则是组织结构要服从于组织战略。所以，企业不能仅从现有的组织结构去考虑组织战略，还应从另一个视角，即根据外部环境的变化去制定组织战略，然后调整企业原有的组织结构。

> 当更化而不更化，虽有大贤不能善治也。
> ——《汉书·董仲舒传》

2）组织规模。一般而言，组织结构设计与组织规模大体上有如下关系：组织规模越大，工作专业化程度越高；组织规模越大，标准操作化程度越高，管理制度就越健全；组织规模越大，分权的程度就越高。

3）技术水平。技术因素不仅包括机器设备和自动装配线，还包括情报信息系统和教育培训人才等。英国管理学家琼·伍德沃德（Joan Woodward）研究分析了三种技术类型对组织结构的影响，具体如表4-1所示。

表 4-1　技术类型对组织结构的影响分析

生产类型	结构特征	最有效的结构
单件生产	低度的纵向分化 低度的横向分化 低度的正规化	有机式
大量生产	中度的纵向分化 高度的横向分化 高度的正规化	机械式
连续生产	高度的纵向分化 低度的横向分化 低度的正规化	有机式

4）权力控制。美国管理学教授斯蒂芬·P. 罗宾斯（Stephen P. Robbins）在长期组织研究中得出结论，组织的规模、战略、环境和技术等因素组合起来，会对组织结构产生较大的影响，但即使组合起来也只能对组织结构产生 50% 的影响作用，而对组织结构产生决定性影响作用的是权力控制。任何组织都由各种利益的代表团体所组成，权力控制集团中各成员都在不同程度上代表着某一利益的集团。

二、组织结构设计的原则

组织所处的环境、采用的技术、制定的战略、发展的规模等情况不同，所需的职务和部门及其相互关系也不同。尽管如此，在进行组织结构设计时还是可以找到一些需要共同遵守的原则的。

1. 目标统一原则

该原则是指组织结构的设计必须有利于组织目标的实现。组织目标层层分解、机构层层建立，只有使每一个人都了解自己在总目标实现中应完成的任务，这样建立起来的组织机构才是一个有机整体，才能为保证组织目标的实现奠定基础。

在组织设计时要求从工作特点和需要出发，因事设机构、设职，因职用人。

2. 分工协作原则

分工是按照提高专业化程度和工作效率的要求，把组织的目标任务进行分解，明确各层次、各部门乃至个人的职责。协作是明确部门与部门之间以及部门内部的协调关系与配合方法。只有分工没有协作，分工就失去了意义；但如果没有分工，也就谈不上协作，两者是相辅相成的。

组织系统中的各部门不可能脱离其他部门而单独运行，都必须经常与其他部门相互协调，在实现本部门目标的同时，保证整个组织目标的实现。

高度分工是个人和部门取得良好绩效的基础，而高度整体化是整个组织达成目标、取得整体效益的基础。因此，组织设计必须坚持统一领导下的分工负责和密切合作，以实现高度分工与高度整体化的统一。

3. 职、责、权、利相对应原则

有了分工，就意味着明确了职务，承担了责任，就要有与职务和责任相等的权力，并享有相应的利益。这就是职、责、权、利相对应原则,简称权责对等原则。

该原则要求职务要实在,责任要明确,权力要恰当,利益要合理。它们之间的关系应当是正方形的,如图 4-1 所示。

如果责任大而权力和利益小,会导致下属缺乏主动性、积极性,难以有效履行责任;如果权力和利益偏大而责任较小,下属就有可能不负责任地滥用权力,容易助长官僚主义的习气。

4. 统一指挥原则

统一指挥原则是指组织中的每个下属都应当有且只能有一个上级主管,向一个主管直接汇报工作,从而形成一条清晰的指挥链。如果一个下属有多个上级,那么就会由于上级之间不同甚至互相冲突的命令而导致政出多门、指挥不统一,令下属无所适从。

5. 有效管理幅度原则

管理幅度是指一名主管人员有效地指挥、监督、管理的直接下属的人数。如图 4-2 所示,甲的管理幅度是 3 人,乙的管理幅度也是 3 人,丙的管理幅度是 4 人,丁的管理幅度是 6 人。

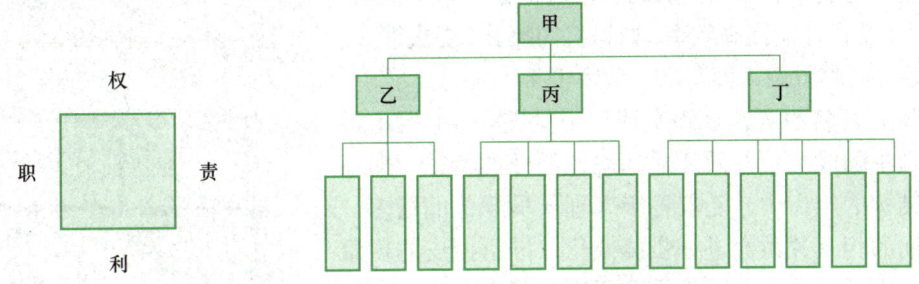

图 4-1 职、责、权、利相对应原则　　图 4-2 管理幅度示意图

一般来说,任何主管人员能够有效指挥和监督的下属的数量总是有限的。所以,每个主管都要根据管理的职责和职权,考虑各种影响因素,慎重确定自己的管理幅度。

在同样规模的组织中,管理幅度的扩大可使管理层次减少,可加快信息传递,减少信息失真,使上层管理者尽快发现问题,及时采取措施;管理层次减少,管理人员也随之减少,可以降低管理费用的支出。因此,最好能够在有效管理的情况下,尽量扩大管理幅度。但是,管理幅度并不是越大越好,因为管理幅度增大,主管领导在协调方面的工作量就会增大。具体来说,当直接指挥的下级人数呈算术级数增长时,主管领导需要协调的关系也会呈几何数增加,其计算公式为

$$\sum = n(2^{n-1}+n-1)$$

式中,$\sum$——需要协调的关系数;

n——管理幅度。

> **思考与讨论**
>
> 有人认为上层管理者的管理幅度以 4～8 人为宜,下层管理者的管理幅度以 8～15 人为宜。你赞同此观点吗?你认为一名管理者的管理幅度以多大为宜?

6. 集权与分权相结合原则

集权与分权是反映组织纵向职权关系的特征，用于描述组织中决策权限的集中与分散程度。集权是指组织的决策权主要集中在较高层次的管理人员手中。分权是指组织的决策权分配给较低层次的部门或人员。

集权与分权是相对的。现实中，没有绝对的集权，也没有绝对的分权。集权强调组织权力的统一和完整使用，有利于政令统一，但过分集权不利于发挥下属的积极性和创新性；分权能激发下属的工作热情和责任心，可增加组织的灵活性，但有可能出现各自为政的现象，不利于决策效率和政策的完整统一。

一个组织采取集权还是分权受到多种因素的影响，如组织的规模、决策的重要性、管理人员的能力和数量、组织外部环境的变化情况等。因此，集权和分权不是一成不变的，应根据不同的情况和需要加以调整。

7. 精简与效率原则

德鲁克指出，组织设计要"努力用经济来维持管理，并把摩擦减至最小限度"。组织的管理机构必须精干简明、以一当十，这样才能提高效率。如果机构臃肿、层次繁多、手续繁杂，必然导致人浮于事、效率低下。

国际上著名的"帕金森定律"（见图4-3）揭示了组织管理中的职位数与效率之间恶性循环的特征，即在金字塔结构的组织中，随着各级管理人员职位的增多，人们之间的相互关系会进一步复杂化，推诿扯皮的现象会增加，内耗也就增大，于是又要增加管理人员……如此反复，机构不断膨胀，管理效率却日益降低，从而形成恶性循环。

图4-3　帕金森定律

8. 稳定性与弹性结构相结合原则

该原则是指组织结构及其形式要有相对的稳定性，不能轻易变动，因为组织的变动，涉及人员、分工、职责、协调等方面的调整，对人员的情绪、工作方法、工作习惯等造成影响，要有一个适应过程；但同时组织为了适应多变的环境、提高竞争能力和效率，又必须能灵活地对所涉及的结构进行动态调整。

作为领导者必须懂得，一个一成不变的组织是僵化的组织；一个经常变化的组织是创不出业绩的组织。因此，应该在保持稳定性的基础上进一步加强和提高企业组织机构的弹性。

9. 执行与监督分离原则

在进行组织设计时，应分别设立外部监督人员与执行人员，否则由于监督者与被监督者在利益上趋于一体化，会导致监督职能形同虚设。比如，车间的专职质量检查员应归属总厂质检部编制，由质检部对其工作进行考核和奖惩，而不应归车间编制，由车间考核和奖惩。只有这样才能确保其严格履行质量检查的职责。

> **思考与讨论**
>
> 现实中总是出现"既是裁判,又是运动员"现象。你认为为什么会出现此现象?如果是你,你将如何改变这种不合理?

三、组织结构设计的步骤

在现代社会组织中,由于组织活动内容的复杂性、参与活动人员数量的增加,以及日益复杂的劳动分工,组织结构的必要性和重要性随之增强。现实中大量的案例也证明,组织的高效率运行,首先要求设计的组织结构合理。虽然高明的管理人员能使任何一个组织发挥作用,但合理的组织结构必然能提高管理人员成功的机会。

所谓组织结构,就是组织的框架体系,可用结构图来表示。组织结构图通过直观的图示方式,明确表明组织中的部门设置情况和层次结构,直观反映了组织内部的分工和各部门的上下隶属关系。

组织结构的设计一般可以分为以下三个步骤:

1. 岗位设计

岗位是根据组织目标需要设置的具有一个人工作量的单元,是职权和相应责任的统一体。岗位设计的目标是最大限度地提高工作岗位的效率,同时又能适当地满足员工个人发展的要求。在此基础上进行岗位分析,并形成岗位说明书。

在岗位调查以后,如发现岗位设计不合理、存在严重缺陷,应采用有效措施改进设计,使工作说明书、岗位规范等人事文件建立在科学的岗位设计基础之上。

2. 部门化

部门化是指根据各个岗位所从事工作内容的性质以及岗位间的相互关系,依照一定的原则,将各个岗位组合成被称为"部门"的管理单位。组织活动的特点、环境和条件不同,划分部门所依据的标准也不一样。对同一组织来说,在不同时期的背景下,划分部门的标准也可能会不断调整。组织设计中经常运用的部门划分标准包括职能、产品、地区、顾客和生产流程。

(1) 职能部门化。按照职能划分部门是根据专业化的原则,以工作或任务的性质为依据来划分部门,如图4-4所示。

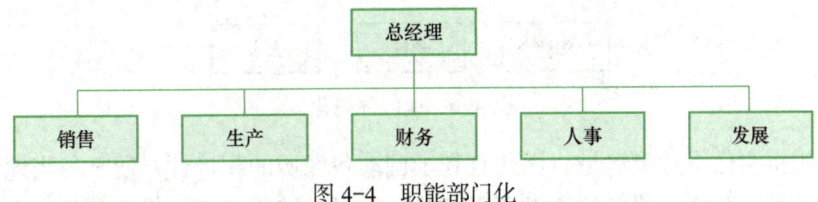

图4-4 职能部门化

它的优点在于:合理地反映职能,符合分工和专业化原则,有利于发挥各职能领域专家的特长,提高人员的使用效率;有利于使组织的基本活动得到重视和保证,以便对整个组织活动实施严格控制。但是,这种部门化方法也存在一些缺点:总体决策需要最高层做出,因而速度较慢;由于人员过度专业化,因此容易形成本位主义,给各部门之间的协调带来一定困难;随着组织规模的扩大，容易导致机构臃肿，缺乏对环境变化的适应能力；只有最高层对最终成果负责，因而各部门的绩效和责任不易考核。这种方法较多用于管理或服务部门的划分。

（2）产品部门化。按照产品划分部门是根据产品或产品系列来组织业务活动，如图4-5所示。这种方法是从职能部门化发展而来的。随着组织规模的不断扩大，管理工作越来越复杂，职能部门化组织中的管理人员的工作负担越来越重，管理幅度的限制使得他们难以通过增加直接下属的办法来解决问题，此时就有必要按照产品重新组织活动。多元化经营的组织常采用这种部门化方法。

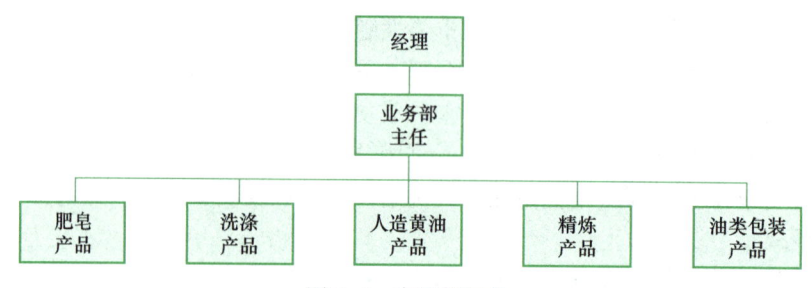

图4-5　产品部门化

实行这种部门化方法的优点在于：能够充分利用专项资本和设备，发挥个人的技术知识和专长；有利于部门内的协调；利润、责任明确划分到部门一级，易于评价各部门的业绩，也便于最高主管把握各种产品或产品系列对总利润的贡献；可促进企业内部竞争，有利于产品和服务的改进和发展；有利于增加新的产品和服务；有利于锻炼和培养全面的综合型管理人才。但是，这种方法需要具备全面知识和技能的人才来担任部门负责人；总部和分部的职能部门与人员重复设置，会增加管理成本；由于各产品部门的独立性较强而整体性较差，因此给高层管理造成困难。

（3）地区部门化。按照地区划分部门就是将某个地区内的业务活动集中起来，委派相应的管理者，形成地区性部门，如图4-6所示。

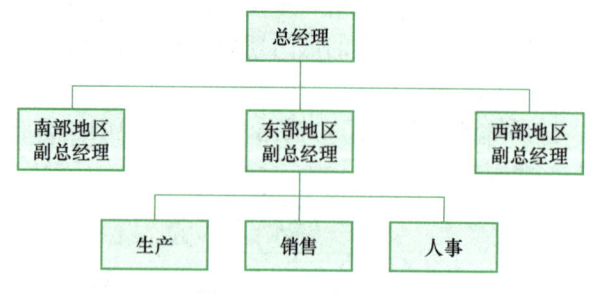

图4-6　地区部门化

这种方法将责任下放到区域，因此有利于调动各区域的积极性；便于与当地的供应商、用户进行面对面的联系，降低运输等费用，从而取得区域化经营的优势效益；有利于适应区域的特殊要求与特定环境，促进区域性活动的协调；有利于促进企业内部竞争；有利于培养能力全面的管理者。但其缺点是，由于机构重复设置而导致管理成本增加，增加了最高主管部门对区域控制的难度，要求区域部门主管人员具有全面的管理能力。这种方法主要用于空间分布很广的企业的生产经营业务部门。

（4）顾客部门化。为了更好地满足顾客的要求，将与某类顾客有关的各种组织活动集中在一起，形成部门的划分。如有些企业设置了大客户部、商业客户部、公众客户部、VIP 服务部等部门，如图 4-7 所示。

这种方法最大的优点是有利于重视和满足顾客的某种需要，针对不同顾客的特点和需要开展组织活动，从而增加顾客的满意度和忠诚度；有利于本组织形成针对特定顾客需求的经营技巧和诀窍。但这种划分方法不能使设备和专业人员得到充分利用；为满足特定顾客的需要，可能导致部门间的协调变得困难。这种方法适用于服务对象差异较大、对产品和服务有特殊要求的企业。

（5）生产流程部门化。按生产流程根据技术作业将工作划分成部门，如图 4-8 所示。

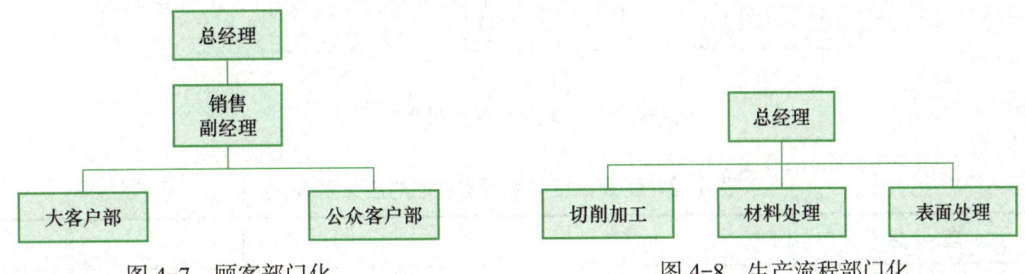

图 4-7　顾客部门化　　　　　　　图 4-8　生产流程部门化

因为这种方法是建立在特殊技能和训练的基础上的，所以在部门内的协调要简单得多。但由于生产过程需要将自然的工作流程打断，将工作流程的不同部分交给不同的部门去完成，这就要求每个部门的管理者必须将自己的任务与其他部门管理者的任务相协调。

3. 确定组织层次

（1）管理幅度。管理幅度是影响组织内部各单位规模大小的重要决定因素。

任何组织在进行结构设计时，都必须考虑管理幅度的问题。一般来说，即使在同样获得成功的组织中，每个主管直接管理的下属数量也不相同。有效管理幅度的大小受到管理者本身素质，以及被管理者的工作内容、能力、工作环境与工作条件等诸多因素的影响，每个组织都必须根据自身的特点，确定适当的管理幅度。

（2）管理层次。由于主管人员能够直接有效地指挥和监督的下属数量是有限的，因此，最高主管的被委托人需要将受托担任的部分管理工作再委托给另一些人来协助进行，依此类推，直至受托人能直接安排和协调组织成员的具体业务活动，由此就形成了组织中最高主管到具体工作人员之间的不同管理层次。

因此，管理层次是指组织内部从最高一级管理组织到最低一级管理组织的职位等级数目。如在图 4-2 中，管理层次为 3。

（3）管理幅度与管理层次的关系。组织的管理层次受到组织规模和管理幅度两方面的影响。在管理幅度给定的条件下，管理层次与组织规模大小成正比，组织规模越大、成员数量越多，其所需的管理层次就越多；在组织规模既定的条件下，管理层次与管理幅度成反比，管理幅度越大，所需的管理层次就越少，反之，管理幅度越小，所需的管理层次就越多。

以一家拥有 4 096 名员工的企业为例，假设各层次的管理幅度相同，如果按管理幅度分别为 4 人、8 人和 16 人对其进行组织设计，那么其相应的管理层次为 6、4 和 3，所需的管理人员数为 1365 人、585 人和 273 人，如图 4-9 和表 4-2 所示。

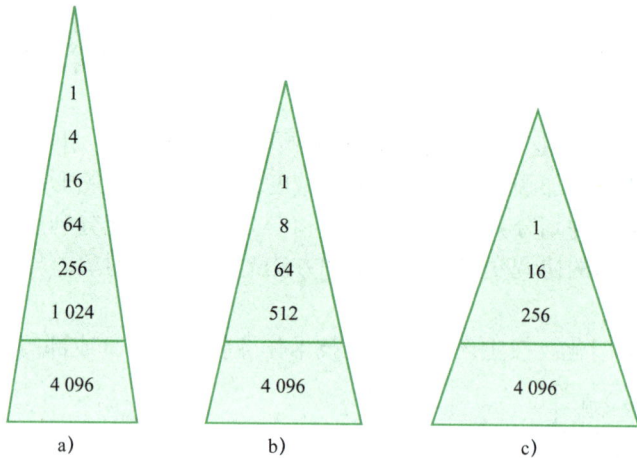

图 4-9 管理幅度与管理层次的关系

表 4-2 管理幅度与管理层次的对应关系表

项 目	a	b	c
管理幅度（人）	4	8	16
管理层次	6	4	3
管理人员数（人）	1 365	585	273

管理幅度的大小对组织形态和组织活动会产生显著的影响。在组织中人员数量一定的情况下，管理幅度越小，组织层次就越多，从而组织就表现为高而瘦的结构特征，这种组织结构称为高耸型结构，如图4-9a所示；反之，管理幅度越大，组织层次就越少，从而该组织结构就称为扁平型结构，如图4-9c所示。一般，高层最适宜的管理幅度为3～6人，中层为5～9人，基层为7～15人。

> **思考与讨论**
>
> 你听说过"韩信将兵，多多益善"的故事吗？你如何看待"韩信将兵"这件事？

（4）高耸型结构与扁平型结构。如上所述，管理幅度与管理层次这两个变量的取值不同，就会形成高耸型结构和扁平型结构两种组织结构类型。

1）高耸型结构。高耸型结构是指组织的管理幅度较小，从而形成管理层次较多的组织结构。高耸型结构具有管理严密、分工明确、上下级易于协调的特点，但层次较多，需要的从事管理的人员也迅速增加，彼此之间的协调工作也急剧增加。在图4-9中，当管理幅度从16人变为4人时，管理人员从273人增至1 365人，增加了4倍。

高耸型结构的优点在于：有利于上级对下属进行及时的指导和控制，层级之间关系较为紧密；权责关系明确，有利于工作任务的衔接；有利于增强管理者的权威；为下属提供更多的晋升机会。但高耸型结构也存在一定的缺点：过多的层次不仅会增加高层与基层之间沟通的难度，影响信息传递的速度和质量，而且还会因管理人员的迅速增加而增大协调的工作量和管理成本，同时由于管理严密，影响了下级人员的主动性和创造性。

2）扁平型结构。扁平型结构是指组织的管理幅度较大，从而形成管理层次较少的组织结构。其优点在于：缩短了上下级距离，密切上下级关系，加快了信息纵向沟通的速度，减少了信息的失真，从而可以提高决策的质量，降低管理成本；由于管理幅度的增大迫使上级授权，可以大大提高下级的积极性和自主性，增强其满足感；同时也有利于更好地选择和培训下属人员，培养和提高下级管理能力。但其也存在一定的缺点：由于管理幅度较大，不能严密地监督下属，上下级协调较差，而且也加大了横向沟通与协调的难度。

随着经济的发展和技术的进步，为了提高效率，组织结构越来越趋于扁平化，就是组织通过增大管理幅度、减少管理层次来提高组织信息收集、传递和组织决策的效率，最终发挥组织的内在潜力和创新能力，从而提高组织的整体绩效，达成组织的战略目标。

四、组织结构设计的成果

1. 组织结构图

组织结构图又称为组织树，是用图形的方式来表示组织中纵向领导层次和横向职能部门分工与协作关系的基本框架。图 4-10 为某公司组织变革后构建的一个事业部制的组织结构图。

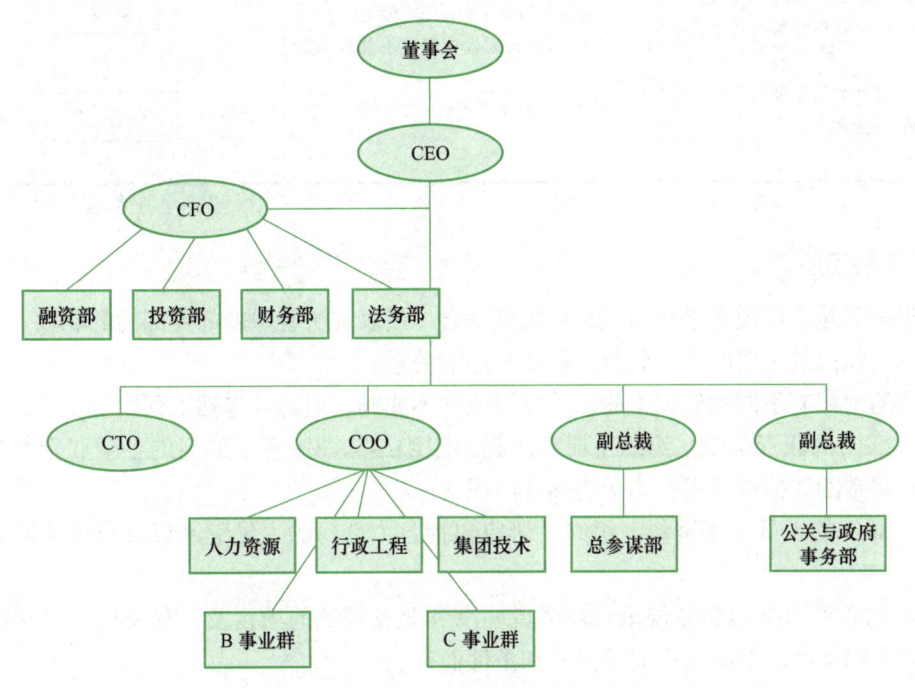

图 4-10　某公司的事业部制组织结构图

2. 职位说明书

职位说明书是说明组织内部的某一特定职位的责任、义务、权力及其工作关系的书面文件，包括职位名称、任职条件、工作内容和工作职责等。职位说明书的基本格式如表 4-3 所示。

表 4-3　×××公司的工程部主管职位说明书

职位名称	工程部主管	直接上级职务	总经理	所属部门	工程部
学历	大专及以上	工作性质	工程技术及管理	性别要求	男
任职条件	大专及以上学历 能熟练操作 AI、CorelDRAW、CAD 等常用制图软件 对 ISO 9001 及 ISO 14001 体系比较了解 具有较强的学习、分析和沟通协调能力 ……				
工作内容	对应聘工程部岗位的人员进行复试 对新进或所属员工定期进行教育培训，使其符合公司的文化和价值观 起草或策划工程部相关的流程或制度，使部门工作严谨而有序地开展 合理规划人力资源，统筹下级员工的工作安排 对下属员工的工作绩效进行考核和评估，并建立激励制度 ……				
工作职责	对下属职员的教育培训及考核激励 对相关流程或文件的起草、修改 对图稿、样品制作和条码列印的统筹管理 对工程部每月品质目标达成状况的监督、管理 ……	工作权限	对所属员工的工作绩效有考核和评估权 对工程部所属员工有任用或罢免权 对工程部相关流程或制度有修改或废止权 对制样的材料及工艺流程有高度审核权 ……	工作结构	总经理 → 工程部主管
核准：		审核：		制作：工程部	

3. 组织手册

组织手册是职位说明书与组织结构图的综合，用以说明组织内部各部门的职权、职责，以及每一个职位的主要职能、职责、职权及相互关系。

不同的组织有不同的组织手册，并且格式各不相同，但通常包括下列内容：

（1）部门的职责范围。组织手册都应提出组织结构图中各个部门的各项职责及其部门之间相互关系的评估说明书，用于明确部门职责。

（2）部门的人员定编资料。组织手册应包括各个部门的人员编制以及目前实际人员的状况。

（3）职务说明书和职务规范。职务说明书和职务规范的项目及详尽程度，在实际工作中并没有实际标准，要根据企业的需要和条件而定。

（4）组织和管理的原则。有些组织手册会突出一些优秀的管理原则：经常保持同上级的某种接触（方式是事先规定的）是下属的义务；不应在公开场合责备下属；上级应当勇于为下级承担责任并放手任用他们；不能越级指挥或越级上报；廉洁奉公、遵纪守法是管理人员的美德等。

组织结构图、职位说明书和组织手册能够显示出组织内的人员编制、工作分工及各个职位间的相互关系，可以帮助我们了解一个组织的管理形式及人事安排。

> **思考与讨论**
>
> 你所在学校的组织结构图是什么样的？你能说出它们之间的关系吗？另外，学校除了正规的组织结构图，还存在其他形式的组织吗？如果存在，要不要体现在正规的组织结构图中？

模块二　分析组织结构形式

模块情境

学生会是高校最重要的学生组织之一，是党和学校联系学生的桥梁和纽带，是大学生进行自我教育、自我管理、自我服务的有效途径和有益平台。其存在的主要目的是代表和维护广大学生的正当权益及要求，是一个非营利性组织，不需要为组织成员发放工资和奖金。进入高校以后，已经有部分同学加入了学生会。

【思考】你所在院（系）学生会的组织结构形式属于何种组织结构类型？该结构形式有什么特征？

问题分析

组织结构形式是组织的框架，犹如人的骨骼，因此组织的结构形式合理与否在某种程度上决定了一个组织的成长性。任何一种组织结构形式都有其优缺点，关键在于它是否适应组织发展的需要。同时，组织结构形式是不断发展变化的，同一个组织在不同的发展阶段，由于组织目的、人员、环境等的差异，因而需要采用不同的组织结构形式。

我们在了解常用组织结构特征的基础上，可以通过类比分析的方法来认定学生会属于何种组织结构形式，它的优缺点是什么，它是否能够有效实现学生会的目标，以及所在院（系）学生会的组织结构形式有没有需要改进的地方，如需改进，我们应从哪些方面入手。

知识精讲

由于每个组织的目标、所处的环境、所拥有的资源不同，其组织结构形式也必然有所不同。在组织结构设计的过程中，不存在普遍适用的唯一的组织结构形式，可以说，有多少个组织便有多少种组织结构。但各种组织结构之间有很大的相似性，即它们之间的基本构成是相同的。下面简单介绍几种常用的组织结构形式。

一、直线制组织结构

直线制组织结构是指一切管理工作均由管理者直接指挥和管理，不设专门的职能机构，如图 4-11 所示。这种组织结构复杂性低、正规化程度低，职权集中在一个人手中，属于扁平型组织结构。

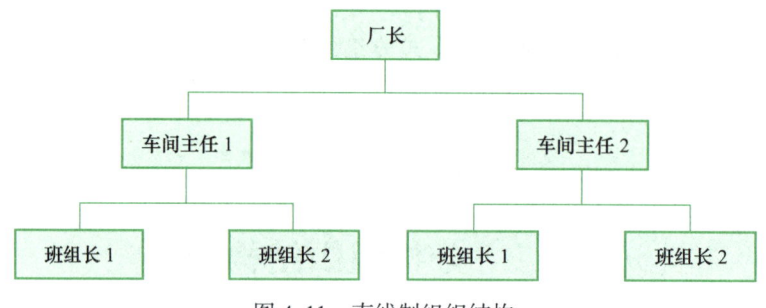

图 4-11　直线制组织结构

直线制组织结构的优点：管理机构简单；管理费用低；命令统一、决策迅速；指挥灵活；上下级关系明确；维护纪律和秩序比较容易。

直线制组织结构的缺点：管理者精力有限，难以深入细致地考虑问题；管理工作简单粗放；成员之间和组织之间横向联系少；管理者的经验、能力无法立即传给继任者，因而继任者无法立即开展工作。

这种组织结构适用于没有必要按职能实行专业化管理的小型组织或现场作业管理。

二、直线—职能制组织结构

直线—职能制组织结构，即专业分工的管理者代替直线制的全能管理者，设立职能部门直接指挥组织的各项活动，下级服从上级行政部门和职能部门的指挥，将相似或相关职业的专家组合在一起来组建结构，如图 4-12 所示。

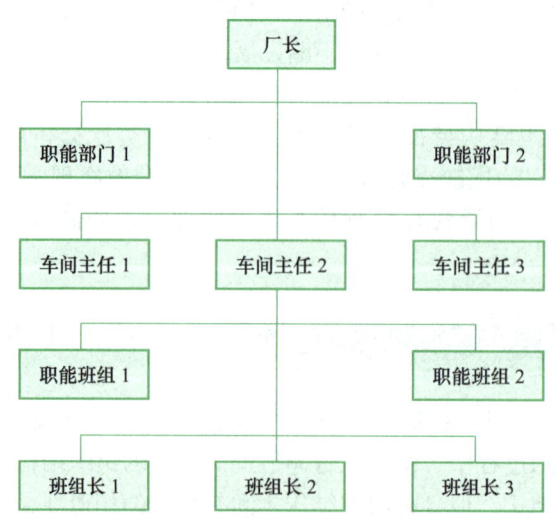

图 4-12　直线—职能制组织结构

直线—职能制组织结构的优点：具有专业分工的优势，能发挥专家的作用；专业管理工作做得较细，对下级工作指导具体；可以弥补各级行政领导人管理能力的不足；主管易于控制和规划；培训简单。

直线—职能制组织结构的缺点：容易形成多头指挥，削弱统一指挥；相互沟通不畅，对环境的适应能力差；员工长期待在一个部门，易导致眼光狭窄，只看重本部门目标而忽略组织总体目标；过度专业化，不利于培养全面的管理人才；利润的责任在最高层。

这种组织结构的适用范围是中、小型组织，对于规模较大、决策时需要考虑较多因素的组织则不太适用。

三、事业部制组织结构

事业部制组织结构又称斯隆模型，是一种分权式结构，即面对不确定的环境，按照产品类别、用户、地域及流程等不同业务单位，将组织划分成若干个独立经营且分权管理的事业部。事业部是独立核算且自负盈亏的利润中心，总公司只保留部分决策权。各事业部能充分发挥主观能动性，自行处理日常经营活动。事业部制组织结构如图 4-13 所示。

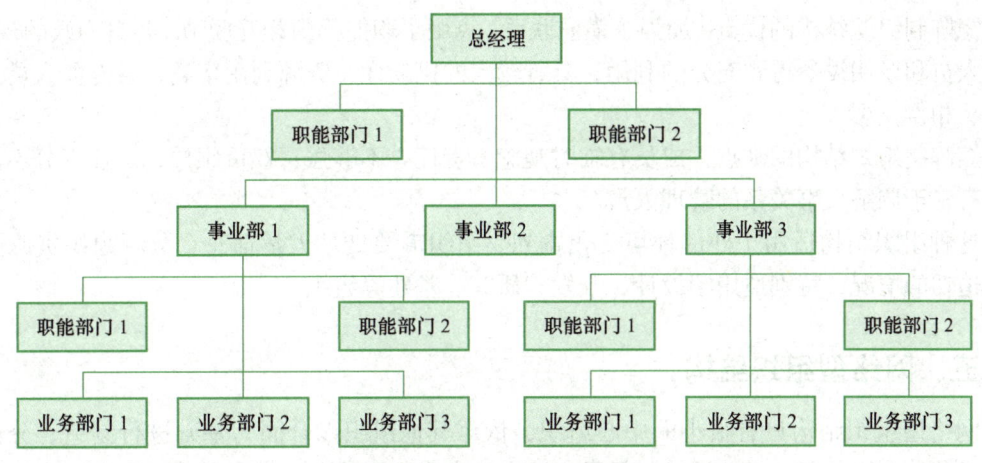

图 4-13　事业部制组织结构

事业部制组织结构的优点：统一管理、多种经营和专业分工的良好结合；责、权、利分明，易调动员工的积极性；能保证公司获得稳定利润；能培养全面的高级管理人才。

事业部制组织结构的缺点：需要许多高素质的专业人员；管理机构和人员较多，管理费用高；对事业部经理要求高；分权易产生架空领导的现象；各事业部争夺资源，易发生内耗，协调困难。

这种组织结构适用于规模庞大、品种繁多、技术复杂的大型企业，是国内外较大的集团公司所采用的一种组织结构形式。

四、矩阵制组织结构

在直线—职能制垂直形态基础上增加横向的领导系统，就形成了具有双重职权结构的矩阵制组织结构，如图 4-14 所示。矩阵制组织结构具有临时性的特点，即当组织有任务时，从各个职能部门抽调专家组成临时的跨职能团队，在任务完成后，各个专家回到原来的工作部门。矩阵制组织结构是非长期固定型组织结构。

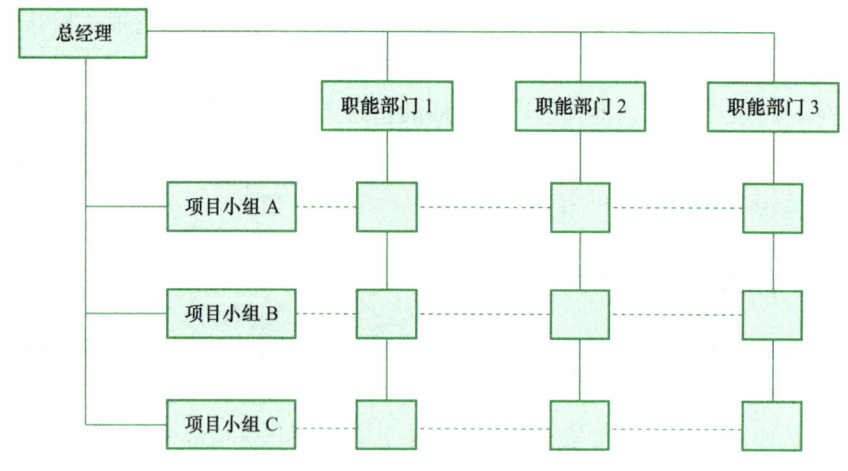

图 4-14　矩阵制组织结构

矩阵制组织结构的优点：加强了横向联系，克服了职能部门相互脱节、各自为政的现象；专业人员和专用设备得到充分的利用；具有较大的机动性，资源利用率高；各专业人员互相帮助、相得益彰。

矩阵制组织结构的缺点：成员有临时观念，责任心不够强；双重领导，责任划分不清；需要有善于调解人事关系的管理人员。

这种组织结构适用于外部环境变化剧烈、组织需要处理大量信息、分享组织资源要求特别迫切的情况，特别适用于设计、开发、研究、基建等组织。

五、网络型组织结构

网络型组织结构只有很小的中心组织，依靠其他组织以合同为基础进行制造、分销、营销或其他关键业务的经营活动，是基于信息技术高度发达和市场竞争日益激烈而发展起来的一种临时性组织，如图 4-15 所示。这种组织结构有时也被称为"虚拟组织"。

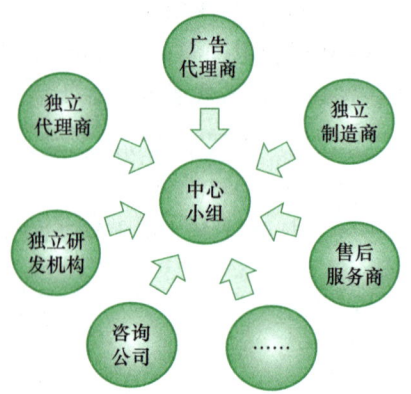

图 4-15　网络型组织结构

网络型组织结构的优点：组织结构具有更强的灵活性和柔性；组织结构简单精练，趋于扁平化，管理效率高。

网络型组织结构的缺点：组织可控性差；组织风险性大；员工对组织的忠诚度低。

网络型组织结构使企业可以利用社会上现有的资源快速发展壮大，有助于企业适应快速变化的市场环境，目前已经成为国际上流行的一种新形式的组织结构。

六、团队型组织结构

团队是指一种为了实现某一目标而由相互协作的个体所组成的正式群体，是由员工和管理层组成的共同体。它合理利用每一个成员的知识和技能协同工作、解决问题，以达到共同的目标。

> 能用众力，则无敌于天下矣；能用众智，则无畏于圣人矣。
> ——《三国志·孙权传》

团队型组织结构的特点：

1）打破部门界限并把决策权下放到团队成员，要求成员既全又专，由团队负责活动的全部责任。

2）团队适合组织中某些具有特定期限和绩效标准的重要任务，或者独特任务且需要跨职能界限的专门技能。

3）团队作为对官僚结构的补充，既提高了标准化的效率，又增强了灵活性，是一种自我管理的组织结构。

以团队工作方式为代表的弹性化组织近年来在西方发达国家广泛兴起，不断取代传统的各部门独立工作的方式。我国很多股份制企业在改制中也进行尝试，如我国意外险公司。

思考与讨论

一个组织的组织结构会一成不变吗？如果不会，你认为组织的变革受哪些因素影响？

模块三　配备岗位人员

模块情境

有一家贸易公司新进了两位同龄年轻人，一个叫张强，一个叫李华，他们一开始拿着同样的薪水。但是，一年后，张强很快升到了区域经理，而李华还在原地踏步做销售员。李华很不满意公司的不公平待遇，有一天忍不住在总经理面前大发牢骚。总经理耐心听完李华的牢骚后，安抚一番并给李华一个任务："你明天一早去集市看看有什么值得我们买的东西。"第二天，李华从集市回来后向总经理汇报："今天早市上没有值得我们买的东西，只有几个渔民卖龙虾。"总经理问道："龙虾多少钱呀？市场上总共有多少龙虾呀？"李华不好意思地摇摇头。这时，总经理喊来了张强，布置了同样的任务给他。

张强立马出发，一个小时后回来向总经理汇报：集市上有三位渔民在卖龙虾，每个人龙虾都差不多，大概有 100 斤，一共有 300 斤，价格都在 15 元 / 斤，质量还不错，并且带回来一个样品给总经理做参考，并建议可以联系当地渔民做龙虾贸易，再卖给城市的龙虾店，有利润可赚。同时，张强还了解到渔民家里还养殖螃蟹，价格也合适，等螃蟹上市后也可以做螃蟹贸易。

听完张强的汇报，总经理满意地点点头，对张强说："这个龙虾螃蟹贸易你去执行吧。"等张强走后，总经理望向李华问："你还有什么不满意的吗？"

【思考】张强为什么一年后就能升为区域经理，李华又为什么只是原地踏步呢？

问题分析

组织内的分工是因人而异的，成员的重要性由其能力和贡献来决定。好的组织能让恰当的人在恰当的位置发挥恰当的作用。这是人员配备的哲学。另外，管理者招聘人才，不但要有诚心，更要拿出实实在在的行动，证明组织招聘人才的决心与魄力。

从模块情境中我们可以看到，张强的办事效率明显高于李华，他们俩存在着一定的能力差别，李华的薪水自然就会比张强低。为此，在组织中选择正确的成员做正确的事是组织能够取得成功的重要保障。如果要使组织中的所有要素都能发挥最大效能，就必须发挥组织成员的主观能动性，把合适的人员配备到合适的岗位上，人尽其才、物尽其用，充分发挥上岗员工的潜力，提高员工工作的满意度，使其为实现组织的目标发挥重要作用。

知识精讲

在确定了组织结构和部门划分之后，组织的管理者应配备合适的人员去充实各机构和部门，对工作人员进行恰当而有效的选拔、考评和培训，以保证组织活动正常进行，有效实现组织目标。人员的选拔与配备以及人员培训与管理都属于人力资源管理范畴。人力资源管理是组织职能的重要组成部分，是组织高效运行的保证。

一、配备岗位人员的内涵和原则

1. 配备岗位人员的内涵

人员配备是根据组织的目标和任务正确选择、合理使用、科学考评和培训人员，让合适的人去完成组织中的各项任务，从而保证各项任务的完成和整个组织目标的实现的职能活动。

人员配备就是指对组织中的全体人员的配备，既包括主管人员的配备，也包括非主管人员的配备。在进行人员配备时，既要保证组织的需要，也要考虑组织成员个人的需要。所以，配备岗位人员要从以下两个角度考虑其内涵：

（1）组织的角度。从组织角度考虑，进行人员配备时需要完成以下三个任务：

1）使组织系统正常运转。如果想使设计合理的组织系统有效运转，就必须使组织机构中的每个工作岗位都配有适当的人，实现组织目标所必需的每项活动都有适当的人去完成。这是人员配备的基本任务。

2）为组织发展储备干部力量。组织处于一个不断发展变化的社会经济环境中，组织的目标、活动的内容和组织的结构都需要经常根据环境的变化做适当的调整。组织结构变革需要组织培养组织成员适应工作的能力、培训未来的管理人员，所以要注意管理人员培训计划的制订和实施。

3）维持成员对组织的忠诚。人才流动会给组织带来输入"新鲜血液"的好处，但其破坏性也很大。人员不稳定、离职率高，特别是优秀人才的外流，往往会使组织多年的心血付之东流，而且有可能破坏组织的人事发展计划。因此，组织需要通过人员配备来稳住人心、留住人才、维持成员对组织的忠诚。

（2）组织成员的角度。留住人才，不仅要留住其身，而且要留住其心。只有这样，才能达到维持他们对组织的忠诚的效果。然而，组织成员是否真心实意、积极地为组织努力工作，受到许多因素的影响，所以，组织配备人员，从组织成员角度要做好以下两点：

1）通过人员配备，每个组织成员的知识和能力得到公正的评价和应用。工作的要求与自身的能力是否相符，是否感到"大材小用""怀才不遇"，工作的目标是否富有挑战性，这些因素与组织成员在工作中是否积极、主动、热情有着极大的关系，这在很大程度上影响着组织成员的工作积极性、主动性，进而影响工作绩效。

2）通过人员配备，每位组织成员的知识和能力不断发展、素质不断提高。知识和技能的提高，不仅可以满足组织成员的心理需要，而且往往是其职务晋升的阶梯。因此，在人员配备过程中，应使每位组织成员能看到这种机会和希望，从而稳定人心，提高工作绩效，以保证人员配备适应组织发展需要。

> **思考与讨论**
>
> 为什么现在一方面各个组织，特别是企业都在"吸引人才、留住人才"，患有"人才饥渴症"，而另一方面社会上人人都感觉各行各业都特别"卷"？如果你是管理者，该如何破局？

2. 配备岗位人员的原则

（1）因事择人的原则。选人的目的在于使其担当一定的职务，从事与该职务相应的工作。要使工作卓有成效地完成，工作者必须具备相应的知识和能力。

（2）责、权、利相对应的原则。责、权、利相对应的原则是指组织若想要尽快地实现目标，则配备的组织成员要保持权力、责任和利益的有机统一。

（3）公开竞争原则。组织若要提高管理水平，就要对空缺的主管职位等的接班人实行公开竞争。实行公开竞争时，空缺的职位必须对所有人开放，通过公平、公开、公正的筛选来保证当选人比其他任何人更能胜任该职位的工作。

（4）用人之长的原则。不同的工作要求不同的人去做，而不同的人具有不同的能力和素质，能够从事不同的工作。从人的角度去考虑，只有根据人的特点来安排工作，才能使人的潜能得到最充分的发挥，使人的工作热情得到最大限度的激发。

在选配人员时不能过分苛刻求全，应当知人善任、扬长避短。用人之长的原则也就是要做到人尽其才、人尽其用。

（5）人事动态平衡的原则。处在动态环境中的组织是在不断发展的，成员的能力和知识也会在工作中不断提高和丰富，同时，组织对其成员的素质认识也是不断完善的。因此，人与事的配合需要进行不断的调整，使能力得到发展并被充分证实的人去从事更高层次、更多责任的工作，使能力不符合职位要求的人有机会进行其他力所能及的活动，以使每个人都能得到最合理的使用，实现人与事的动态平衡。

二、配备岗位人员的程序

一般来说，配备岗位人员的程序可分为八个步骤，如图 4-16 所示。

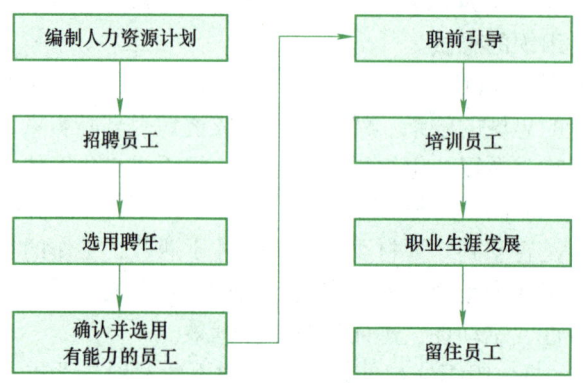

图 4-16　配备岗位人员的程序

其中，前三个步骤分别是在组织结构框架下编制人力资源计划、招聘员工、选用聘任，其结果就是第四个步骤，即确认有能力的人才并加以选用；接着的三个步骤分别是职前引导、培训员工、职业生涯发展，这三个步骤是为了确保组织既能留住员工（第八个步骤），又能使员工技能得以更新，符合组织的未来发展要求。

下面围绕配备岗位人员程序中涉及的几个主要步骤的相关内容，如人力资源计划、员工选聘、员工培训与发展、绩效考核做简单阐述。

三、人力资源计划

所谓人力资源计划，是指为使企业在不断变化的环境中能够稳定地拥有一定质量和必要数量的人力资源，以实现包括员工利益在内的组织目标而拟定的一套措施，从而求得人员需求量和人员拥有量在组织未来发展过程中的相互匹配。

人力资源计划的出发点是为企业未来生产经营活动预先准备人力资源。对企业而言，人力资源非常重要，其功能主要表现在以下几个方面：

1）人力资源计划能增强企业对环境变化的适应能力，为企业的发展提供人力保证。人力资源计划就是通过对企业现有的人员结构和人力资源需求进行研究，结合分析和预测环境变化对人员结构的影响来提出相应措施，并制订人力资源计划，以使企业能及时地引进所需要的人才和对现有的人员结构进行调整，从而更好地适应环境的变化。

2）人力资源计划有助于实现企业内部人力资源的合理配置，优化企业内部人员结构，从而最大限度地实现人尽其才，提高企业效益。人力资源计划着眼于发掘人力资源的潜力，谋求人员结构和人员素质的改进，从而改变人力资源配置的浪费和低效现象。

3）人力资源计划有助于满足企业成员的心理需求和发展要求，为员工和企业建立了共同的愿景。人力资源计划展示了企业未来的发展机会，充分考虑了员工个人的职业生涯发展，使员工了解自己在企业中可以得到何种满足及满足的程度。这样，当企业所提供的满足与员工所需求的满足大致相符时，员工就会去努力追求，从而在工作中表现出主动性与创造性。

人力资源计划一般包含人力资源需求和人力资源供给两个方面的计划预测。

人力资源需求的计划主要受企业内部影响，但外部因素对组织的人力资源需求也会产生影响。人力资源供给的计划是对组织计划期内人力资源的内部供给和外部供给所进行的预先估计和测算。

四、员工选聘

确定了组织内的职位后，就可以通过招聘、选拔、安置和提升来配备所需的员工及管理者。要依据职位或岗位的要求和受聘者具备的素质和能力进行选聘。

1. 员工招聘计划与甄选

（1）员工招聘计划。企业通常要制定中长期人力资源发展规划，这是确定具体招聘计划的重要依据。一定时期招聘计划的制订，有两个最重要的步骤：一是评估现有的人力资源状况；二是评估未来的人力资源需求，从而确定所要招聘员工的数量、种类与质量。主要内容应包括：现状评估、未来需求；招聘数量、种类、质量与来源；招聘程序、方法、组织等。

（2）员工甄选。招聘的关键环节是甄选。甄选是对应聘者是否符合组织招聘要求，是否能够胜任工作的鉴别、评价过程。甄选的方法通常有审阅申请表、考试、绩效模拟测试、面试等。甄选的科学性和可靠性在相当大的程度上取决于甄选方法的信度和效度。

1）信度。甄选所采用的方法首先必须是可信任的，即信度高。信度是指运用某一甄选方法对同一对象测度效果的一致性程度。这一指标反映的是甄选方法本身的可靠程度。如被测试者分数稳定，说明方法可靠，测试效果才更可信。

2）效度。甄选所采用的方法不但可靠，而且有效，即效度高。效度是指甄选方法与工作标准之间的相关程度。这一指标反映的是甄选方法的有效程度。如所测试的方法与要求和所要测度的方法与要求联系不大，说明这种方法及其结果是无效的。

2. 员工选聘步骤。员工选聘的主要步骤如图 4-17 所示：

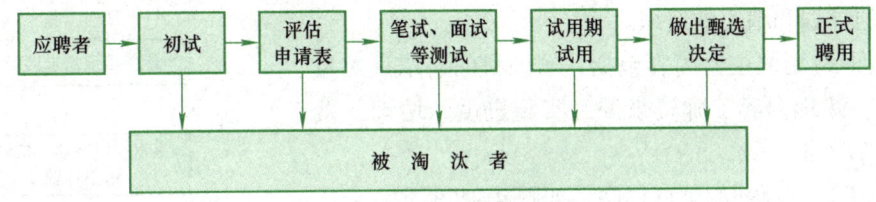

图 4-17 员工选聘的主要步骤

在选聘过程中，需要注意以下三个方面的问题：

1）选聘的条件要适中。选聘的依据和条件一定要切实按照组织的目标和对人员配备职能的要求，根据所需配备人员的职位和性质、该职位对候选人的要求等来客观地设计，否则会浪费大量的时间、精力和费用。

2）对应聘者要客观、公正。面试官除要具有较高的素质和能力外，还要具备伯乐的慧眼，对应聘者客观、公正。面试官要考虑应聘者的长处是否与空缺职位相适应，是否与其他员工的工作能力互补。

3）注意应聘者的潜能。彼得原理认为，工作成绩和效率是由那些尚未提拔到难以胜任水平上的员工取得的。所以，在选拔人才时要考虑员工的潜能，避免难以胜任的情况发生。

五、员工培训与发展

> 夫不素养士而欲求贤，譬犹不琢玉而求文采也。
> ——《汉书·董仲舒传》

在现代化大生产条件下，对任何一个组织来说，无论是企业的领导者还是基层员工，都只有通过不断学习、进步、充实和提高，才能适应组织内外部环境日新月异的变化，胜任各项工作。

人力资源管理中的培训是指组织为了实现其自身和员工个人的发展目标，有计划地对全体员工进行培训和训练，使之提高与工作相关的知识、技艺、能力及态度等素质，以胜任岗位工作。

1. 员工计划与实施

（1）制订培训计划的依据。在实际工作中，管理者主要根据组织要求、岗位要求、员工发展三个方面因素来确定培训计划的具体内容。

1）组织本身的要求，即根据组织的宗旨、目标与所处的环境等因素确定培训的内容与安排。

2）企业经营任务和工作岗位的要求，即可以根据工作的具体内容和市场与技术的未来发展需要等因素来选择培训的内容和方法。

3）根据受训者的工作表现与能力及其自身发展需要等因素选择培训内容、培训时间与培训方法等。

（2）培训计划的内容与制订程序。员工培训作为一项具有战略意义的重要工作，必须进行周密的计划和精心的组织。

1）培训计划的主要内容包括：培训目的、培训对象、培训时间、课程内容、师资来源、实施进度、培训经费、效果评价等项目。

2）员工培训计划的制订程序，如图 4-18 所示。

（3）培训计划的实施。培训计划一旦进入实施阶段，就要从以下四个方面组织实施：

1）落实培训所需资源与条件，如场所、时间、员工（含学、教双方）等，确保培训计划实施。

2）加强日常管理，建立并严格执行培训制度与秩序。

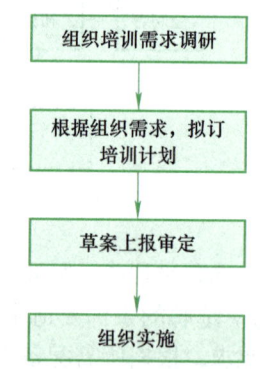

图 4-18 员工培训计划的制订程序

3）注重对员工的有效激励，使其明确培训目的，增强学习兴趣，并尽可能采用自主管理的方式，提高学习效果。

4）加强培训的考核与评估，既包括对每位学员的学习成绩评估，又包括对整个培训过程的效果评估；既要注意培训过程评估，又要注意培训结果评估。

2. 员工培训的基本内容与方式

（1）员工培训的基本内容。企业对各级、各类员工的素质、能力要求不同，故其具体培训内容也不同。但培训的基本内容不外乎三部分：思想觉悟与职业道德；技术与业务理论知识；技术与业务能力。

如果是对管理者进行培训，那么，技术与业务理论知识、技术与业务能力的培训中应该包括管理的理论与技能。

（2）员工培训的方式。员工培训主要包括以下方式与方法：

1）岗前培训。员工上岗前，必须接受系统的培训。主要培训内容包括生产技术规程与标准、安全生产规范、企业规章制度、职业道德等。具体员工培训方法如表4-4所示。

表4-4 员工培训方法

培训方法	方法含义
讲授法	邀请企业内外培训师进行较为系统的生产、技术、经营、管理等方面知识与规范的讲授
讨论法	围绕某个专题，组织员工进行研究讨论
模拟法	运用角色扮演、情景剧等方式模拟实际生产与管理活动

2）在岗辅导。在完成工作任务的过程中，由管理者或有经验的师傅进行各种形式的辅导。

3）岗位练兵。在生产经营过程中，边干边学，不断学习新知识、新技术，提高技术操作的熟练程度。

4）集中培训。企业根据发展的需要或引进新设备、新技术的需要，组织员工进行集中性的培训。

5）脱产进修。为培养技术骨干，企业将员工送到专门的学校或培训班进行系统学习进修。

6）网络培训。这是一种利用互联网、移动互联网进行培训的方式。这种方式信息量大，新知识、新观念传递快，且适合分散式学习，能节省学员集中培训的时间与费用，优势明显，更适合员工培训。

7）技术考核与晋级。技术考核与晋级可以调动员工自学自练、提高技术水平的积极性，会更有力地促进员工技术水平的提高。

思考与讨论

你参加过哪些培训？你认为哪种培训效果好？

3. 促进员工的全面发展

促进员工的全面发展是一切社会组织的根本性任务。在现代管理中，只抓工作绩效的管理者只是"半个管理者"，而在抓工作的同时也抓员工的社会生活质量与成长的管理者才是"完整的管理者"。

一般来说，促进员工全面发展的途径如表 4-5 所示。

表 4-5　员工发展途径

员工发展途径	内 涵 建 设
1. 尊重员工的主人翁地位	尊重员工的政治权利，充分发挥其议政和参与管理的积极作用
2. 鼓励员工的创新精神	支持员工在工作中的改革与创新，满足其成就事业、自我实现的需要
3. 建立终身学习体系	为员工提供学习理论与技术的必要条件，鼓励他们技术与业务上的进步，促进其自身素质的不断提高
4. 尊重员工的个性	鼓励员工个性的健康发展和人格的自我完善
5. 满足员工的社会需要	创造和谐的人际环境，在组织中形成健康、向上、团结、融洽的团体氛围，满足员工的各种社会需要
6. 促进员工的身心健康	在员工完成工作任务的同时，有必要关心并促进员工的身心健康
7. 提供高质量的社会生活	要利用本组织的各种有利条件，使员工不仅是"工作的人"，更是"幸福的人"
8. 树立员工的社会责任意识	帮助员工树立社会责任意识，使他们成为自觉维护社会公德、承担社会义务的高素质的社会成员

六、绩效考核

绩效考核是配备岗位人员的一项重要内容。组织成员能否有效地完成工作和达到组织目标，在很大程度上取决于组织的激励制度是否合理。

绩效是相对个人所承担的工作而言的。在企业中，员工的工作绩效具体表现为完成工作的数量、质量、成本费用及为企业做出的其他贡献等。

绩效考核又称绩效评估，是组织依照预先确定的标准和一定的考核程序，运用科学的考核方法，按照考核的内容和标准，对考核对象的工作能力、工作成绩进行定期或不定期的考查和评价。绩效考核应遵循实事求是原则、严格考评制度原则、公开公平原则、考评结论反馈原则，充分调动全体组织成员的积极性和创造性，共同完成组织的目标。

1. 绩效考核的方法

国内外组织在实践中形成了多种考核方法，常用的有关键事件法、排序法、目标考核法、强制分配法、量表考核法等。下面以企业为例，就关键事件法、排序法和目标考核法做简单介绍。

（1）关键事件法。关键事件法是基于工作分析中的关键事件的，它通过工作分析确定员工应在岗位上完成的关键事件（影响工作目标达成与否的行为），并以此来评估员工的有效绩效。

在评估期内，上级员工对下级员工的各种表现都记录在案，以供评估时引述出具体的行为。这样每名员工都会有一张关键事件表（见图 4-19），在考评时能提供丰富的事例，指出哪些是符合要求的行为，哪些是不理想的行为。

关键事件法强调评定员工的注意力应集中于关键行为，以便区分无效的工作绩效。

关键事件记录表

填写部门负责人签字：_____　　日期：_____

填写说明：

序号	日期	姓名	岗位	加减分	关键事件描述（不超过50字）	打分人	见证人
1							
2							
3							
4							
5							
6							

1. "关键事件记录表"由企管中心发给各部门负责人，作为部门主管记录员工关键事件的原始凭证和记录工具。
2. 此表将作为绩效考核打分的参考依据；被考核部门负责人根据关键事件记录签字确认后交考核小组审批，考核小组审核同意的情况加分事项成立。在考核结束后，此表须提交与企管中心备案。
3. 此表由各部门内部进行共享，部门主管进行填写，如有见证人，须将见证人填写上。

表单编号：V&C-JX-001-06　　版本/版次：B/0

图4-19　关键事件记录表

（2）排序法。排序法是指按照某一标准，对一定范围的员工进行由高到低排列的方法。具体方法包括直接排序法和交替排序法。

直接排序法是根据某一标准，将被考评员工按照由高到低的顺序依次排序；交替排序法是根据某一标准，在被考评员工中挑选最好和最差的员工，然后在剩下的员工中再挑选最好和最差的员工，依次类推，直到将所有被评估员工按一定的顺序排列。

排序法十分简便，但是选择评估标准的主观性较强。

（3）目标考核法。目标考核法是根据目标管理的原理，让员工根据企业目标来制定自己的绩效目标，然后上级根据此目标做出决定，而员工一旦接受确定的目标，就会努力实现这个目标。

员工的绩效是按照他设定的目标水平来评价的。由于是上下级共同制定目标和进度，在计划期末，上下级之间须再共同评估目标的完成情况，所以这种方法可以避免上级单方面建立评价基准的缺陷。

2. 绩效考核的程序

进行绩效考核，首先，要制定工作要求，列出有代表性的项目，如果组织尚未建立工作说明系统，则需要上下级共同讨论；其次，要确定绩效标准，即工作要达到的程度。只有将项目和标准结合起来，才能完整解释工作的完成情况。

绩效考核是一项非常细致的工作，必须严格按照一定的程序进行。

> **思考与讨论**
>
> 康熙曾说："国家用人，当以德为本，才艺为末。"这句话蕴涵着什么样的人才考评管理思想？你是如何理解的？

管理故事　猴子与香蕉

猴子们对笼子里挂着的香蕉垂涎三尺，但是当有猴子要去摘取香蕉时，都会有人敲打它，于是猴子们纷纷作罢，都围在笼子里看着香蕉。这时，一只新猴子进来了，它并不知道摘香蕉会挨打，但是这只猴子仍然没有吃到香蕉。因为在它刚想伸手摘香蕉的时候，其他猴子竟然去打它。

【思考】为什么新来的猴子和原有的猴子都吃不到香蕉？你愿意成为哪一种猴子？你能不能吃到香蕉？

巩固练习

一、选择题

1. 知识经济、全球化给现代组织管理提供了新的机遇，也带来了新的挑战。企业在不断对组织结构进行动态调整。下列不属于组织结构演进趋势的是（　　）。
   A．扁平化　　　　B．柔性化　　　　C．边界化　　　　D．虚拟化

2. 随着环境不确定性的增加，组织需要增加柔性以应对环境变化。增强组织结构的柔性通常有两种方式：一是发挥非正式组织的作用；二是（　　）。
   A．加强纵向沟通　　　　　　　　B．增强管理幅度
   C．增强成员的自我管理能力　　　D．加强横向沟通

3. 一家产品单一的跨国公司在世界许多地区拥有客户和分支机构，该公司的组织结构应考虑按（　　）因素来划分部门？
   A．职能　　　　B．产品　　　　C．地区　　　　D．矩阵结构

4. 矩阵制组织的主要缺点是（　　）。
   A．分权不充分　　　　　　B．组织稳定性差
   C．对项目经理要求高　　　D．协调难度大

5. 影响管理幅度的主要因素是（　　）。
   A．组织层级　　　　　　　B．主管和下属的工作能力
   C．工作条件　　　　　　　D．组织所处环境的稳定程度

6. 随着信息化、技术水平和学习型组织的发展，组织结构设计的演化趋势越来越向（　　）形式发展。
   A．锥形结构　　　B．塔形结构　　　C．柱形结构　　　D．扁平结构

7. 组织结构设计时，必须首先服从于企业的（　　）。
   A．经营战略　　　B．人才队伍　　　C．资金水平　　　D．技术水平

8. 组织选聘与配备适合组织需要的员工和管理人员，主要采用（　　）两个基本途径。
   A．外部选拔聘任　　B．广告招聘　　C．校园招聘　　D．内部提升调整

9. 事业部制组织结构有利于（　　）。
   A．建立衡量管理人员成绩与效率的标准
   B．发挥各自的积极性

C. 培养全面的管理人才

D. 以上三点

10. "尺有所短，寸有所长"说明在进行人员配备时（　　）。

A. 不能对员工的工作要求过于苛刻，宽松的环境更能使员工有超常的发挥

B. 应该允许员工犯错误，特别是高层职员

C. 对具体工作职位来说，应安排最擅长该工作的人

D. 学历高的人适合所有岗位

二、问答题

1. 影响组织结构设计的因素有哪些？
2. 常见的组织结构有哪几种形式？
3. 什么样的管理幅度是最合适的？
4. 促进员工全面发展的途径有哪些？
5. 绩效考核的方法有哪些？绩效考核常用的三种方法是怎样运用的？

拓展训练

拓展1：自我评估练习

你适合内容丰富化的职务吗？

A栏	1	2	3	4	5	6	7	B栏
1. 不具有或只有很少挑战性的职务	1	2	3	4	5	6	7	使你与你的工作伙伴们完全隔离的职务
2. 酬劳高的职务	1	2	3	4	5	6	7	有相当大的创造力和较多创新机会的职务
3. 经常要求你做出决策的职务	1	2	3	4	5	6	7	有很多合得来的人一起共事的职务
4. 在一个不稳定的组织中很少提供工作保障的职务	1	2	3	4	5	6	7	很少有机会参与与你工作有关决策的职务
5. 工作表现优秀的人获得更大职权的职务	1	2	3	4	5	6	7	忠于组织的资深员工获得更大职权的职务
6. 有一个常爱挑剔的主管的职务	1	2	3	4	5	6	7	不要求你发挥多少才能的职务
7. 高度常规化的职务	1	2	3	4	5	6	7	你的同事们并不很友善的职务
8. 有一个尊重你、善待你的主管的职务	1	2	3	4	5	6	7	不断提供机会让你学习新的、有兴趣的东西的职务
9. 给你充分机会发展自己个性的职务	1	2	3	4	5	6	7	提供许多假期和小额优惠的职务
10. 你很有可能被暂时解雇的职务	1	2	3	4	5	6	7	很少有从事挑战性工作的机会的职务
11. 很少有自主权和独立性去按你所想的方式做事的职务	1	2	3	4	5	6	7	工作条件极差的职务
12. 提供非常令人满意的团队活动的职务	1	2	3	4	5	6	7	能充分发挥你的技术和能力的职务
总分：	最喜欢A		中等		最喜欢B		总分：	

说明：人们喜欢或不喜欢什么样的职务是不一样的。上表中列示了 12 对职务，请在每一对职务中标明你喜欢哪一类。这里假定该项职务有关其他方面都相同——以使你专心致志地考虑所列的每对职务的具体特征。如果你喜欢左栏（A 栏）的职务，请在中间左边的空格处表明你喜欢的程度；反之，要是你喜欢右栏（B 栏）的职务，请在中间右边的空白处做一选择。然后，把 A 栏的统计总分填在 A 栏"总分"，把 B 栏的统计总分填在 B 栏"总分"。

如果你都是选择 A 栏，说明你非常喜欢内容丰富的职务，A 栏总分越高，说明你越喜欢多样化的内容；如果你都是选择 B 栏，说明你非常不喜欢内容丰富的工作岗位，你喜欢单一专注的职务，B 栏分数越高，说明你越喜欢单一的工作内容。

如果你的选择既有 A 栏又有 B 栏，说明你既能接受工作多样化的职务，也能接受工作单一的职务，A、B 栏"总分"的高低反映了你对工作内容丰富度的喜好程度。

拓展 2：课后实践

2.1 中小企业组织结构调查

|实训目的|

1. 增强对企业组织结构的感性认识。
2. 培养对企业组织结构进行初步分析的能力。
3. 搜集企业制度规范的有关资料，为制定制度的实训提供条件。

|实训内容|

1. 到一家中小企业，对该企业的组织结构情况及其制度规范进行调查，并运用所学知识进行分析诊断。
2. 调查或搜集的信息主要有：
（1）企业的组织结构图。
（2）各主要职位、部门的职责权限及职权关系。
（3）企业主要的制度规范。
（4）由于组织结构、职权关系及制度等问题引起的矛盾。

|方法与要求|

1. 本次调研以课程模拟公司为单位组织实施，如时间安排有困难，也可利用网络搜集企业相关信息。
2. 以模拟公司为单位，组织探讨与分析诊断，也可在班级中进行大组交流与研讨。

|实训考核|

1. 以模拟公司为单位，上交一份大组调研报告交流。
2. 每位同学上交一份小组交流与研讨的心得体会。
3. 由教师和学生对各公司的表现进行评估打分，并记入公司积分。

2.2 案例分析

新厂长就任

某年年底，46岁的高级工程师王业震出任新港船厂厂长。该船厂的新领导班子由正副书记、正副厂长共七人组成，平均年龄43岁，文化程度在中等专科以上（其中五人为大学本科）。

新港船厂是中国船舶工业总公司下属的一家大型企业，当时有职工6 500人，固定资产1.2亿元。该厂有造船平台、修船坞各2座，可建造3万吨以下的各种货船、客船、油轮，兼营修船业务。在技术上和管理上，该厂借鉴日本三井造船、大阪造船等企业的经验，锐意改革。

该厂实行党政职能分开，由厂长全面主持企业生产经营活动。企业内部管理体制设两大系统，即直线指挥系统和职能系统。在直线指挥系统内，职权按厂部、车间、工段、班组层层分授，逐级下达指令，实行分级管理。在职能系统内，职能管理人员充当直线指挥人员的参谋，各职能部门或单位对下级机构进行业务指导，然而无权直接指挥。相应的权责关系则以制度形式予以确认。该厂汇编成册的《部门及岗位责任制》共计2 000多条，近百万字，管理工作趋于程序化、规范化、制度化。日常工作中，下级通常只接受其直接上级的指令；上级不可越级指挥，但可越级调查；下级也不越级请示，但可越级投诉。该厂的组织结构明确规定了每个人只有一个直接上级，而每个上级直接管辖的下属为3～9人。归厂长王业震本人直接领导的只有9人，包括4名副厂长、2名顾问以及计划经营科科长、质量管理科科长、厂办公室主任各1人。此外，专设3个"厂长信箱"，以便随时了解职工的意见和建议。一次，某车间工人来信反映某代理长不称职，王业震于第二天收阅后批转有关部门查处，经调查属实随即进行人事调整，前后完成仅用五天时间。

经王业震提议，新港船厂规定科长、车间主任以上干部每天要深入现场，但在现场时间不超过2小时。王业震本人每天大约用1.5小时到现场察看，除了紧急的安全和质量问题，不发表任何意见。他不赞成管理人员"顶班上岗"，认为"工人身上有多少油，自己身上也有多少油"的干部未必是称职的管理者。有两位车间主任，每天提前进厂生炉子且整天在现场干活，下班后工人们都走了，他们才逐一熄灯、关门，活没少干，但他们职务范围内的管理工作却未搞好。王业震提议将这两人免职。有人说："这样的好同志，为什么还要免职？"王业震答道："这样的同志可以当组长、工长，甚至可以评劳动模范，却不是称职的车间主任。"

"一个厂长不时时想到为工人服务，就没有资格当厂长。"王业震的话掷地有声。一次，两艘货轮在渤海湾相撞，由该厂承担抢修任务。在夜以继日的抢修中，王厂长让后勤部门把馒头、香肠、鸡蛋送到现场。任务提前完成后，盈利80万元。王业震和厂领导班子决定破例给每个参加抢修的职工发放加班费和误餐补助费860元。他在给总公司的报告中写道："……宁可挨批评或丢乌纱帽，但对国家对人民有利，就得坚持下去。"

忙于参加各种会议，是企业管理人员深感头疼的事，新领导班子就此也做了改革。全厂必须召开的15个例会及其时间、地点、出席人员都通过制度固定下来；全厂性工作会议统一由厂办公室安排；一般会议不超过2小时，每人发言不超过15分钟。王业震本人每周仅召开两次会议：一次厂长办公会，一次总调度会。另外，他还要参加两周一次的党委常委例会。

尽管王业震领导着有6 000多名职工的企业，工作千头万绪，但他基本上每天按时上下班，很少加班。每逢出差，他就委托一名副厂长代行职权，他本人不做"遥控"。他认为，企业不能过于强调个人的作用，不应当只靠个人威信、关系和经验来管理，而要重视发挥领导班子的整体功能,要更新管理观念和方法,促成管理现代化。用他的话来说:"事必躬亲是小生产的领导方式,在现代化大生产中要力求避免。""我用30%的精力来处理眼前的事,用70%的精力来处理长远的事。"

厂里曾经委派一位中层管理人员去日本监造主机,行前又明确授权他一并购买主要控制台需要的配件。这位中层管理人员到日本后,却接连就价格、手续、归期等事项打国际长途电话向厂长请示。王业震的答复是:"'将在外,君命有所不受。'你是厂里的全权代表,可以做主,不要遇事请示,那里的事你自己定夺。今后再打电话来,电话费由你自己付!"

仅仅一年光景,新领导班子和王业震初试锋芒即见成效。第二年,新港船厂造船4艘、修船137艘,工业总产值、利润、全员劳动生产率分别比上年增长25.6%、116%、20%。同年,该厂成为全国船舶行业首家企业整顿验收合格单位,并被评为该年度全国10家企业管理先进单位之一。

在成绩和荣誉面前,王业震想到的是上级主管部门的支持,前任书记、厂长们打下的工作基础,新领导班子的团结奋斗,尤其是全厂职工的信任、支持和辛勤努力。他在思索,管理现代化离不开人的现代化。他感慨地说:"现在全厂中层干部116人中,大专文化程度的占38%,中专文化程度的占19%;一般干部中,大专程度的占42%,中专程度的占21%。这些人大都能干、能说、能写,要不是这样,统计、分析那么多的数据资料,制订那么多的计划、规章,光靠几个厂级领导,就是有三头六臂也难以完成。要是全厂干部都能达到中专以上的文化水平,企业的科学管理将会达到更高的水平,我这个厂长就可以更轻松了。"

【思考】

1. 王业震出任新港船厂厂长后,该厂的组织结构为(   )。
   A. 事业部制   B. 职能制   C. 直线-职能制   D. 矩阵制

2. 该厂的两名车间主任每天提前进厂生炉子且整天在现场干活,下班后工人全走了,他们才逐一熄灯、关门,结果却被王厂长免职。主要原因是(   )。
   A. 两名车间主任并非经常"顶班上岗"
   B. 以前和王厂长顶撞过
   C. 他们忽视了自己的主要职责是管理工作
   D. 没有与一线员工进行有效的沟通

3. 通过分析本案例,你认为该厂的管理层次和管理幅度分别为(   )。
   A. 5层,3~9人   B. 4层,6~8人
   C. 3层,5~9人   D. 6层,4~8人

4. 王厂长工作上不搞"遥控",反对事必躬亲,意味着王厂长(   )。
   A. 工作不负责任,随便授权
   B. 具有现代管理观念,善于在工作中适时授权,集中主要精力制定战略决策
   C. 在其位不谋其政
   D. 表面上分权,实际上是集权

5. 王厂长破例给参与抢修工作的员工发放加班费和误餐补助费,这一做法一方面说明王厂长在正确运用组织赋予的权力时坚持了什么原则?另一方面体现了双因素理论的(   )因素?
   A. 慎重用权,保健因素   B. 例外处理,激励因素
   C. 公正用权,保健因素   D. 以上三点

单元五 领导职能

知识目标

- 理解领导的内涵与领导者影响力的建立
- 掌握不同领导理论的适用范围并加以分析
- 理解沟通的重要性、种类以及沟通障碍
- 掌握有效沟通的基本原则与方法技巧
- 理解激励的概念、作用与激励过程
- 掌握激励理论的适用因素和运用原理

技能目标

- 能将一定的领导理论运用于实际的管理活动中
- 能运用有效沟通的相关原理及技巧解决实践中的沟通问题
- 能在管理实践中灵活运用激励理论和方法

素质目标

- 培养新时代社会主义核心价值观的领导素质和能力
- 培养新时代社会主义核心价值观的沟通素质与人际交往能力
- 培养新时代社会主义核心价值观的激励他人与自我的能力

知识导图

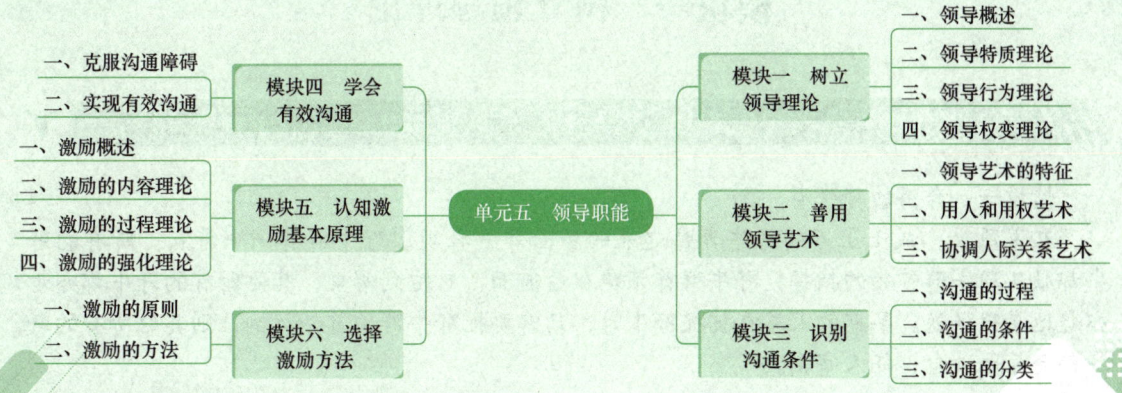

案例启发　丙吉问牛

西汉宣帝时期，丞相丙吉十分关心百姓的疾苦，经常外出考察民情。暮春的一天，丙吉外出，遇到行人斗殴，路边躺着死伤的人。然而，丙吉不闻不问，驱车而过。下属感到很奇怪，暗自纳闷。

过了一会儿，当看到老农赶的牛步履蹒跚、气喘吁吁时，丙吉却马上让车夫停车询问缘由。

下属不解，问丙吉何以如此重畜轻人。

丙吉回答说："行人斗殴，由京兆尹等地方官处理即可，我只要适时考察其政绩，有功则赏、有罪则罚，这样就可以了。丞相是国家的高级官员，所关心的应当是国家大事。而问牛的事则不同。如今是春天，天气不应该太热，如果那头牛是因为天太热而喘息，那么现在的节气就不太正常了，农事势必受到影响。所以，我过问了牛的事。"

【思考】丙吉的领导方式体现了领导者怎样的行为特点？

【案例启发】汉朝还属于农业社会，如果农事不好，势必影响百姓的生活。丙吉问牛而不问人，说明他抓住了问题的要害。

如果我们把"行人斗殴"看成例行事项，把"牛喘"看作例外事项，那么体现了例外事项管理原则，即高层管理者应将例行事项授权给下属去处理，自己只保留对例外事项的决定和监督权。如果不管是例行事项还是例外事项都事必躬亲，再有能耐的管理者也不会成功。

一个聪明的领导者，应该正确地利用下属的力量，发挥团队协作精神。

领导是管理的一项重要职能。领导活动是领导者运用权力或权威对组织成员进行引导或施加影响，以使组织成员自觉地与领导者一起实现组织目标的过程。领导者对组织的作用非常重要，一般来说领导者具有指挥、协调、沟通、激励、组织与控制等多种职能。

本单元包括树立领导理论、善用领导艺术、识别沟通条件、实现有效沟通、认识激励基本原理和选择激励方法六个模块，以帮助学习者熟悉各种领导理念、学会有效沟通与激励，提升领导的管理能力。

模块一　树立领导理论

模块情境

情境一：奔腾的野牛群

在草原上，成千上万的野牛奔腾起来的场面非常壮观。野牛群有一个特点：所有的野牛都服从野牛群首领的指挥，野牛群首领跑在最前面，它跑到哪里，其他所有的野牛都亦步亦趋地紧紧跟随。早期的人类在捕捉野牛时，只需要把野牛群的首领放倒，则其他所有的野牛都会原地待命、任人宰割。

情境二：飞行的大雁群

大雁是一种团结精神很强的动物，它们的领导方式非常有特点。大雁在飞行的时候通常会排成"人"字形或者"V"字形，因为用这样的方式飞行，前面的大雁在扇动翅膀的时候，后面的大雁可以借力飞行，从而节省体力。显然，领头雁是最累的。但是大雁很聪明，它们在飞行过程中总是会不断地交换领航权。当领头雁飞累的时候，就会自动"退居二线"，由后面的大雁自动替补上去。

【思考】以上两种自然界的情境带给我们什么启示？

问│题│分│析

在任何竞争的市场环境中，单纯依靠技术、资金或政治优势都无法决定组织的成功。组织成功的关键是领导者如何通过有效的领导方式，最大限度地提升下属的绩效、团队的绩效，从而真正实现领导者与下属的共赢。

情境一中：如果组织中的领导者是野牛群首领的角色，下属就没有太大的自由发挥空间，就不会有更多的创新，组织生存发展对领导者的依赖性大大增强。

情境二中：大雁领飞的模式让领导者意识到组织的所有目标和任务并不是凭一己之力就能完成的，需要适时地交换领航权，学会授权给下属，建立一种分权的领导体制。

现代领导理论认为，对管理效率起决定作用的并不是领导者的职权大小、职位高低，而是领导者的领导方式、领导风格和领导作风。在管理发展史上，众多管理学家对领导问题做了广泛的研究，提出了很多管理方式与管理理论。大致可以分为三类：一是领导特质理论，集中研究有效领导者应具有的特质；二是领导行为理论，集中研究领导者的工作作风和领导行为对领导有效性的影响；三是领导权变理论，集中研究各种影响领导行为成效的因素。

知识精讲

一、领导概述

有关领导的定义，国内外的学者有不同的表述，因人们所处的地位、看问题的角度或组织环境的不同，对领导的认识也各不相同。

泰勒认为，领导是影响人们自动为实现团体目标而努力的一种行为。

布莱克和穆顿认为，有效的领导能够选择一种领导方式，使之既适用于生产管理又适用于人的管理。

彼得·德鲁克认为，领导就是创设一种情境，使人们心情舒畅地在其中工作。有效的领导应能完成管理的职能，即计划、组织、指挥、控制。

哈罗德·孔茨认为，领导是管理的一个重要方面。有效地进行领导的能力是作为一名有效管理者的必要条件之一。

在学术界引用较为广泛的是斯蒂芬·罗宾斯的定义："领导就是影响他人实现目标的能力和过程。"这实际上指出了领导的本质是一种影响力，包含三个要素：领导者、被领导者和环境。领导的三要素相辅相成、交互影响，只有协调好三者的关系，才能达到有效而深入的管理。

领导的含义可用一个数学函数表示为

领导 = f（领导者 × 被领导者 × 环境）

> 千军易得，一将难求。
>
> ——元《汉宫秋》

1. 领导的作用

在组织中，致力于实现领导过程的人就是领导者。领导者在组织中处于核心地位，是领导活动中最基本的领导要素，在带领和指导群体实现共同目标而努力的过程中起着关键作用。具体来说，领导的作用主要体现在指挥、激励、协调和沟通四个方面。

（1）指挥作用。领导的首要作用是指挥与引导。如同乐队指挥一样，领导者的主要作用是指挥整个组织朝着组织目标共同努力。正如群羊走路看头羊，火车跑得快还要车头带。领导者就是一名指挥官，不仅应帮助组织成员认清所处的环境和形式，指明组织活动的目标和达成目标的途径，还应该站在下属的前面，用自己的行动带领和激励下属为实现组织的目标而努力。

（2）激励作用。激励是领导工作的重要方面。组织是由具有不同需求和欲望的个人组成的，因而组织成员的个人目标与组织目标不可能完全一致。领导者的责任就是将组织目标与满足个人需要统一起来，创造一种组织环境，使员工加强对组织目标的认同感，从而提高员工的积极性。

作为组织的领导者，要根据每个员工的具体情况，采用适当的激励方式，使员工始终保持饱满的工作热情，最大限度地调动他们的工作积极性，努力实现组织目标。

（3）协调作用。组织是通过分工和协作来实现组织目标的。要想使组织运转高效、谐调一致，还有赖于组织人员的协调、配合。一般而言，在许多人协同工作的集体活动中，即使有了明确的目标，但因组织中每个成员的岗位背景、理解能力、工作态度、进取精神、工作作风及气质性格等不同，加上外部各种因素的干扰，人们在思想认识上发生各种分歧、行动上出现偏离目标的现象是不可避免的。因此，需要组织的领导者及时协调组织成员之间的关系和活动，使组织成员之间保持和谐的关系，以便更好地实现组织目标。

（4）沟通作用。领导者是组织的各级首脑和联络者，在信息传递方面发挥着重要的作用，是信息的传播者、监听者、发言人和谈判者，在管理的各层次中起到上情下达、下情上报的作用，能保证管理决策和管理活动的顺利进行。

2. 领导的影响力

领导的本质就是影响力。领导的影响力，是指领导者有效地影响和改变被领导者的心理和行为的能力。领导的过程就是通过人与人之间的相互作用关系和过程，使下属义无反顾地追随领导前进，并把自己的全部力量奉献给组织，使组织目标有效地实现。

依据领导影响力来源的不同，我们把影响力分为两种类型：一是职位权力；二是非职位权力，如图 5-1 所示。

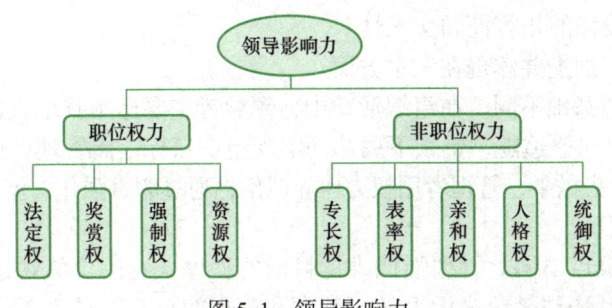

图 5-1 领导影响力

（1）职位权力。职位权力即权力主要受职位影响，也称为组织性影响力。它大致有以下四种。

1）法定权。法定权是指领导者由于占据某种职位，有了组织授权而拥有的影响力。被领导者基于正统观念认为理所当然地要接受领导者的领导。

思考与讨论

"人一走，茶就凉"这一现象在职场中体现得很明显。你是如何看待这一现象的？

2）奖赏权。奖赏权是指领导者由于能够决定对下属的奖赏而具有的影响力。其下属为了获得奖赏而服从与追随领导者。

3）强制权。强制权是指领导者由于能够决定对下属的惩罚而拥有的影响力。下属出于恐惧的心理而服从领导者。

4）资源权。资源权即资源控制权，是指由于领导者控制着组织或员工所需要的稀缺资源而拥有的影响力，包括人、财、物、时间、信息，以及培养、晋升、自我实现等机会。下属为实现工作或个人目标就会亲近、服从与追随领导者。

（2）非职位权力。非职位权力即权力主要受个人因素影响，也称为个人性影响力。它大致有以下五种。

1）专长权。专长权是指领导者由于自身具有业务专长而拥有的影响力。下属会出于对领导者专业知识与能力的信任与佩服而服从领导者。

2）表率权。表率权是指领导者率先垂范，由其表率作用而形成的影响力。领导者的思想境界、模范行为能赢得被领导者的敬仰，下属会出于敬佩而服从与追随。

3）亲和权。亲和权是指领导者借助与下属的融洽与亲密关系而形成的影响力。下属愿意服从与追随与自己有密切关系的领导者。

4）人格权。人格权，即领导者的人格魅力。这是指由于领导者具有超凡的人格魅力，令下属敬佩甚至崇拜，从而形成的影响力。它主要表现为鲜明个性、领导风格、个人形象等。

5）统御权。统御权是指领导者由于具有驾驭全局、统领下属、用权艺术等突出能力与策略而形成的影响力。如果领导者行政技能强，决策正确，处事有方，知人善任，令下属追随，就会拥有很高的威信与权威。

3. 领导与管理的关系

在现实生活中，很多人都会认为，领导就是管理，似乎管理者就是领导者，领导过程就是管理过程。其实，领导与管理是两个不同的概念，它们既相互联系，又相互区别。

领导是管理的一项职能，领导和管理无论在社会活动的实践方面，还是在社会科学的理论方面，都具有较强的相容性和交叉性。

领导与管理的区别主要体现在三个方面。

（1）两者的权力基础不同。在组织活动中，领导者主要运用其个人影响力，通过个人魅力影响下属，使下属自愿追随，带领下属共同实现组织目标。而管理者似乎更倾向于运用组织上赋予的职位权力去做事，管理者用权力树立威信，通过职责强化、流程管控、资源配置，使下属按其指示去做事。

（2）两者的着眼点不同。管理强调维持目前的秩序，它的价值观建立在一个假设前提下——现存的制度、法规是至高无上的。制度和法规的存在就是为了规范人们的行为，使其按照管理者的愿望运行，达成组织目标。管理者着眼于如何维持目前良好状态并使之稳定保持。总体来说，其工作具有具体性、重复性、现实性。而领导不同于管理，它更强调未来的发展。领导者着眼于组织的发展方向，为组织制定长期规划。领导者要解决的是本组织发展中的根本性问题，同时还要对组织的未来进行一定程度的预见。总体来说，其工作具有概括性、创新性、前瞻性。

（3）两者的结果不同。管理在一定程度上是为了实现预期计划，维持企业秩序，并能持续地为各种利益相关者提供他们所期望的结果。而领导的结果是引起企业变革，通常是剧烈的变革，并形成有效的改革能动性，为组织的活动指明方向，创造态势，开拓局面。

> **思考与讨论**
>
> 管理上有两句名言："永远正确地做事"和"永远做正确的事"。你认为这两句名言哪句适合管理者？哪句适合领导者？为什么？

领导者与管理者的区别如表 5-1 所示。

表 5-1　领导者与管理者的区别

职　能	领　导　者	管　理　者
对象	以人为本	以事为主
决策	宏观、重大、非规范性的决策	微观、普通、规范性的决策
计划	审定	制订、落实
组织	机构设置与调整，负责人聘用	各种资源的具体配置
指挥	总的任务布置、工作指导	分配具体任务、下达指令
协调	以人事和人际关系的协调为主	以事务的协调为主
激励	以对经理人员的激励为主	以对普通员工的激励为主
控制	以事前控制、事后控制为主	以事中（过程）控制为主

4. 人性假设理论

在领导过程中，不同的领导者倾向于不同的领导风格往往是由其对人性的不同认识决定的。关于人性问题的研究将直接关系到领导方式和领导理论的探讨。

所谓人性假设，是指管理者在管理过程中对人的本质属性的基本看法。而领导方式则是领导者实施领导行为所采取的各具特色的基本方式与风格。对人性有不同的看法，决定了领导者采取的领导方式不同。

代表性的人性假设理论有麦格雷戈的 X、Y 理论和沙因的四种人性假设。

（1）麦格雷戈的 X、Y 理论。美国管理学家麦格雷戈的 X、Y 理论是最具有代表性的人性假设理论之一，其观点如表 5-2 所示。

表 5-2　X、Y 理论

类　型	观　点
X 理论	1. 一般人天生好逸恶劳，只要有可能就会逃避工作 2. 人生来就以自我为中心，漠视组织的要求 3. 一般人缺乏进取心，逃避责任，甘愿听从指挥，安于现状，没有创造性 4. 人们通常容易受骗，易受人煽动 5. 人们天生反对改革
Y 理论	1. 一般人天生并不是好逸恶劳，他们热爱工作，从工作中获得满足感和成就感 2. 外来的控制和处罚不是促使人们为组织实现目标的有效方法，下属能够自我确定目标、自我指挥和自我控制 3. 在适当的条件下，人们愿意主动承担责任 4. 大多数人具有一定的想象力和创造力 5. 在现代社会中，人们的智慧和潜能只有部分得到了发挥

X 理论和 Y 理论的人性假设是对立的，从领导行为来看，领导者往往会不自觉地采用某种人性假设，并直接影响自己的领导模式和领导方法。

基于 X 理论对人的认识，持有这种观点的领导者认为，在领导工作中必须对组织成员采用强制、惩罚、解雇等手段来迫使他们工作，对组织成员应当严格监督和控制，在领导模式上应采取集权的领导方式。

基于 Y 理论对人的认识，持有这种观点的领导者认为，在领导行为上必须遵循以人为中心、宽容、放权的领导原则，使组织成员的目标和组织目标很好地结合起来，为组织成员的智慧和能力的发挥创造有利的条件，在领导模式上应采取民主型和放任型的领导方式。

（2）沙因的四种人性假设。美国心理学家和行为科学家沙因，在前人研究的基础上进行了归纳总结，提出了有关人性的四种假设，如表 5-3 所示。

表 5-3　沙因的四种人性假设理论

类　型	观　点
理性经济人假设	1. 人是由经济诱因引发工作动机的，目的在于获取最大的经济利益 2. 人们在组织的操纵、激励和控制之下被动地从事工作 3. 人以一种精打细算的方式行事 4. 人的情感是非理性的，会影响人对经济利益的合理追求，组织必须设法控制个人的情感
社会人假设	1. 人的主要动机是社会需要，人们通过与同事的工作关系获得认同感 2. 分工原则和工作合理化使工作变得单调无意义，因此必须从工作的社会关系中寻求工作的意义 3. 非正式组织的社会影响力比正式组织的经济诱因对人更有影响力 4. 人们期望获得领导者对其工作成绩的认可并满足其社会需要
自我实现人假设	1. 人的需要有低级和高级的区别，人的最终目的是满足自我实现的需要 2. 人们能够自我激励和自我控制，外来的激励和控制产生威胁，带来不利 3. 人们追求工作上有所成就，实现独立，以便适应环境 4. 个人的自我实现与组织目标的实现并不冲突，是一致的
复杂人假设	1. 每个人都有不同的需求和不同的能力，人的工作动机是复杂的，同一个人的工作动机也因时因地而异，各种动机之间的交互作用形成复杂的动机模式 2. 一个人在组织中可以获得新的需求和动机，因此每个人在组织中表现的动机模式是其原来的动机与组织经验交互作用的结果 3. 一个人是否感到满足，肯为组织尽力，取决于工作性质、其本人的工作能力和技术水平、动机的强弱及同事间的关系好坏 4. 人们因自己的动机、能力及工作性质等方面的情况，对不同的管理方式会有不同的反应

在领导行为中，不同的人性认识往往导致不同的领导风格选择，进而对组织目标的实现产生重要的影响。

> 众人重利，廉士重名。
> ——《庄子·刻意》

自 20 世纪 40 年代以来，西方组织行为学家、心理学家从不同角度，对领导问题做了大量研究，主要以领导有效性的影响因素以及提高领导有效性的方法与路径为研究重点，解决有效领导的问题。这些领导理论的研究成果可分为三个方面：领导特质理论、领导行为理论和领导权变理论。

二、领导特质理论

领导特质理论是一种较早对领导现象进行体系化研究的理论。该理论着重从领导者的性格、生理、智力及社会因素等方面来研究领导者特有的品质，也就是研究什么性格的人才能成为良好的、有效的领导者的理论。

美国著名心理学家高尔顿·威拉德·奥尔波特（Gordon Willard Allport）于 1937 年在其著作《人格：心理学的解释》一书中首次提出了人格特质理论。他把人格特质分为共性特质和个性特质两类。共性特质是指在某一社会文化形态下大多数人或群体所具有的共同特质；个性特质是指个体身上所独具的特质。

领导者的个性特质如表 5-4 所示。

表 5-4 领导者的个性特质

特质	内容
身体特质	年龄、身高、外貌等
背景特质	教育情况、个人经历、社会地位、社会关系等
智力特质	智商、情商、判断与分析能力等
个性特质	热情、自信、独立、外向、果断、机警等
与工作有关的特质	责任感、创造性、事业心、进取心等
社会特质	指挥能力、团队合作能力、人际交往能力、声望等

领导者的个性特质是决定领导效果的关键因素。哪些特质是出色的领导者所具备的呢？根据个性特质的不同来源，领导特质理论可分为传统的领导特质理论和现代的领导特质理论。

1. 传统的领导特质理论

传统的领导特质理论又称伟人理论，它认为领导者的特质来源于生理遗传，是先天具有的，且领导者只有具备这些特质才能成为有效的领导者，不具备这些特质的人就不能当领导。它强调领导者自身一定数量的独特的并且能与他人区别开来的品质与特质对领导有效性的影响。

有些特质理论的研究者认为，成功的领导者应具备十二种品质，包括成就需要强烈、干劲足、与上级关系较好、有较强的预测能力、决断力强、自信心强、富有进取心、不断接受新的任务、讲求实际、忠于职守等。还有些特质理论的研究者认为，成功的领导者应具备七种品质，包括智力过人、英俊潇洒、能言善辩、心理健康、外向而敏感、有较强的自信心、有支配他人的倾向。然而，很多卓越领导者与普通领导者在特质方面差别不大，而有些拥有领导特质的人却没有成为合格的领导者，这些使得传统的领导特质理论受到了各方面的质疑。

2. 现代的领导特质理论

现代的领导特质理论认为，领导者的特性和品质并非全是与生俱来的，而是可以在领导实践中形成的，也可以通过训练和培养的方式造就。

现代的领导特质理论研究一般从两个方面入手：一是采用心理测量法对领导者的气质、性格、行为习惯进行测试，并通过心理咨询进行矫正，这种研究关注领导者特质与遗传因素的关系；二是根据现代企业的要求提出评价领导者特质的标准，并通过专门的方法训练、培养有关的特质，这种研究关注后天的环境因素对领导者特质的作用，比较重视领导者特质的培养。

美国著名心理学家吉赛利（E.Ghiselli）在这方面的研究有突出成果。他认为，领导者的特质与领导效率有关，凡是自信心强大的领导者，成功的概率较大。他提出领导者具有的个人特质，并用分值进行了重要性分类，如表 5-5 所示。

表 5-5 吉赛利的领导特质理论

个 人 特 质	分　值	重　要　性
监督能力	100	非常重要
职业成就	76	
智力	64	
自立	63	
自信	62	
决断力	61	
冒险	54	中等重要
人际关系	47	
创造性	34	
不慕财富	20	
对权力的追求	10	
成熟	5	
男性化或女性化	0	最不重要

领导特质理论强调了领导者的个人特质对领导工作与领导效能的重要意义。研究表明，优秀的领导者必须具备比常人更强的能力和更好的品格，这些可以作为选拔领导者的条件。但是，单纯地从领导者的特质来解释领导行为是否有效还是片面的，理由也不够充分。具备恰当的特质可以使人们具备领导者的潜力，要想成为一名成功的领导者，还必须选择正确的领导行为。

三、领导行为理论

从 20 世纪 40 年代开始,许多研究者寄希望于通过研究领导者所表现的行为,来解释领导的有效性问题,因而被称为领导行为理论。领导行为理论主要研究领导者应该做什么和怎样做才能使工作更有效,并认为有效的领导行为与无效的领导行为有很大的区别,有效的领导行为在任何环境下都是很有效的。

在这些研究成果中,比较有代表性的研究有勒温的三种基本领导风格、密歇根大学的双中心理论、俄亥俄州立大学的二维构面理论以及布莱克和莫顿的管理方格理论。

1. 勒温的三种基本领导风格

美国著名心理学家勒温及相关研究者力图科学地识别出最有效的领导行为,他们着眼于三种领导风格,即专制型、民主型和放任型。

(1)专制型。专制型的领导方式即所有政策均由领导者决定,所有工作涉及的流程和技术也由领导者确定,工作分配及组合多由领导者单独决定,领导者与下属接触较少。

(2)民主型。民主型的领导方式即主要政策由组织成员集体讨论决定,领导者采取鼓励、协助的态度,通过讨论,其他人员对工作全貌有所认识,并在工作涉及的范围内,对工作流程和所采用的技术都有相对的选择权。

(3)放任型。放任型的领导方式即组织成员或群体有完全的决策权且对决策的结果负全部责任,而领导者只负责给组织成员提供工作所需的资料和咨询服务,尽量不参与也不妄加干涉,只偶尔提出意见。

勒温认为,这三种不同的领导风格会造成不同的团队氛围和工作效率。在实际的组织管理中,很少有极端型的领导者,大多数领导者是介于放任型、专制型和民主型之间的混合型。

> **思考与讨论**
>
> 三种不同的领导风格会带来怎样的团队氛围?有什么样的工作效率?你喜欢哪种领导风格?

2. 密歇根大学的双中心理论

以伦西斯·利克特(Rensis Likert)为首的密歇根大学社会研究所的有关研究人员把领导者分为两种基本类型,即以工作为中心(工作导向)的领导者与以员工为中心(员工导向)的领导者。以工作为中心的领导者的特点是任务分配结构化、严密监督、工作激励、依照详尽的规定行事;以员工为中心的领导者的特点是重视人的行为反应及问题、利用群体实现目标、给组织成员较大的自由选择权。

研究者进一步发现,员工导向的组织生产数量要比工作导向的组织高。员工导向的组织中满意度高,离职率和缺勤率都很低;在工作导向的生产单位中,产量虽然不低,但员工满意度低,离职率和缺勤率都比较高。据此得出结论:关心人比关心工作要好一些,员工导向的领导者与高的群体生产率和高满意度呈正相关。利克特等研究者总结环境变化趋势和管理的特点后,提出了四种管理方式理论,如表 5-6 所示。

表 5-6　四种管理方式理论

方　式	特　点
专制型	用强制命令和合法权力的支持来要求下属工作，将权力定位于领导者个人、靠权力和强制命令实施领导
混合命令型	虽然也是运用合法权力，但更多地采用温和的态度、商量的语气
协商型	和下属一起协商，讨论目标是否可行，方案是否合理，然后了解问题与建议
集体参与型	和下属一起制定目标及完成目标任务的途径，而不是领导者个人来制定目标

3. 俄亥俄州立大学的二维构面理论

美国俄亥俄州立大学的研究者对领导问题进行了广泛的研究，提出二维构面理论。他们发现，领导行为可以用"关怀""定规"两个维度构面加以描述。

所谓"关怀"，是指领导者对其下属所给予的尊重、信任以及互相了解的程度，从高度关怀到低度关怀，中间可以有无数不同程度的关怀。所谓"定规"，是指领导者对下属的地位、角色与工作方式是否都有规定的规章或程序，这里也有从高度定规到低度定规的不同程度。因此，领导行为可分为四种，即高关心—低工作、高关心—高工作、低关心—低工作、低关心—高工作，如图 5-2 所示。

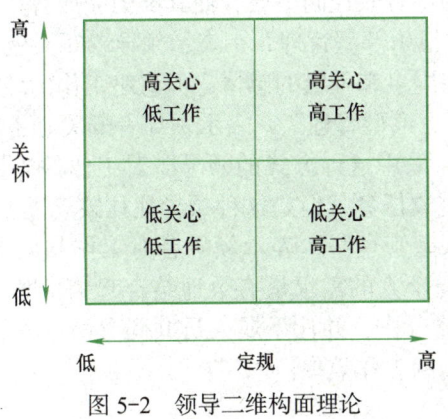

图 5-2　领导二维构面理论

4. 管理方格理论

美国得克萨斯大学的行为科学家罗伯特·布莱克和简·莫顿在 1964 年出版的《管理方格》中提出了管理方格理论。这个理论设计了一个巧妙的管理方格图，它醒目地展示了主管人员对生产的关心程度和对人的关心程度。对生产的关心表现为主管对各种事物所持的态度，如政策决定的质量、流程与过程、研究的创造性、职能人员的服务质量、工作效率及产品产量等；对人的关心含义也很广泛，如个人对实现目标所承担的责任、保持对职工的尊重、建立在信任而非顺从基础上的职责、保持良好的工作环境等。管理方格理论如图 5-3 所示，横坐标与纵坐标分别表示对生产和对人的关心程度，每个方格则表示"关心生产"和"关心人"这两个基本因素以不同程度相结合的一种领导方式。其中有五种典型的组合，分别表示五种典型的领导方式。

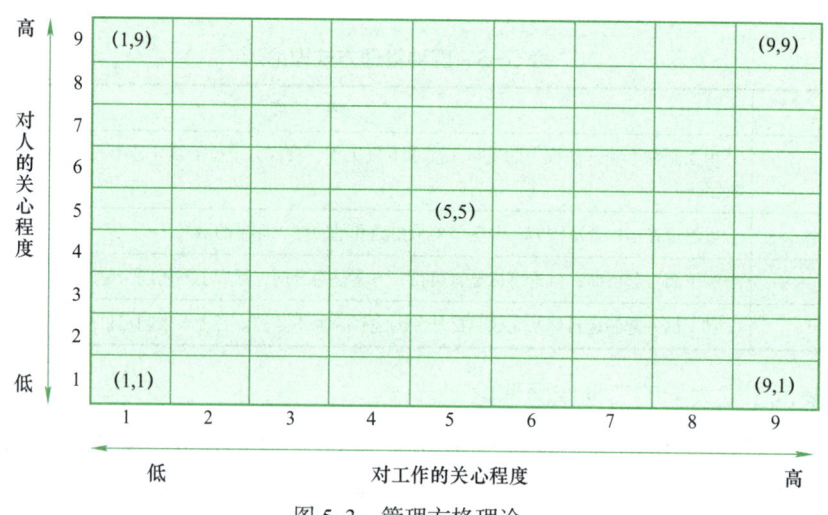

图 5-3　管理方格理论

1）（1,1）型为"贫乏型管理",表示领导者对工作和人都漠不关心。采用这种方式的领导者只做一些维持自己职务的最低限度的工作,也就是只要不出错,多一事不如少一事。

2）（9,1）型为"重任务型管理",表示领导者对工作极为关心,但忽略对人的关心,也就是不管人员的需求是否得到满足,并尽可能使其不致影响工作的进行。采用这种方式的领导者拥有很大的权力,强调有效控制下属,使其努力完成各项工作。

3）（1,9）型为"乡村俱乐部型管理",表示领导者对人极为关心,也就是关心人员的需求是否得到满足,重视与同事和下级的感情,但忽略工作的效果。

4）（5,5）型为"中庸之道型管理",表示领导者既关心工作,也关心人,二者兼顾,程度适中,强调适可而止。采用这种方式的领导既对工作的质量和数量有一定要求,又强调通过引导和激励使下属完成任务,但是这种领导往往缺乏进取心,乐于维持现状。

5）（9,9）型为"团队型管理",表示领导者对工作和人都极为关心。采用这种方式的领导者能使组织的目标与个人的需求最有效地结合起来,既高度重视组织的各项工作,又能通过沟通和激励使群体合作,并让下属人员共同参与管理,使工作成为组织成员自觉自愿的行动,从而获得更高的工作效率。

四、领导权变理论

领导的作用在于领导人们的行为,而人们的行为又受其动机、态度等因素及客观环境的影响。因此,讨论领导效能不能脱离人们的动机、态度以及所处的环境,必须结合环境因素、组织人员的动机和态度同时进行考虑,不能认为某一种领导方式可以普遍应用于所有的情况和所有的人群。这就是研究领导问题的权变理论的基本观点。

20世纪60年代之后,研究者们开始探讨情境因素怎样影响领导者特征及行为与领导成效的关系。权变理论也称为情境理论,比较著名的权变理论有菲德勒的权变领导模型、路径—目标理论、领导生命周期理论等。

1. 菲德勒的权变领导模型

美国管理学家弗雷德·菲德勒（Fred Fiedler）从组织绩效和领导态度之间的关系着手进行了大量研究,提出了"有效领导的权变模型",即菲德勒模型。他认为任何领导形态均可能有效，其有效性完全取决于是否与所处的环境相适应。他把影响领导者领导风格的环境因素归纳为三个方面，即职位权力、任务结构和上下级关系。根据这三种因素，领导者所处的环境从最有利到最不利可以分为八种类型，如图5-4所示。

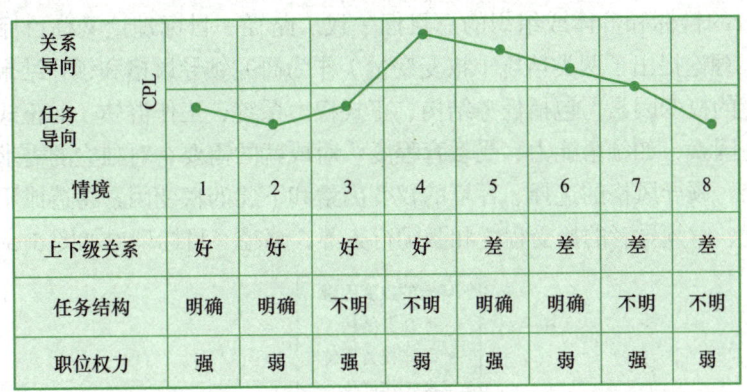

图5-4　菲德勒模型

（1）职位权力。职位权力是指与领导者职位相关联的正式职权，以及领导者从上级和整个组织各个方面所得到的支持程度。职权是否明确、充分，在上级和整个组织中所得到的支持是否有力，直接影响领导的有效性。一个领导者对其下属的雇用、工作分配、报酬、提升等的直接决定权越大，其对下属的影响力也就越大。

（2）任务结构。任务结构是指工作任务的明确程度和下属对所从事的工作或任务的明确程度。当下属所担任的任务性质清晰、明确且为例行化工作时，领导者对工作质量就比较容易控制；当下属所担任的任务性质模糊不清或其任务多有变化时，领导者就能更好地担负起他们的工作职责。

（3）上下级关系。上下级关系是指领导者与其组织成员的关系，即下属乐于追随的程度。从领导者的角度看，这个方面的影响是最重要的。因为这反映了下属对领导者的信任、爱戴、忠诚、愿意追随的程度，以及领导者对下属的关心、爱护、吸引力的程度。

菲德勒得出两点结论：

1）以工作为中心的领导者，在对领导者非常有利或非常不利的组织环境中能取得最佳成绩。

2）以人际关系为中心的领导者，在中等有利程度的组织环境中能取得最佳成绩。

思考与讨论

菲德勒模型中的八种情境，哪些属于任务型的领导方式，哪些属于关系型的领导方式？

菲德勒的权变领导模型强调领导者应为了有效需求采取适当的领导行为，而不是从领导者的素质出发强调应当具有什么样的行为，这为领导理论的研究开辟了新的方向。菲德勒的权变领导模型表明，不存在单一的最佳领导方式，但在一定的情境下某种领导方式可能会起到最好的效果。同时，也不能只根据领导者以前的领导工作成绩来预测其现在能否领导得好，应了解其以前的工作类型同现在的工作类型是否相同。

2. 路径—目标理论

路径—目标理论是由多伦多大学教授罗伯特·豪斯（Robert J.House）于20世纪70年代提出的。豪斯认为，领导者的工作是帮助下属达到他们的目标，并提供必要的指导和支持，以确保各自的目标和群体或组织的总目标一致。路径—目标理论又称目标导向理论。

路径—目标理论提出了两类情境（权变变量）作为研究领导风格和领导结果之间的关系变量：一类是环境的权变因素，包括任务结构、正式权力系统、工作群体、非正式组织等；另一类是下属的权变因素，如领悟能力、受教育程度、对成就的需要、对独立的需求、对命运的看法等。不难看出，领导风格的选择、环境的权变因素和下属的权变因素将造成不同的结果，如工作上的满意度、对领导者的接受程度和激励行为等，路径—目标理论如图5-5所示。

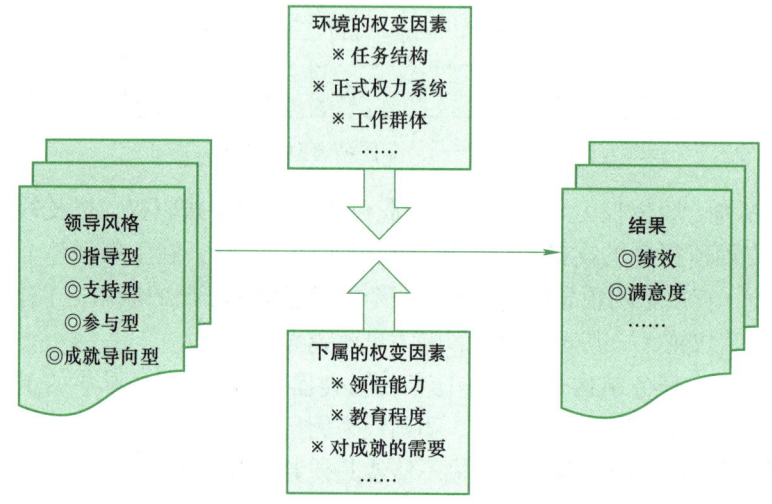

图 5-5　路径—目标理论

路径—目标理论区别于以往领导理论观点之处在于，它立足于下属，而不是立足于领导者。而下属的需要是随着情境变化而变化的，在某些情境中，下属可能要求领导者指导并设定目标，随着情境变迁，下属可能自己明确工作目标，仅仅希望得到领导者的支持。在豪斯看来，领导者根据下属的人格特性和环境因素选择合适的领导方式，根据不同的情境，领导者有四种风格的领导行为可供选择，如表5-7所示。

表 5-7　路径—目标理论的四种领导风格

权变因素	领导风格			
	指导型	支持型	参与型	成就导向型
下属因素	能力较低 权力主义导向	缺乏信心	较强独立性 强控制欲	能力较强
环境因素	任务不明确 组织规章和程序不清晰	机械重复性 没有挑战性的工作	任务不明确	模棱两可的任务

与菲德勒的观点不同，豪斯认为，同一领导者可以根据不同的情境表现出任何一种领导风格。当环境内容与领导行为彼此重复时，或领导行为与下属特点不一致时，效果均不佳。领导者一方面要用抓好组织、关心生产的办法来帮助下属扫清通往目标的道路；另一方面要体贴关心下属，满足下属的需要，使他们顺利实现自己的预定目标。

3. 领导生命周期理论

领导生命周期理论是由美国管理学家卡曼（A.Korman）于1966年首先提出，后经保罗·赫塞（Paul Hersey）和肯尼思·布兰查德（Kenneth Blanchard）加以发展形成的。赫塞和布兰查德认为，下属的成熟度对领导者的领导方式起着重要作用，所以对不同成熟度的员工采取的领导方式应有所不同。

这个理论的关键是根据下属的成熟度来安排领导风格，是在领导者的工作任务、关系行为的基础上引入了下属成熟度，并通过三者之间的曲线变化关系来研究领导方式的。由于下属成熟度不是一成不变的，当下属成熟度提高时，领导行为也需相应地变化，从以任务为主逐渐转变为以关系为主，领导行为也相应地从命令型向说服型、参与型、授权型逐步转变，如图5-6所示。

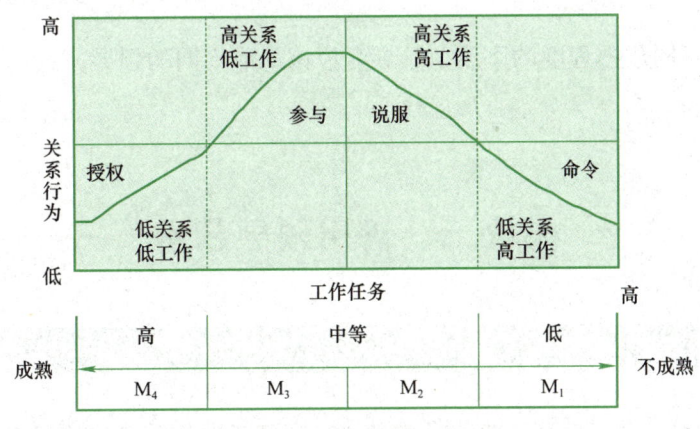

图 5-6　领导生命周期理论

（1）下属的成熟度。所谓成熟度，是指人们承担自己的行为后果的能力和意愿的大小，包括工作成熟度和心理成熟度。工作成熟度包括一个人的知识和技能。工作成熟度高的人拥有足够的知识、能力和经验，能独立完成自己的工作任务而不需要他人的指导。心理成熟度包括一个人做某事的意愿和动机。心理成熟度高的人不需要太多的外部激励，而主要靠内部动机激励。

根据以上两个维度，可以把下属的成熟度分为以下四种类型：

1）不成熟阶段（M_1）。处于此阶段的下属缺乏接受和承担任务的能力和愿望，既不能胜任工作，又缺乏自觉性。

2）初步成熟阶段（M_2）。处于此阶段的下属愿意承担任务但缺乏足够的能力，有积极性，但没有完成任务所需的技能。

3）比较成熟阶段（M_3）。处于此阶段的下属具有完成领导者交代的任务的能力，但没有足够的积极性。

4）成熟阶段（M_4）。处于此阶段的下属能够完成且愿意去做领导者要他们做的事情。

（2）领导的风格。领导生命周期理论在管理方格图的基础上，根据员工的成熟度不同，将领导方式分为命令型、说服型、参与型和授权型。

1）命令型。命令型表现为高工作低关系型领导方式。领导者对下属进行分工并具体指点下属应当干什么、如何干、何时干，它强调直接指挥。

诸葛"经守权变"

这种领导方式适用的情况是下属缺乏接受和承担任务的能力和意愿,既不能胜任,又缺乏自觉性。

2)说服型。说服型表现为高工作高关系型领导方式。领导者既给下属以直接的指导,又注意保护和鼓励下属的积极性。这种领导方式适用的情况是下属愿意承担任务,但缺乏足够的能力,有积极性但没有完成任务所需的技能。

3)参与型。参与型表现为低工作高关系型领导方式。领导者与下属共同参与决策,领导者注重给下属以支持及其内部的协调沟通。这种领导方式适用的情况是:下属具有完成任务的能力,但没有足够的积极性。

4)授权型。授权型表现为低工作低关系型领导方式。领导者几乎不加指点,由下属独立开展工作并完成任务。这种领导方式适用的情况是:下属能够而且愿意去做领导者要他们做的事。

总之,对于不同成熟程度的下属,领导者应该采取不同的领导方式,以获得最有效的领导效果。

模块二　善用领导艺术

模块情境

《战国策》中记载了"燕昭王求士"的故事。燕昭王收拾了残破的燕国以后登上王位,他礼贤下士,用丰厚的聘礼来招募贤才。但是,很多人才认为燕昭王只是做做样子而已,所以他一直寻觅不到治国安邦的人才。为此,他请教郭隗先生如何招揽人才。

郭隗先生说:"帝者与师处,王者与友处,霸者与臣处,亡国与役处。诎指而事之,北面而受学,则百己者至。先趋而后息,先问而后嘿,则什己者至。人趋己趋,则若己者至。冯几据杖,眄视指使,则厮役之人至。若恣睢奋击,呴籍叱咄,则徒隶之人至矣。此古服道致士之法也。王诚博选国中之贤者,而朝其门下,天下闻王朝其贤臣,天下之士必趋于燕矣。"

郭隗先生还讲了一个国君千金求千里马的故事。故事大意是有一国君愿意出千两黄金去购买千里马,可是三年也没有买到。宫中有个近侍对他说道:"请您让我去买吧。"国君就派他去了。三个月后他买到了千里马,可惜马已经死了,但是他仍然用五百金买了那匹马的脑袋,回来向国君复命。国君大怒道:"我要的是活马,你怎么用五百金买了一匹死马?"这个近侍回答说:"买死马尚且用五百金,更何况活马呢?天下人一定都以为大王您愿意买马,千里马很快就会有人送到了。"于是不到一年,多匹千里马就到手了。

郭隗先生又说:"如果现在大王真心想要招纳贤士,就请从任用我郭隗为开端;我尚且被重用,更何况那些比我更有才能的人呢?他们难道还会认为千里的路程太遥远吗?"

于是昭王为郭隗建造房屋,并拜他为师,后来没多久就出现了"士争凑燕"的局面,落后的燕国一下子便人才济济。从此,弱小的燕国逐渐发展成为一个富裕兴旺的强国。

【思考】落后的燕国为什么一下子就人才济济了?燕昭王运用了怎样的领导艺术?

问题分析

现代社会中管理之道，唯在用人。人才是第一生产力。杰出的领导者应善于识别和运用人才，只有做到唯贤是举、唯才是用，才能使组织在激烈的竞争中突围。领导艺术就是富有创造性的领导方法的体现。

从"燕昭王求士"的模块情境中，我们可以看到招揽人才的时候要讲究艺术方法，把领导艺术发挥到极致。其实，领导者在履行领导职能的过程中，要讲究科学性与艺术性，这样才能创造性地开展工作，实现组织目标。

知识精讲

对任何组织来说，领导艺术对成功领导一个组织都是起着决定性作用的。本模块围绕领导艺术的特征、用人和用权艺术、协调人际关系艺术三个方面进行简单的介绍。

一、领导艺术的特征

所谓领导艺术，是指领导者在一定的知识、经验、才能和气质等因素的基础上逐步形成的，创造性地运用各种领导策略、资源、方法和原则以有效实现组织目标的技能技巧。其中，领导者的知识、经验、才能、气质等因素是领导艺术得以发挥的前提；对领导策略、资源、方法、原则等进行纯熟巧妙地运用并富有创造性是领导艺术的核心；领导风格和领导者创造性的实践所塑造的"美"的形象是二者结合的结果，是领导艺术的外在表现。因此，领导艺术是非规范化、非程序化、非模式化的领导行为，是领导者把握领导规律、履行领导职能的最高境界。

在实践中，领导艺术一般具有非模式化、创造性、综合性和有效性等特征。

1. 非模式化

领导艺术没有严格的程序和固定的模式，可以根据不同的时间、地点和条件，运用已有的经验、知识和判断能力随机应变地采取措施来解决问题。这就要求领导者必须从实际出发，根据客观环境因时、因地、因人、因事机智灵活地处理问题。正是这种随机的非模式化、非程序化的处理，表现出了领导艺术具有机变性的特点。

> 运用之妙，存乎一心。
> ——《宋史·岳飞传》

2. 创造性

领导艺术不是对领导科学知识机械地运用的产物，也不是墨守成规、照章办事的产物，而是一种变幻无穷、丰富多彩、风格独特的技艺。一方面，领导艺术在实践活动中要不断产生新内容、新形式；另一方面，领导者在领导实践中根据环境发挥主观能动性，综合各种领导方法、领导手段，具有创新精神，勇于标新立异，敢于突破常规，创造性地解决实际问题。所以说，领导艺术就是领导者富有创造性的领导技能。

3. 综合性

领导艺术是贯穿领导活动过程始终的领导技能，因而也就相应地具有领导活动过程中各个阶段各种因素的综合性特点。领导者在实践活动中不仅要运用一定的具有普遍指导价值的原则和方法，还要运用具有领导艺术的共同知识和经验。同时，由于个人的素质、阅历、知识结构等各不相同，领导者运用这些原则和方法就会展现出不同的风格、不同的技能技巧，这体现为领导艺术的个性内容、个性特征。

> 毋意，毋必，毋固，毋我。
> ——《论语》

4. 有效性

领导艺术的有效性是领导艺术在领导效能上的体现。领导者在领导活动中要善于运用一定的方式、方法，使各种要素和资源处于最佳的配合状态，实现系统整体功能的高效和优化。领导艺术的有效性既体现了领导艺术的价值，又体现了领导者掌握领导艺术的目的和能力。

二、用人和用权艺术

1. 用人艺术

用人的方法和艺术在领导工作中占有特别重要的位置。用人正确与否决定着一个组织是否能顺利实现目标。领导用人需要有深厚的理论基础，领导者只有了解了这些理论，才能更好地使用人才。

一般来说，领导者用人的艺术主要有：

（1）善于选择，知人善任。领导者的用人艺术是建立在领导者能够发现人才的基础上的。首先，领导者要有"伯乐相马"的能力，能够准确合理地认识人、判断人，才能把"马"的位置放好。其次，作为一个领导者，在管理实践中，很多组织环境人才是相对既定的，那么领导者就应该具备发现既定人力资源价值、合理安排人力资源的能力，做到人人有事、人人能做。

（2）扬长避短，宽容待人。一般来说，领导者用人的关键不仅要知人善任，也要注意下属感受。所以领导者用人的关键也表现在重视下属、扬长避短、宽以待人。因为，只有下属能胜任自己的工作，并感受到自己在工作中的重要性，其才能才有可能得到充分发挥。

（3）合理激励，后继有人。建立合理的激励机制能够帮助领导者使用"赛马"用人技术。从"相马"到"赛马"的完成，需要建立一套合理的人才选拔和聘用机制，而不是单纯地依赖领导者自身的识人、断人能力。如果能整合两者，将达到一种高超的用人境界。

另外，领导活动能够顺利展开的一个前提就是组织目标必须通过一系列激励机制转化为个人目标。一般来说，成功的领导活动必须依赖于三个条件，即目标对组织有利、对个人有利、对领导者有利。只有做到这三个方面，才能将领导者的智慧、组织的整体利益及个人的积极性完美地结合在一起。

> **思考与讨论**
>
> 我们都知道"伯乐相马"和"田忌赛马"的故事，你认为相马重要还是赛马重要？

2. 用权艺术

领导者要学会巩固自己的权力，艺术化地进行权力的分配和管理。领导者要通过灵活运用权力来领导整个组织，实现既定的目标。领导者的用权艺术主要包括以下几个方面：

（1）巩固权力。巩固权力主要通过以下四点来实现：

1）创造自己的传奇。创造自己的传奇是指留给别人一些比较成熟和个性化的印象。领导者创造自己的传奇，本身并不能保证使其富有权力并取得成功，但它往往是成功的先驱，有利于保证权力的稳定。

2）保持适度的距离感。保持适度距离感的目的是让人在不被孤立的前提下，蓄而不发，在不会对成功产生不利影响的前提下给别人留下性格多变的印象。其具体的距离不是固定不变的，要因人、因地、因时而异。

3）坚决果断。对于领导者而言，做任何事情都不能优柔寡断，因为决策果断可以提升领导者的形象。

4）协调各方面的关系。领导者要处理好上下左右、方方面面的关系，使组织中的人际关系内耗减少到最小。在处理好各种关系的同时，也能巩固自己的权威地位。

（2）分配权力。领导者的权力分配艺术是融用权、用人等于一体的艺术，是领导者灵活、有效地运用各种权力分配方法的艺术。权力的分配，要求领导者既不能大权旁落、无所用心，又不能大权独揽、事必躬亲。那么，领导者如何正确、恰当地分配权力呢？这就要求领导者走集权与分权的"中庸之道"，具体包括两个方面：

1）大胆放权。领导者应该懂得放权、授权，理解"将在外，君命有所不受"的道理，应该清楚哪些事应该自己做，哪些事可以交给下属做，要在适当的时候放权。领导者如果长期陷在日常琐事中，势必会疏忽领导职守。领导者大胆放权，不仅可以使下属认为自己得到了信任，同时还有助于工作的完成。

2）善于用人。善于用人是领导者权力分配中的用人艺术，领导者要做到知人善任。知人，就是要求领导者能全面地了解别人的长处、短处，这是善任的必要前提；善任，就是要求领导者能够科学、合理地任用人才，授之以权，以做到人尽其才、才尽其用，从而有效地发挥人才的作用。

（3）管理权力。领导者对权力的管理实际上是对用权人的管理。因为权力不是独立的，是被人所掌握和使用的工具。所以，对权力的管理也是加强对人的管理，要注重提高各个级别领导者的素质。

具体来说，对不同岗位、不同层次的领导者，在权力管理中要各有侧重、区别对待。高层领导者主要担负决策和指挥工作，应重点管理和考核其权力的组织效应；中层领导者主要担负综合协调工作，应重点检查其权力管理效应；基层领导者主要担负执行政策和组织实施工作，应重点考核其权力行使的操作效应。另外，对同一领导者的考核也要注意条件的变化，并且坚持动机和效果统一的原则。

3. 授权艺术

现代社会，科技、经济都在飞速发展，管理问题也越来越复杂，再高明的领导者也不可能包揽一切。面对复杂的工作，领导者必须采用授权这一方式，使自己摆脱日常具体事务的缠绕，从而专心致志地处理重大事务，推动组织向前发展。

常见的领导授权技巧有以下几种:

(1)柔性授权。柔性授权,是指上级领导者仅就工作安排给出一个大纲或轮廓,下属可随机应变,灵活而有创造性地处理工作。这样,被授权者就有了很大的自由活动空间,能见机行事,因地制宜地处理各种问题。

对于所要处理的事务比较复杂多变或者任务难以定量,需要下属发挥主动性和创造性的情况,一般宜采取柔性授权。但领导者把权力授给下属以后,不能撒手不管,也不能过多干涉,尽量提供必要的指导、支持和控制,防止偏离目标。

> 将在外,君命有所不受。
> ——《孙子兵法·九变篇》

(2)刚性授权。刚性授权,是指领导者授予下属的权力清晰,即下属明确自己可以行使何种权力和不可以行使何种权力。刚性授权是与柔性授权相对而论的。刚性授权下,下属无须发挥创造性指挥,只需要照章办事即可。刚性授权主要适用于工作难度比较小、程序化的管理工作。

(3)动态授权。动态授权,是指在完成任务的不同阶段采用不同的授权形式,又称为弹性授权。当领导者面对复杂的工作任务或对下属的能力、水平无法充分把握,或客观环境复杂多变时,宜采用动态授权法。

动态授权方法有很大的灵活性,可以实行单项授权,也可以采取定时授权,或者根据环境的客观变化以及下属的能力水平变化采取逐渐授权等。

(4)制约授权。制约授权又称为复合授权,是指上级行政主体将某项任务的职权分解后授给两个或多个子系统,使子系统之间互相制约、相互监督及相互取长补短,以有效地防止工作中出现偏差、漏洞和滥用职权的现象。这是一种下属之间相互制约的授权技巧。

虽然授权的方法有很多种,但是领导者在采取授权方法时要具体问题具体分析,使授权真正围绕工作目标的实现来进行,以便达到授权的目的。

思考与讨论

对于我们常说的"用人不疑,疑人不用",从领导艺术角度思考你是如何理解的?

三、协调人际关系艺术

领导活动实际上是群体行为的活动。从这个意义上说,领导工作又是人际关系的协调工作。人际关系协调是指通过对人际关系的处理,调动和激发人们的工作积极性。

领导关系的本质内容就是运用多种方法来维持各组织之间,各领导者之间,领导者和公众之间的良好关系。因此,领导关系有很多种,其中最基本的领导关系就是领导者在工作中与上级、同级和下级的关系。因此需要领导者具有相当高的领导艺术水平以处理工作中的三种基本关系。

在实际工作中,领导者协调人际关系时既要保持原则性,又要有变通性。总的来说,领导者要协调好人际关系应该做到以下三点:

1. 维护好上级领导的威信

领导者对上级而言又成了被领导者。因此，对待上级应该持有尊重的态度，要服从上级领导的正确指挥，维护上级的威信。对待上级交办的任务要尽职尽责、按时按质完成，遇到重大问题或特殊情况要及时请示、报告，并主动提出自己的处理意见供上级参考。这样，上、下级的关系才能融洽、协调，工作才能有序展开、完成目标。

2. 协调好同级之间的关系

领导者在处理同级关系时，要互相尊重、互相支持、互相谦让，尊重其他部门的职权。就同级关系而言，因为双方的地位是平等的，既是合作者又是竞争者，所以这种关系非常复杂且微妙。因此，协调同级之间的关系，不能掉以轻心。一般来说：真诚相待，热情帮助，尽力消除对方竞争的心理障碍，牢固建立相互协作的协调关系；讲究方法，巧妙处事，努力获取相互信任、亲密合作的最佳效果。

总之，协调好与同级的关系要做到彼此尊重、相互信任、密切合作。

3. 调动好下级员工的能动性

领导者对待下属要特别注意讲究领导艺术。领导者领导艺术水平的高低直接关系到下属的积极性、主动性和创造性能否得到充分发挥。

领导目标的实现不是依靠领导者的个人奋斗而直接获得的，更多的情况是通过调动下属积极性，带领下属能动工作而间接获得的。所以，领导者能否顺利开展领导活动，取得良好的社会效应和经济效应，在很大程度上取决于能否调动下属的能动性。为此，领导者在领导下属，调动员工的能动性方面要做好几个工作。第一，研究各种类型的领导形象，把自己塑造成一名受欢迎的领导者。第二，准确及时了解下属对领导的需求，努力使自己成为下属需要的领导者。第三，针对下属的心理特征和情绪变化因势利导，不断进行科学的反馈和调节。

> **思考与讨论**
>
> 有句谚语："一头狮子带一群羊"能打败"一只羊带一群狮子"。你是如何理解这句谚语的？

模块三　识别沟通条件

模块情境

有一个秀才去买柴，他对卖柴的人说："荷薪者过来！"卖木柴的人听不懂"荷薪者"（担柴的人）三个字，但是听得懂"过来"两个字，于是把柴担到秀才面前。秀才问他："其价如何？"卖柴的人听不太懂这句话，但是听得懂"价"这个字，于是就告诉秀才价钱。秀才接着说："外实而内虚，烟多而焰少，请损之。"（你的木柴外表是干的，里头却是湿的，燃烧起来，会浓烟多而火焰小，请减些价钱吧。）卖柴的人因为听不懂秀才的话，干脆担起柴走了。

【思考】秀才为什么没有买到柴？你觉得有什么办法改变此种状况？

问题分析

从上面的故事中我们知道秀才用了不恰当的语言进行沟通。沟通必须具备三个条件：一是有信息发送者和信息接收者；二是有信息内容；三是有信息传递的渠道或载体。要达到沟通的目的，即要通过沟通取得他人的理解与支持，还要满足三个条件：

1）信息发送者发出的信息应完整、准确。
2）信息接收者能收到完整的信息并能正确理解信息。
3）信息接收者愿意以恰当的形式按传递过来的信息做出反应或采取行动。

从模块情境中，我们发现秀才与卖柴人之间存在诸多障碍，如果双方都能找到改善沟通的方法，秀才能实现买柴的目的，卖柴人也能实现卖掉柴的目的。所以，沟通条件和沟通障碍的认知对于良好的沟通有很大的意义。

知识精讲

组织是由一群性格各异、习惯不同、背景不同的人所组成的群体。在这个群体中，人们要共同生活，通力协作，通过实现组织目标以最终实现个人目标。要实现组织目标和个人目标，就必须建立有效的沟通机制以消除组织与其成员，以及组织成员间认知等方面存在的种种差异，以防止因沟通不畅而引发的认知、态度乃至行为上的冲突。没有沟通，组织就无法协作；沟通不畅，个人就无法融入集体。

> 交得其道，千里同好，
> 固于胶漆，坚于金石。
> ——《谯子·齐交》

一、沟通的过程

1. 沟通的含义

沟通是指可解释的信息由发送者传递到接收者的过程。具体地说，沟通是人与人之间思想、感情、观念、态度的交流过程，是情报相互交换的过程。信息沟通包括编码和解码两个过程。编码是指信息的发送者将想法、认识及感觉转化成信息的过程；解码是指信息的接收者将信息转换为自己的想法或感觉的过程。

2. 沟通的过程

一般来说，信息在发送者和接收者之间的传递过程（见图5-7）包括以下几个步骤：

（1）信息源。发送者需要向接收者传递信息或者需要接收者提供信息。注意此处的信息是一个广义的概念，包括观点、想法、资料等内容。

（2）编码。编码是指发送者将所要发送的信息译成接收者能够理解的一系列符号，如语言、文字、手势等。为了有效地进行沟通，这些符号必须适应媒介的需要，例如：如果媒介是书面报告，符号的形式应选择文字、图表或照片；如果媒介是讲座，就应该选择文字、投影胶片和板书。

（3）传递。传递是指沟通的媒介，即将发送的符号传递给接收者。由于选择的符号种类不同，传递的方式也不同。传递的方式可以是书面的，如信件、备忘录等，也可以是口头的，如交谈、演讲、电话等，甚至还可以通过身体动作来表达，如手势、面部表情、姿态等。

（4）接收。接收者根据发送来的符号的传递方式，选择相应的接收方式。例如，如果发送来的符号是口头传递的，接收者就必须仔细地听，否则，符号就会丢失。

（5）解码。解码就是指接收者要将接收到的符号译成可以理解的形式。发送者进行编码和接收者进行解码都会受到个人知识、经验、文化背景的影响。

（6）理解。理解是指接收者能正确理解接收到的信息。由于发送者和接收者传递、接收、翻译等能力不同，往往会造成信息的内容和含义被曲解的情况。

（7）反馈。反馈是沟通的最后一个环节，是指接收者把信息返回给发送者，并对信息是否被理解进行检查，以纠正可能发生的某些偏差。

一般来说，整个沟通过程会受噪声的影响。噪声就是对信息的传递、接收或反馈造成干扰的因素，会影响沟通的有效性。

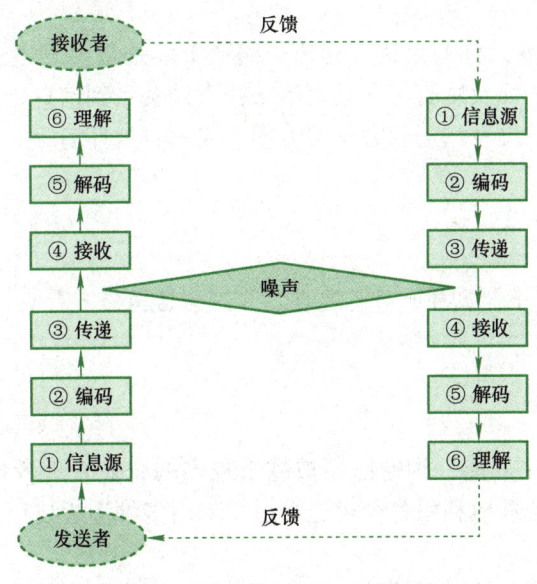

图 5-7　信息的传递与沟通过程

二、沟通的条件

从沟通的过程可以看出，沟通必须具备以下四个条件：

1. 信息发送者

信息发送者是制造信息的人。组织中的任何部门或个人都有可能成为信息的发送者。在组织沟通的过程中，信息既可由发布命令、制定计划、颁布规章制度的部门或个人发送，也可由提供情况、反映意见的部门或个人发送。

信息发送者在沟通中居于主动的地位，他首先要确定沟通的目标，明确要传送的内容，考虑采用什么形式进行传送，然后把所要传送的思想、情报、情感等内容通过转换变成对方所能理解的信息传送出去，经过一定的渠道让对方接收。因而信息发送者是首要的沟通者。

2. 信息接收者

沟通具有一定的目的性，总是要把一定的信息传送给特定的对象。一般情况下，在组织沟通中，上级是主要的信息发送者，下级和一般管理人员是主要的信息接收者。

信息的发送者和接收者共同构成沟通主体。因为沟通多以双向沟通的形式出现，所以沟通中发送者和接收者的划分也是相对的，当接收者将自己的问题反馈到发送者时，两者的位置互换。

发送者发出信息后，接收者通过一定的渠道收到信息并解析这些信息，进一步将信息转化为自己理解的内容和思想，判断并采取相应的行为，因而接收者是响应的沟通者。

3. 信息内容

传递过程中的信息内容包括观点、情感、情报和消息等。信息内容需要转换成信息发送者和信息接收者都能理解的符号，即语言、文字等。

4. 信息传递的渠道

信息传递的途径和方式称为渠道（通道、路径），是指由发送者选择的，借由传递信息的媒介，包括口头、书面及感官等。渠道的选择直接关系到信息传递或反馈的效果。选择什么样的信息传递渠道，要看沟通双方是否方便、双方所处环境等。不同的信息内容要求不同的传递渠道。

> **思考与讨论**
>
> 王勃说："古之君子，重神交而贵道合。"这句话蕴涵着什么沟通条件？

三、沟通的分类

作为管理活动的一个职能，沟通已经被越来越多的企业管理者重视，其影响也越来越大。人们开始关注如何合理地利用各种沟通渠道，采用多种沟通技巧，尽可能地与下属进行全方位的交流。

沟通的方式多种多样，按照不同的分类标准，有不同的分类结果，如表 5-8 所示。

表 5-8　人际沟通方式

分 类 标 准	方　式
组织管理系统和沟通体制的规范程度	正式沟通、非正式沟通
信息流动方向	下行沟通、上行沟通 平行沟通、越级沟通
所使用的媒介	语言沟通、非语言沟通
沟通渠道所形成的网络	单向沟通、双向沟通
所使用工具的先进性	传统沟通、现代沟通

1. 按组织管理系统和沟通体制的规范程度分类

（1）正式沟通。正式沟通一般是指在组织系统内依据组织明文规定的原则进行的信息传递与交流。正式沟通是组织内部信息传递的主要方式，大量的信息都是通过正式沟通渠道传递的，例如组织与组织之间的公函来往，组织内部的文件传达，召开会议，上下级之间的定期情报交换等。

正式沟通的优点是约束力强，较严肃，权威性高，保密性强，可以使公共关系保持权威性。缺点是信息需要经过层层传递，缺乏灵活性，效率较低。

（2）非正式沟通。非正式沟通是指通过正式沟通渠道以外的信息交流和传达方式进行的沟通。如组织成员私下交换看法、朋友聚会和小道消息等都属于非正式沟通。非正式沟通是非正式组织的产物，它一方面满足了员工的社交需求，另一方面也补充了正式沟通的不足。

非正式沟通是由组织成员的感情和社交需要形成的，其沟通途径是通过组织内的各种社会关系实现的，这种社会关系超越了部门、单位以及层次。所以非正式沟通的优点是不拘泥沟通形式，直接明了，容易及时了解正式沟通难以提供的"内幕新闻"。缺点是难以控制，传递的信息不确切，易于失真、曲解，而且可能形成小集团、小圈子，影响稳定和团体凝聚力。

2. 按信息流动方向分类

（1）下行沟通。下行沟通是指信息从较高的组织层次流向较低的组织层次，包括命令、指示、谈话、会议、电话、邮件等，这是组织最主要的沟通方式。

（2）上行沟通。上行沟通是指信息从较低的组织层次流向较高的组织层次，包括下属正式或口头的报告、请示、汇报、建议等。这种沟通方式提倡员工参与和民主领导。

（3）平行沟通。平行沟通也叫横向沟通，是指同一组织层次的人和部门之间的沟通。多用于各部门的协调合作工作。做好平行沟通，有利于及时协调各部门之间的工作步调，减少矛盾。这在规模较大、层次较多的组织中尤为重要。

（4）越级沟通。越级沟通是指组织内部无隶属关系的不同层次的部门或个人之间的信息交流。研究表明，管理人员的信息沟通中只有1/3是纵向流动的，有2/3是平行流动的。

3. 按所使用的媒介分类

（1）语言沟通。语言沟通是指以语言、文字、图形、表格、数字等形式进行的信息沟通。语言沟通包括口头沟通、书面沟通、电子邮件沟通等。它能对词语进行控制，是结构化的，并且是被正式教授的。语言交流是生活中的主要沟通方式。

（2）非语言沟通。非语言沟通是通过动作、表情、语调、手势等语言以外的形式进行的信息沟通，常见的非语言沟通主要有手势、面部表情、目光控制、肢体动作、语气、身体距离、沉默等。绝大多数的非语言是习惯性和无意识的，很大程度上是无结构的，并且是模仿学到的。

事实上，非语言沟通越来越被重视，因为在语言沟通的同时，伴随一些非语言沟通效果会更佳。除特殊环境、特殊原因，一般语言沟通都伴随非语言沟通，而非语言沟通很少伴随语言沟通，非语言沟通能起到语言沟通无法达到的效果。

4. 按沟通渠道所形成的网络分类

（1）单向沟通。单向沟通是指信息仅从发送者流向接收者。在这种沟通中，不存在信息反馈。其优点是沟通比较有秩序，速度较快。缺点是接收者不能进行信息反馈，容易降低沟通效果。

（2）双向沟通。双向沟通是指发送者和接收者两者之间的位置不断交换，且发送者是以协商和讨论的姿态面对接收者的，信息发出以后还要及时听取反馈意见，必要时双方可进行多次重复商谈，直至双方共同明确和满意为止，如交谈、协商等。双向沟通的准确性较高，有更高的自我效能感，但一般比较费时，人际压力较大，容易受到干扰。

5. 按所使用工具的先进性分类

（1）传统沟通。传统沟通是指运用传统手段的沟通方法，如口头交谈、书面文件、开会等。

（2）现代沟通。现代沟通是指运用现代信息网络的沟通方法，如多媒体、QQ、微信等数字化沟通媒介。

> **思考与讨论**
>
> 作为管理者，你是如何看待非正式沟通的？你会采用哪些沟通方式？

模块四　学会有效沟通

模块情境

游戏背景：一架飞机坠落在荒岛上，飞机上只有六个人存活。这时逃生工具只有一个只能容纳一人的橡皮气球吊篮。没有水和食物。

游戏任务：针对由谁乘坐气球先行离岛的问题，六个人各自陈述理由。

1. 首先，复述前一人的理由，再陈述自己的理由。
2. 其次，大家根据复述别人逃生理由的完整性与陈述自己离开理由的充分性，自行决定可先行离岛的人。

游戏角色：

1. 孕妇。孕妇怀胎八个月。
2. 发明家。发明家正在研究新能源（可再生、无污染）汽车。
3. 医学家。医学家长期研究艾滋病的治疗方案，已取得突破性进展。
4. 宇航员。宇航员即将远征火星，寻找适合人类居住的新星球。
5. 生态学家。生态学家负责热带雨林抢救工作组的工作。
6. 流浪汉。

【思考】这六个人怎样进行沟通才能更大可能地生存下来？

问题分析

荒岛逃生游戏主要考查沟通中倾听的重要性,以及理解有效沟通中的同理心原则。

这个游戏并不是讨论生命的价值孰轻孰重,而是权衡利弊,寻找最优的求生方案。例如:选择孕妇可能大家都无法生存,而流浪汉和宇航员身份反而有说服的理由,宇航员有驾驭气球的经验以及专门的生存训练,流浪汉可以用冒险成功等理由来说服其他人选择他。所以最后抉择时每个人应当尽可能客观理性。

知识精讲

在沟通中,总是存在一些噪声影响沟通活动的有效运行,或者存在一些沟通障碍降低沟通效果,使沟通受到阻碍。所以,在遇到沟通障碍时我们要找到改善沟通的方法,实现有效沟通。下面主要从克服沟通障碍和实现有效沟通两个方面来进一步介绍沟通艺术。

一、克服沟通障碍

沟通障碍主要表现为人际沟通中的障碍和组织沟通中的障碍两个方面。

1. 人际沟通中的障碍

(1) 人际沟通中的障碍因素。由于阶级、政治、宗教、职业的不同而形成的不同意识、价值观和道德标准会使人们对同一信息有完全不同的解释,这成为一种沟通障碍。

孔子尽人之用

根据对沟通模式和人们日常沟通行为的分析,人际沟通中的障碍因素主要有以下几个方面:

1)地位障碍。地位障碍主要表现在两个方面。一方面是沟通方向上,上行沟通与下行沟通在地位上存在差异,这会给沟通者带来微妙的心理变化,其实横向沟通虽然没有地位差异,但沟通者职位的重要性、职称、资历等因素也会形成地位上的优越感或者压迫感,从而引发心理障碍,造成沟通不畅。另一方面是行业专业的差异,"隔行如隔山"的专业素养也容易造成沟通障碍。

2)组织结构障碍。组织机构过于庞大,层次较为繁杂,这必然会加大人们之间的距离,从而造成信息的流失和失真,带来沟通效率的下降。另外,组织结构不健全也会造成沟通渠道堵塞。

3)语言障碍。组织中的员工有不同的生活背景,有不同的说话方式和做事风格,因而对同一事物也会有不同的认识。因此,单纯利用语言表达思想和事物有很大的局限性,尤其在脱离沟通的语言情境时,有可能理解不正确。

4)心理障碍。心理障碍主要是指由人们不同的个性倾向和个性心理特征造成的沟通障碍。同样的信息由不同的人传达,效果大不一样。有时人们对"谁讲的"比"讲什么"更关心,此外,当人们过于紧张或恐惧时,也会对信息做出极端的理解。

5)文化习俗差异障碍。首先,思维方式因人而异,来自不同文化背景的人之间的差别更大,这种文化差异常常会使沟通难以顺利进行;其次,习俗的差异也会影响沟通的质量,如果忽视文化习俗因素常常会导致沟通质量下降,甚至导致沟通失败。

> 夏虫不可以语冰。
> ——《庄子·外篇·秋水》

（2）改善人际沟通的方法。沟通是生活中的重要内容，不论是为了更好地生活还是更有效地工作，人们都需要进行有效的沟通。人际沟通的效果取决于沟通行为主体的个体行为，要提高人际沟通效果，就必须提高信息发送者和信息接收者的沟通水平。可以从以下三个方面寻求改善人际沟通的方法：

1）信息发送者方面。作为信息发送者要注意一些要点：①要有勇气开口。人与人之间存在矛盾，产生误解的一个主要原因，就是人们没有勇气把自己的想法说出来。②态度诚恳。只有双方坦诚相待，才能消除彼此间的隔阂，从而达成合作。③提高自己的表达能力。对于信息发送者而言，无论是口头交谈还是书面交流，都要力求准确、完整地表达自己的意思。④注意选择合适的时机。由于所处的环境、气氛会影响沟通的效果，因而信息交流要选择合适的时机。⑤注重双向沟通。信息发送者要注重反馈，提倡双向沟通，确认双方对信息的理解正确。⑥积极进行劝说。为了使信息接收者能够理解发送者的意图并采取相应行动，信息发送者有必要进行必要的积极劝说，从而达到有效沟通的效果。

2）信息接收者方面。作为信息接收者，要注意仔细聆听。现实中，倾听的技巧对于有效沟通来说非常重要。只有积极倾听，才能收集有用的信息，避免沟通的偏差理解；只有积极倾听，才能避免在双向沟通中漏掉有用的信息、造成信息失真带来的沟通障碍。所以，作为管理者，要想掌握沟通的艺术，首先必须养成积极倾听的习惯，掌握倾听的艺术。

3）沟通方式方面。选用适当的沟通方式对增强沟通的有效性十分重要。因为组织沟通的内容千差万别，针对不同的沟通需要，应该采用不同的沟通方式。例如：对于当面才能说清楚的事情，首先要选择口头沟通的方式。针对不同的沟通对象采用不同的方式，年轻人用时髦的语言，或者网络沟通；老年人用传统的语言，或者传统沟通工具。此外也要根据沟通时的环境选择合适的沟通方式，注意正式沟通和非正式沟通的要点。

2. 组织沟通中的障碍

（1）影响组织沟通的障碍。组织的内部结构即组织长期形成的传统及氛围对内部的沟通效果会产生直接影响。组织之间的沟通障碍主要表现在以下几个方面：

1）等级观念的影响。等级观念的影响造成的是组织成员心理的沟通障碍，特别是在组织上下级之间非常明显。在我国，职务级别很重要，很多事情都要视职务级别而定。同样的信息，由不同级别的人来发布效果会大不一样。

2）任务因素和环境因素。沟通的时机、所使用的媒介和通道的特点，对沟通质量影响很大。同时，任务特征是决定沟通网络模式的关键因素。任务是决策还是执行，决定了不同沟通模式的选择。时间压力也是沟通的重要障碍之一，例如，时间压力会造成信息在短时间内超载而不能有效传递。群体成员的工作环境也会对沟通的频次和互动类型产生巨大的影响，这些因素包括工作场所、地理位置、办公地点等。

3）准备不足。沟通先做好必要的准备，比如信息的收集、资料的整理、人员的参与、地点的选择，做到有备无患。这是一个任何场合都适用的原则。沟通前要进行充分的情况收集工作。要做到信息畅通，首先是信息要充分、准确。适当的准备才能保证沟通有效和成功。

4）组织氛围的影响。组织氛围又称为组织温度表，是指在特定环境下工作的感觉、工作场所的氛围。它是一个复杂的综合体，影响着组织内个人和群体行为的价值观、行为规范、政策期望等。组织氛围冷暖影响信息传递者之间的信任与尊重，从而影响着沟通有效性。

（2）改善组织沟通的方法。针对多种影响组织沟通的障碍，有效改善组织沟通应从以下几个方面进行：

1）创造信任和公开的组织气氛。组织气氛属于内部环境，组织要想顺利实现组织目标，首先，应该创造一种相互信任、沟通顺畅的组织文化，发挥"一加一大于二"的协同增效效应；其次，要在组织中形成良好的沟通氛围，避免由于上下级之间的权力职位不对等造成的沟通障碍。

2）减少沟通环节，优化沟通渠道。沟通环节过多、渠道过长，一方面会影响沟通的及时性，另一方面，由于在沟通过程中存在噪声干扰，沟通环节越多，则可能的干扰越多，信息就越容易失真。

3）加强平行沟通，促进横向沟通。在进行信息沟通的时候，除了下行沟通，也应该多加强平行沟通。一方面，可以一定程度上避免因为等级观念、地位差异的影响造成的沟通障碍；另一方面，通过横向沟通可以调动组织成员的参与积极性，组织成员共同利用同一资源为产生整体的效益而协同工作。

4）发挥非正式组织、非正式沟通的积极作用。组织内部不可避免地存在非正式组织。组织成员往往会通过非正式渠道获取和反馈大量信息。领导者要对非正式组织和非正式沟通渠道加以合理利用和引导，帮助组织成员获取相关信息，在达成理解的同时解决潜在的问题，从而最大限度地提升组织凝聚力，发挥整体效应。

5）注意信息的反馈。有效的反馈是提高沟通效果的重要方面。管理者在沟通中要注意信息接收者的反馈。管理者应该高度重视信息接收者的语言反馈和非语言反馈，并注意自身的反馈。同时，反馈要求是双向的，这样可以形成一种信息环流，调动员工参与管理的积极性。

> **思考与讨论**
>
> 现实组织中时常出现"县官不如现管"现象，你是如何看待这种现象的？

二、实现有效沟通

无论是在日常生活中还是在组织管理活动中，沟通对每个人来说都是非常重要的一项活动。正因为沟通的普遍性和重要性，每个人都要学会有效沟通。

所谓有效沟通，就是通过听、说、读、写等载体，通过会见、对话、讨论、信件等方式将思维准确、恰当地表达出来，以促使对方更好地接受。

1. 有效沟通的原则

无论是企业经理还是普通员工，都要掌握沟通的原则，否则，即使你有良好的沟通动机，也可能因为在某些细节上没有处理好而造成相反的结果。要使沟通达到预期效果，应遵从以下五项原则：

（1）沟通从"废话"开始。沟通是从"心"开始的，而在现实生活中，人类内心的交流往往是从"废话"开始的。例如，在现实生活中，人们早晨见面通常会问："吃饭了吗？"这句话从内容和信息上来看就是句废话，但从情感上来看这代表着沟通和交流，表示我尊重你、重视你、关心你。简单的一句"废话"，就有了友好的沟通信息，便可以打开话匣子。所以沟通是一门艺术，善于沟通的人总是能把看似废话的语言变为最有效的"药引子"。

（2）尊重对方，对事不对人。在一个团队中，常常有人在讨论问题的时候吵起来，从而产生了隔阂甚至矛盾。所以，只有互相尊重，对事不对人，才能保证沟通的顺利进行。说的人，不能把针对事情的沟通扯到对人身的评论上；听的人，也不要把对方对事的评论当作对自己的评论。

（3）沟通的内容要明确，信息要明了。人们在沟通中很多时候会遇到这样的问题：发言者讲了一句话，自以为已经讲得很明白了，但对方居然没听明白或没听清楚。所以，在沟通时，重要的不是你说了什么，而是人们听到了什么。因此，你说的话的意思一定要非常明确，让对方有准确的、唯一的理解。成功的沟通有赖于发言者使自己的思想成为听众的一部分，并使听众与自己真正地融为一体，即说话的人要明白，在自己讲完这句话后，对方会怎么理解这句话。所以，会说话的人善用沟通技巧，懂得从听话者的角度出发，把道理说得清楚明了，让别人乐于接受；不会说话的人，轻则说得不明不白，导致沟通失败，重则措辞不当，惹祸上身。

（4）言行一致。沟通的关键不在于说什么，而在于做了什么，在于说的和做的是否一致。如果一个人言必行、行必果，那么这个人的沟通就变得非常简单，他的影响也会非常大。所以，在沟通中，做比说的作用要大得多。

（5）积极倾听。倾听是一种礼貌，是尊重说话者的一种表现，也是对说话者最好的尊重。最好的沟通方法是倾听，倾听能让自己了解沟通对象想要什么，什么能够让他们感到满足，什么会伤害或激怒他们。有时，即使自己不能及时提供对方所需要的，只要乐于倾听，不伤害或激怒他们，也能实现无障碍沟通，能创造性地解决问题。所以，在沟通中最重要的不是说了什么，而是听到了什么。

2. 听与说的艺术

沟通是一门技能，更是一门艺术。在生活中简单地向对方表达自己的意思并不难，但是要让对方理解你的情感，并给出积极回应却不容易。造成沟通过程不顺畅或不满意的关键原因是人们常常忽视沟通过程中的听与说。一般来说，听与说的技巧体现在以下几个方面：

（1）学会倾听。要想与人进行有效沟通，首先要学会倾听。倾听不是被动的活动，而是积极地对对方传达的全部信息作反应的过程。因此，不光要听，还需要给予适当的反应。不管你是否运用关注技巧、鼓励、释义或概述，你都必须全神贯注地投入到会谈过程中去。在倾听过程中，非必要时，不要轻易打断别人，要耐心等待别人把话说完。此外，要注意观察对方的非语言信息，通过观察对方的表情、动作、姿势等来判断对方的态度、情绪等，并听出弦外之音，看懂对方的心意。

（2）用同理心去解码。由于人与人之间的差异，如教育背景、文化、经验、阅历、立场、价值观、性格等差异，不同的人的大脑接收到同样信息会产生不同的反应。同理心指的就是以心换心、换位思考，设身处地去感受、体谅他人。只有转换角色，真诚地为别人着想，才能从对方的角度分析出问题所在，你的话语才能让对方感同身受，才能打动对方的心，才能最终实现沟通的目的。

（3）巧用语言的艺术。德鲁克认为，人们喜欢听他们想听的话。人们一般都排斥不熟悉和具有威胁性的语言。因此，语言的艺术非常重要。说话，不仅在于你说了什么，更在于你是怎样说的。沟通能力强，就是说话说得让对方听进去，让对方乐于接受，能够引起对方的共鸣，进而引发共同的行为。

（4）语言要精练、清晰、有条理。要想表达好，最有效的方法就是在开口前先把话想好，将要表达的内容浓缩成几个要点，用简洁、精练的语言表达出来；少讲些模棱两可的话，多讲些语意明确的话，要言之有物；条理要清楚、逻辑要严谨，可以采用"总述、分条阐述、总结"的方式；措辞得当，不滥用辞藻，不讲空话、套话；在非专业性沟通时，少用专业性术语。

> **思考与讨论**
>
> 　　表达观点常用 FAB[即 Feature（特性）、Advantage（作用）、Benefit（利益）] 原则，即阐述观点时按照"特性、作用、利益"的顺序来说，对方容易听懂、容易接受，而且印象会非常深。请思考：你认可 FAB 话术吗？请举例说明。

（5）重视非语言信息的应用。人与人之间的沟通，要遵循 7∶38∶55 法则。其含义是指在整体表现上，旁人对你的观感，只有 7% 取决于你真正谈话的内容，有 38% 在于辅助表达这些话的方法，也就是口气、手势等，而有高达 55% 的比重决定于你的外表，即你看起来够不够分量、够不够有说服力等。因此，我们要非常注重非语言信息的表达，包括穿着、眼神、表情、身姿等，从而顺利展开有效沟通。

模块五　认知激励基本原理

模块情境

《庄子·齐物论》："狙公赋芧，曰：'朝三而暮四。'众狙皆怒。曰：'然则朝四而暮三。'众狙皆悦。名实未亏而喜怒为用，亦因是也。"

这个故事是讲战国时期的宋国有位老人，他十分喜欢猕猴，家里养了好多只，猕猴整天围着他转，和他一起玩，跟他的孩子一样。所以，左邻右舍都称他"狙（古书里指猕猴）公"。与猕猴相处久了，狙公可以从猕猴的一举一动和喜怒哀乐中看出这种动物的欲望，而且猕猴也能从狙公的表情、话音和行为举止中领会他的意图。

因为狙公养的猕猴太多，每天要消耗大量的瓜、菜和粮食，狙公决定减少猕猴的食物供给。但狙公知道猕猴顽皮，没有满意就会恶作剧，只好想主意去安抚它们。

于是狙公对猕猴说："今后你们每天饭后，另外再吃一些橡子。你们每天早上吃三粒，晚上吃四粒，这样够不够？"猕猴只弄懂了狙公前面说的一个"三"，一个个立起身子，对着狙公叫喊发怒。它们嫌狙公给的橡子太少。狙公见猕猴不肯驯服，就换了一种方式说道："既然你们嫌我给的橡子太少，那就改成每天早上给四粒，晚上给三粒，这样总够了吧？"猕猴把狙公前面说的一个"四"当成全天多得了橡子，所以马上安静下来，眨着眼睛、挠着腮帮，露出高兴的神态。此时老猴子一声召唤，群猴一齐伏下身子，不住地给狙公磕起头来——它们是在向狙公谢恩哩。狙公看着这情景，也捋着长胡子高兴地笑了。

【思考】这个故事从管理的角度看，狙公是如何做到食物供给不变但猕猴不捣乱的局面的？

问题分析

激励在管理活动中起着重要的作用。因为组织中人的积极性高低直接影响着工作的绩效，而提高人的工作积极性离不开激励。

那么如何进行有效的激励呢？我们要了解：需要是形成激励效应的必要前提，激励要掌握对象的心理需要才能形成有效激励。所以，领导者的激励过程就是找到下属的需要，然后在下属完成组织所需要的行为之后满足下属的需要。

知识精讲

一、激励概述

1. 激励的含义与特征

"激励"一词来源于心理学，是指激发人的行为的心理过程。激励这个概念用于管理，是指激发和鼓励。它是管理过程中不可或缺的环节和活动，具体是指激发员工的工作动机，也就是说用各种有效的方法去调动员工的积极性和创造性，使员工努力去完成组织的任务，实现组织的目标。

激励作为一种重要的管理方法，与管理者凭借权威进行指挥相比，具有以下明显特征：

（1）目的性。任何激励行为都具有其目的性，这个目的可能是一个结果，也可能是一个过程，但必须是现实而明确的。从这个意义上讲，虽然激励通常是管理者的工作，但任何希望达到某个目的的人都可以将激励作为一种措施。

（2）自觉性。人们的行为来自动机，而动机源于需要，激励活动正是对人的需要或动机施加影响，从而强化、引导或改变人们的行为。因此，从本质上说，激励所产生的人的行为是其主动、自觉的行为，而不是被动、强迫的行为。

2. 激励的过程

激励的实质是通过影响人的需要或动机达到引导人的行为的目的，它实际上是对人的行为的强化过程。激励过程实际上是一个由需要开始，到需要被满足为止的连锁反应。管理者要了解下属的需要，以及需要没有被满足而造成的心理紧张，接下来引起行动以达到目标，最后是需要得到满足。当一种需要被满足时，人们会随之产生新的需要，这样又开始了新的激励过程，如图5-8和图5-9所示。

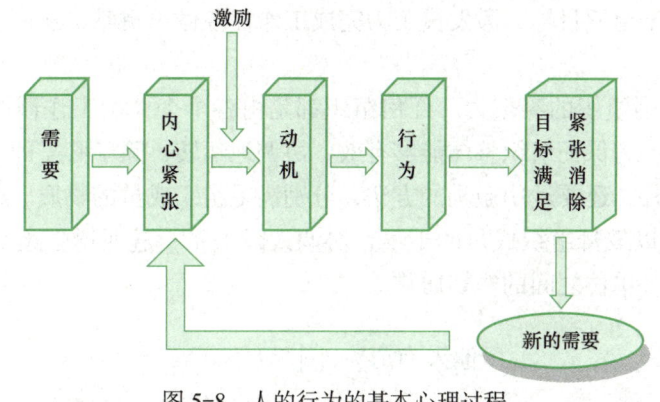

图 5-8　人的行为的基本心理过程

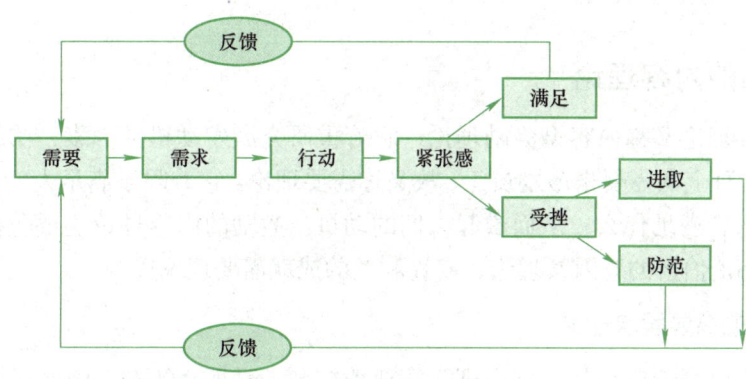

图 5-9　激励模式

由图 5-9 可知,在激励过程中,行动结果提供的反馈又会反过来影响人的需要,也就是说当人的需要得到很好的满足时,这种需要就会得到强化,其行为的动机就会更强烈或产生进一步的需要;相反,如果这种需要没有很好地被满足,那么显然就会影响下一次的激励效果。

值得注意的是,人们的需求是不断变化和提高的。当某种需求或低一级需求满足了,激励就消失了,未满足的另一种或高一级的需求又会产生,从而导致新需求所驱使的行为,并为满足这种新需求而努力。这样就形成了一个连续不断的循环的激励过程。

3. 激励的作用

激励的核心在于如何满足人的各种需要、调动人的积极性。从组织管理的角度看,激励的最主要作用在于激发和调动员工的工作积极性与创造性,增强凝聚力,取得更大的工作绩效。激励在组织管理中发挥着十分重要的作用,主要包括以下方面:

(1) 有利于激发和调动组织成员的积极性。积极性是组织成员在工作时一种能动、自觉的心理和行为状态。这种状态可以促使员工的智力和体能充分地释放,并导致一系列积极的行为,如提高劳动效率、超额完成任务等。

(2) 有助于将员工的个人目标与组织目标统一起来。个人目标及个人利益是员工行为的基本动力,它们与组织的目标有时是一致的,有时是不一致的。当两者发生背离时,个人目标往往会干扰组织目标的实现。激励的功能就是以个人利益和需要的满足为前提,引导员工把个人目标统一于组织目标，激发员工为完成工作任务做出贡献，从而促使个人目标与组织目标的共同实现。

（3）有助于增强组织的凝聚力。任何组织都是由各个个体、工作群体及各种非正式群体组成的有机结构。为保证组织整体能够有效、协调地运转，除了必需的、良好的组织结构和严格的规章制度外，还要运用激励的方法，分别满足组织成员的物质、精神、爱好、社交等多方面的需要，以鼓舞组织成员的士气，协调人际关系，进而增强组织的凝聚力和向心力，促进各部门、各单位之间的密切协作。

> 他人有心，予忖度之。
> ——《诗经·小雅》

二、激励的内容理论

激励的内容理论又称内容型激励理论，它着重研究激发动机的因素，围绕着如何从满足人们生理和心理上的需要来激励员工，故又称需要理论。它着眼于满足人们需要的内容，即人们需要什么就满足什么，从而激起人们的动机。激励的内容理论主要包括马斯洛的需要层次理论、赫茨伯格的双因素理论、麦克利兰的成就需要理论等。

1. 马斯洛的需要层次理论

最著名的激励理论应该是美国心理学家亚伯拉罕·马斯洛（Abraham H.Maslow）提出的需要层次理论。这一理论揭示了人的需要与动机的关系及规律。

在马斯洛看来，人类价值体系存在两类不同的需求：一类是沿生物谱系上升方向逐渐变弱的本能冲动，称为低级需求和生理需求；另一类是随生物进化而逐渐显现的潜能或需求，称为高级需求。马斯洛的需要层次理论把需要分成生理需要、安全需要、社交需要、尊重需要和自我实现需要五类，依次由较低层次到较高层次，如图 5-10 所示。

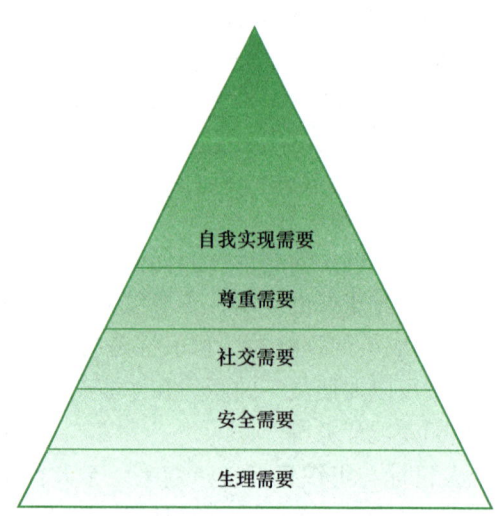

图 5-10　马斯洛的需要层次理论

（1）生理需要。生理需要是人类维持自身生存的最基本要求，包括饥、渴、衣、住、行等方面的需要。如果这些需要得不到满足，人类的生存就成了问题。生理需要属于最基本的生存保障。

（2）安全需要。安全需要是人类保障自身安全、摆脱失业和丧失财产的威胁、避免职业病的侵袭、接触严酷的监督等方面的需要。安全需要又可分为两类：一类是现在的安全需要；另一类是未来的安全需要。

（3）社交需要。社交需要包括两个方面的内容：一是友爱的需要，即人人都需要伙伴，需要同事之间的关系融洽或保持友谊和忠诚，人人都希望得到爱情，希望爱别人，也渴望接受别人的爱；二是归属的需要，即人都有归属于一个群体的愿望，希望成为群体中的一员，并相互关心和照顾。

（4）尊重需要。尊重需要是指人人都希望自己有稳定的社会地位，希望个人的能力和成就得到社会的承认。尊重需要又可分为自尊和他尊。自尊是指一个人希望在各种不同情境中有实力、能胜任、充满信心、能独立自主；他尊是指个人希望有地位、有威信，受到别人的尊重、信赖和高度评价。

（5）自我实现需要。自我实现的需要是最高层次的需要，它是指实现个人理想、抱负，发挥个人能力到最大限度，完成与自己能力相符的一切事情的需要。自我实现的需要即努力挖掘自己的潜力，使自己成为所期望成为的人。

马斯洛认为，只有低层次的需要得到部分满足后，高层次的需要才有可能成为影响行为的重要决定因素；高层次的需要比低层次的需要更有价值。人的需要结构是动态的、发展变化的。

> **思考与讨论**
>
> 古代君子常言"士为知己者死"，还有一句谚语"有钱能使鬼推磨"。请问这两句话分别蕴涵了怎样的激励思想？

从马斯洛的需要层次理论我们可以得到启示：如果要激励员工，就要了解员工目前所处的需要层次，然后通过给予适当的协助，帮助他们满足这一层次或更高层次的需要，在此过程中不断激励他们的士气和热忱。

根据所掌握的员工的需要层次，满足员工不同层次的需要，其管理措施具体分析如表 5-9 所示。

表 5-9 需要层次理论与管理措施

需 要 层 次	一般激励因素	管 理 措 施
1. 生理需要	食物、住所、薪酬等	基本的工作、身体保健、住宅设施、福利设施等
2. 安全需要	职位的保障、意外的预防	安全的工作条件、雇佣保证、退休金制度、健康保险、意外保险等
3. 社交需要	友谊、爱、团体的接纳、组织的归属	和谐的工作小组、同事的友谊、团体活动制度、互助制度、娱乐制度、教育培训制度等
4. 尊重需要	地位、权力、责任、尊重、认可	考核制度、晋升制度、奖金制度、选拔进修制度、委员会参与制度等
5. 自我实现需要	成长与发展、挑战性的工作	挑战性工作、创造性工作、工作成就、相应决策参与制度等

2. 赫茨伯格的双因素理论

双因素理论也称激励因素—保健因素，是美国心理学家弗雷德里克·赫茨伯格（Frederick Herzberg）采用关键事件法对 200 名工程师和会计师进行了广泛的调查和研究后提出的。赫茨伯格认为影响人们工作动机的因素主要有两个：一是激励因素，二是保健因素。只有激励因素才能够给人们带来满意感，而保健因素只能消除人们的不满，不会带来满意感，具体如图 5-11 所示。

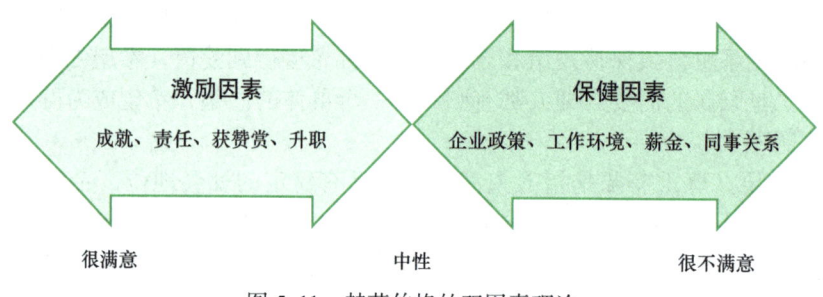

图 5-11　赫茨伯格的双因素理论

（1）激励因素。激励因素是指能使员工感到满意的因素，属于与工作内容相关的因素，如工作的成就感、工作成绩得到上级的认可、工作本身具有挑战性等。

激励因素的改善会使员工感到满意，能够极大地激发员工的工作热情，提高劳动生产效率。但即使管理层不对激励因素给予改善，往往也不会因此使员工感到不满意。因此，就激励因素来说，"满意"的对立面应该是"没有满意"。

（2）保健因素。保健因素是指使员工不满的因素，属于与工作环境或工作条件相关的因素，如公司的政策、行政管理、职工与上级之间的关系、工资、工作安全、工作环境等。

保健因素不能得到满足，则易使员工产生不满情绪而消极怠工，甚至引起罢工等对抗行为；但当保健因素得到一定程度改善后，无论再如何改善往往也很难使员工感到满意，因而也就难以再由此激发员工的工作积极性。因此，就保健因素来说，"不满意"的对立面应该是"没有不满意"。

传统的观点认为，满意的对立面是不满意。而赫茨伯格指出，满意的对立面并不是不满意，不是像人们通常认为的那样，消除工作中的不满意因素并不必然带来工作满意。如图 5-12 所示，赫茨伯格提出这种理论存在双重的连续体："满意"的对立面是"没有满意"，而不是"不满意"；同样，"不满意"的对立面是"没有不满意"，而不是"满意"。

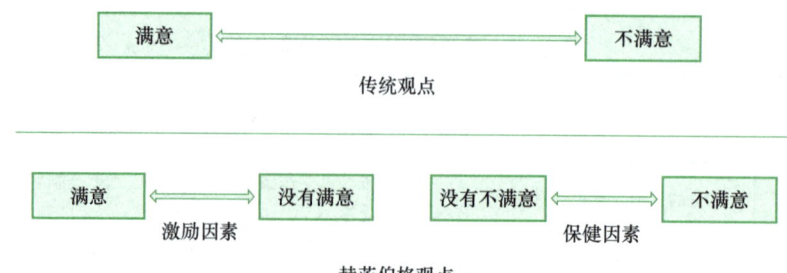

图 5-12　满意—不满意观点的对比

双因素理论揭示了内在激励的作用，为管理者如何更好地激励员工提供了新的思路。带来工作满意的因素和导致工作不满意的因素是不相关的和有区别的。因此，管理者努力消除员工工作中的不满意因素可能只会带来平静，却不一定有激励作用。这些因素只能安抚员工，而不能激励员工，即保健因素。当它们得到充分改善时，人们就没有不满意感了，但也不会感到满意。因此，要想真正激励员工努力工作，必须注重激励因素，因为只有这些因素才能增加员工的工作满意度，从而努力工作。

3. 麦克利兰的成就需要理论

美国管理学家大卫·麦克利兰（David McClelland）提出了成就需要理论。麦克利兰认为，在人的生存需要基本得到满足的前提下，成就需要、权力需要和社交需要就成为人最主要的三种需要。

（1）成就需要。成就需要是指争取成功、追求优越感，希望做到最好的需要。高成就需要的人通常会给自己设定挑战性的目标，他们总会挑选难度适中的任务，偏向于自己能力所能达到的上限，而不会避难就易，但也不会不自量力。高成就需要的人通常注重自己努力的结果，喜欢通过自己的努力解决问题，不依赖偶然的机遇坐享成功，不喜欢运气或者指望天上掉馅饼。一般情况下，高成就需要的人要求立即得到反馈信息，弄清工作结果。

（2）权力需要。权力需要是指影响或控制他人且不受他人控制的需要。组织中的权力分为个人权力和职位权力。追求个人权力的人表现出来的特征是围绕个人需求行使权力，在工作中需要及时的反馈和倾向于自己亲自操作；追求职位权力的人要求管理者与组织共同发展，自觉接受约束，从体验行使权力的过程中得到满足。但需要注意的是，把权力建立在个人需要的基础上是不利于组织发展的。

（3）社交需要。社交需要也称关系需要，是指建立友好亲密的人际关系，寻求被他人喜爱和接纳的需要。高社交需要的人更倾向于与他人进行交往，至少是为他人着想，这种交往会给他带来愉快。高社交需要的人渴望社交，喜欢合作而不是竞争的工作环境，希望彼此之间能够沟通与理解，他们对环境中的人际关系更为敏感。

麦克利兰认为，不同的人对这三种需要的排列层次和比例不同，个人行为主要取决于其中被环境激活的那些要素。

麦克利兰的成就需要理论在企业管理中很有应用价值，对具有高目标值的企业家或经理人员的激励具有重要的指导意义。首先，在人员的选拔和配置上，测量和评价一个人动机体系的特征对如何分派工作和安排职位有重要的意义；其次，由于具有不同需要的人需要不同的激励方式，了解员工的需要与动机有利于合理建立激励机制；最后，麦克利兰认为动机是可以训练和激发的，因此，管理者可以训练和提高员工的成就动机，以提高生产率。

三、激励的过程理论

激励的过程理论又称过程型激励理论，它着重研究从动机的产生到采取行动的心理过程，即在管理中如何为员工设定合理的外在目标来激励员工，着重对行为目标的选择，即对动机的形成过程进行研究。激励的过程理论主要包括弗鲁姆的期望理论和亚当斯的公平理论。

1. 弗鲁姆的期望理论

期望理论是美国心理学家维克托·弗鲁姆（Victor Vroom）于1964年在出版的著作《工作与激励》一书中首先提出的。期望理论是通过考察人们的努力行为与其所获得的最终奖酬之间的因果关系来说明激励过程，并选择合适的行为达到最终的奖酬目标的理论。这种理论认为，当人们有需要，又有达成目标的可能时，其积极性才会高。这个理论可以用公式表示为

$$M = \Sigma VE$$

式中　M——激励力；
　　　V——效价；
　　　E——期望值。

在这个公式中，激励力是指调动个人积极性、激发人的内部潜力的强度；期望值是根据个人的经验判断达到目标的把握程度；效价则是所能达到的目标对满足个人需要的价值。

这个理论公式说明，人的积极性被调动的大小取决于期望值与效价的乘积。也就是说，一个人对目标的把握越大，估计达到目标的概率越高，激起的动力越强烈，积极性也就越大。

在领导与管理工作中，运用期望理论调动下属的积极性是有一定意义的。个人在采取行动前，首先要考虑个人是否有能力完成组织的绩效目标或者完成组织绩效目标的可能性大小，即期望值。然后再考虑完成组织绩效后获得的奖励满足自己需要的程度，即效价大小。最后根据完成期望值和效价大小确定个人努力的程度。

为了使激励最大化，弗鲁姆提出了期望模式，如图 5-13 所示。期望模式实际上提出了在进行激励时要处理好三方面的关系，这三个关系也是调动人们工作积极性的三个条件。

图 5-13　期望模式

（1）关系Ⅰ：个人努力与个人绩效的关系。人总是希望通过一定的努力达成预期的目标。如果一个人主观认为通过自己的努力达成预期目标的概率较高，就会有信心，就可能激发出很强的工作能力；如果一个人认为目标太高，通过努力也不会有很好的绩效时，就会失去内在的动力，导致工作消极。这种关系可通过公式的期望值变量反映。

（2）关系Ⅱ：个人绩效与组织奖励的关系。人总是希望取得成绩后得到一定的奖励，这种奖励是广义的，既包括提高工资、多发奖金等物质方面的奖励，也包括表扬、自我成就感、得到同事们的信赖、提高个人威望等精神方面的奖励，还包括物质与精神兼而有之的奖励。如果一个人预期取得绩效后能获得合理的奖励，就有可能产生工作热情；否则，就会缺乏积极性。

（3）关系Ⅲ：组织奖励与个人目标之间的关系。人总是希望自己所获得的奖励能满足自己的需要，实现个人目标。然而，由于人们在年龄、性别、资历、社会地位和经济条件等方面存在差异，他们对各种需要得到满足的程度不同。所以，对待不同的人，采用同一种奖励满足的需要程度不同，所激发出来的工作动力也不相同。

为了有效地激发人的动机，必须正确处理好个人努力与个人绩效的关系、个人绩效与组织奖励的关系、组织奖励与个人目标的关系。

由期望理论可知，管理者在选择激励方式时，必须选用员工感兴趣、评价高，即认为效价高的方式，才能起到较好的激励效果。确定目标的标准不宜过高，应是大多数员工通

过努力能够实现的,以增加目标实现的可能性,增加激励的作用。管理者还要从客观实际出发,否则,主观推行对员工来说效价不高、实现概率不大的方式,激励作用很难达到,员工也会因实现目标无望而放弃努力。

> **思考与讨论**
>
> 有句谚语"明知山有虎,偏向虎山行",你是如何理解这句话的?它与期望理论冲突吗?假如冲突,那么造成冲突的原因是什么呢?

2. 亚当斯的公平理论

公平理论又称为权衡理论或社会化比较理论,是美国心理学家约翰·斯塔希·亚当斯(John Stacey Adams)在综合有关分配的公平概念和认知失调的基础上,于20世纪60年代提出的一种激励理论。

亚当斯通过大量的研究发现,员工对自己是否受到公平合理的待遇十分敏感。他们的工作态度和工作积极性不仅受到其所得报酬的绝对值(自己的实际收入)的影响,更受到相对值(自己收入与自己劳动的比值)的影响。所谓相对值,来源于横向比较与纵向比较。

(1)横向比较。横向比较是将自己所做出的付出和所得的报酬,与一个和自己条件相当的人的付出与所得的报酬进行比较,从而对此做出相应反应。下面我们用方程式来加以说明,如图5-14所示。

$$\frac{A\text{所得}}{A\text{付出}} = \frac{B\text{所得}}{B\text{付出}} \quad \text{公平(式1)}$$

$$\frac{A\text{所得}}{A\text{付出}} > \frac{B\text{所得}}{B\text{付出}} \quad \text{不公平 报酬过高(式2)}$$

$$\frac{A\text{所得}}{A\text{付出}} < \frac{B\text{所得}}{B\text{付出}} \quad \text{不公平 报酬过低(式3)}$$

说明:
1. A代表员工,B代表参照对象。
2. "付出"是指每个人对自己(或他人)的努力、资历、知识、能力、经验及贡献的主观估计。
3. "所得"是指付出后所得到的报酬,如工资、奖金、福利待遇、晋升、进修机会等。

图5-14 横向比较激励

从图5-14中可以看出,式1表示,A通过和B的比较,觉得二人付出与所得之比相等,感到公平,因而心情舒畅、努力工作。

式2表示,A通过和B的比较,觉得自己的付出与所得之比高于对方,感到占了便宜,但也会产生内心不安。

式3表示,A通过和B的比较,觉得自己的付出与所得之比低于对方,感到吃了亏而满心怨气。

(2)纵向比较。纵向比较是指个人对工作的付出和所得与过去进行比较时的比值,如图5-15所示。

$$\frac{A\text{现在所得}}{A\text{现在付出}} : \frac{A\text{过去所得}}{A\text{过去付出}}$$

图5-15 纵向比较

从图 5-15 中可以看出，比较后会出现三种结果：

1）现在的所得与付出之比等于过去，他会认为激励措施基本公平，积极性和努力程度可能保持不变。

2）现在的所得与付出之比大于过去，他可能不会觉得报酬过高，因为他可能认为自己的能力和经验有了提高，因而工作积极性不会有大的提高。

3）现在的所得与付出之比小于过去，他会认为不公平，工作积极性会下降。

由上述横纵向比较可知，在一个组织中，组织成员对自己付出的劳动是否能得到公平合理的待遇是十分敏感的。每个人心中都存在一台"公平秤"，当发现自己的公平指数小于他人的公平指数时，就会感到吃亏；当自己的公平指数大于他人时，也会产生不安。研究表明，不公平感使人紧张，心里不舒服、不平衡。要想重新获得公平感，就会采取一系列的行为，具体如表 5-10 所示。

表 5-10　重新获得公平感的方式

方　式	做　法
改变投入	一个人可以选择对组织增加或减少投入的方式来调节内心的平衡
改变报酬	一个人可以通过要求增加工资等改变报酬，改变投入与报酬的比率
改变知觉	改变对投入或报酬的知觉，重新获得公平
改变他人投入	一个人可以试图说服参照人增加他的投入
改变参照人	当自己和一个人比较产生不公平的结果，可能会改变参照对象，减少不舒服的感觉
离开这种环境	如果一个特定的环境总是使人感到不公平，最激烈的解决方式就是离开

公平感是人的一种主观感受，领导者要十分重视下属的相对报酬问题。要将相对报酬原理作为有效激励的方式运用到工作中去，通过引导和说明来消除下属在报酬感觉上的不公平。此外，还要尽可能实现相对报酬的公平性，坚持公平合理地分配劳动报酬。如果分配过程中出现不合理的现象，应及时加以调整，并通过改革与管理的规范化及科学化来消除不公平现象。

> **思考与讨论**
>
> 孔子说："不患寡而患不均。"请问这句话蕴涵着什么管理思想？想一想，世界上有绝对的公平吗，为什么？

四、激励的强化理论

激励的强化理论又称为行为改造型激励理论，它着重研究如何改造和转化人的行为，变消极行为为积极行为。其主要包括斯金纳的强化理论和海德的归因理论。

1. 斯金纳的强化理论

美国著名心理学家斯金纳（B. F. Skinner）通过对人和动物的学习进行的长期实验研究，提出了强化理论，又叫操作条件反射理论。现在，强化理论被广泛地应用于激励人和改造人的行为。与其他的激励理论不同，斯金纳的强化理论几乎不涉及主观判断等内部心理过程，而只讨论刺激和行为的关系。

斯金纳认为，无论是人还是动物，为了达到某种目的，都会采取一定的行为，这种行为将作用于环境。当行为的结果有利时，这种行为就会重复出现；当行为的结果不利时，这种行为就会减弱或消失。这在心理学中被称为"强化"。所以，所谓强化，是指对一种行为给予肯定或否定的后果，在一定程度上决定这种行为在今后是否会重复发生。

根据强化的性质和目的可把强化分为正强化、负强化、惩罚和自然消退四种类型，如表 5-11 所示。

表 5-11　不同类型强化的作用

事　　项	令人愉快或希望的事件	令人不愉快或不希望的事件
事件的出现	正强化	惩罚
	行为变得更加可能发生	行为变得更不可能发生
事件的消失	自然消退	负强化
	行为变得更不可能发生	行为变得更加可能发生

（1）正强化。正强化又叫积极强化，是指当人们采取某种行为时，能从他人那里得到某种令其感到愉快的结果，这种结果反过来又成为推进人们趋向或重复此种行为的力量。例如，学校用某种具有吸引力的结果（如奖状、认可、表扬等）表示对学生努力学习的肯定，从而增强学生进一步努力学习的行为。

正强化可以是连续的、固定的，这种强化效果及时，但长久后强化的作用会逐渐减弱；也可以是间断的，时间和数量都不确定，目的是使每次强化都能有较大的效果。

（2）负强化。负强化又叫消极强化，是指减少或消除施于其身的某种不愉快的后果，以使某种符合要求的行为被不断重复。如果能按所要求的方式行动，就可减少或消除令人不愉快的处境，从而也增大了符合要求的行为重复出现的可能性。例如，教学规则告知学生旷课三次就会被取消考试资格，学生为了避免此种不期望的结果而按时上课。

与正强化不同，负强化应注意采用连续的方式，即保证对每次不符合组织目标的行为都及时予以负强化，才能起到纠偏的作用。

> 为山九仞，功亏一篑。
>
> ——《尚书·旅獒》

（3）惩罚。惩罚是消极行为发生后，以某种带有强制性、威慑性的手段（如批评、行政处分、经济处罚等）给人带来不愉快的结果。例如，根据教学规则，某学生旷课三次就取消其考试资格。

惩罚可以减少不良行为的重复出现，弱化行为。但是，一方面，惩罚可能引起怨恨和敌意；另一方面，随着时间的推移，惩罚的效果会减弱。

（4）自然消退。自然消退，是指对原先可接受的某种行为强化的撤销，若在一定时间内不予强化，此行为将自然下降并逐渐消退。例如，如果关于旷课的教学规则取消，那么学生的旷课率会逐渐上升。

正强化用于加强组织所期望的个人行为，惩罚、负强化和自然消退的目的是减少和消除组织不期望发生的行为。这四种类型的强化相互联系、相互补充，构成了强化的体系，并成为一种制约或影响人行为的特殊环境因素。

应用强化理论应该注意五个行为原则：①经过强化的行为趋于重复发生；②依照不同的强化对象采取不同的措施；③分阶段设立目标，并对目标进行明确的规定和表述；④及时反馈；⑤正强化比负强化更有效。

2. 海德的归因理论

归因理论最初是由弗里茨·海德（Fritz Heider）在《人际关系心理》中提出的。归因理论主要解决的是日常生活中人们如何找出事件的原因。海德认为人有两种强烈的动机：一是形成对周围环境一贯性理解的需要；二是控制环境的需要。而要满足这两种需要，人们必须有能力预测他人将如何行动。因此海德指出，每个人都试图解释别人的行为，并都具有针对他人行为的理论。归因理论强调的是个人的知觉与其行为间的关系。

归因理论认为，人们的行为成功或失败主要归于四个因素：努力、能力、任务难度和机遇。这四个因素可以按内外因、稳定性与可控性三个维度来划分：从内外因来看，努力和能力属于内部因素，而任务难度和机遇属于外部因素；从稳定性来看，能力和任务难度属于稳定性因素，努力和机遇属于不稳定性因素；从可控性来看，努力是可控制因素，任务难度和机遇是不以人的意志为转移的不可控因素。研究表明，人们把成功和失败归因于何种因素，对今后的工作积极性有很大的影响，具体如表 5-12 所示。

表 5-12 归因因素与行为结果之间的关系

归因因素	行为结果	
	成　就	失　败
内部因素（努力、能力）	使人感到满意和自豪	使人产生内疚和无助感
外部因素（任务难度、机遇）	使人产生惊喜和感激之情	使人产生气愤和敌意
稳定因素（能力、任务难度）	有助于提高以后的积极性	可能降低以后的积极性
不稳定因素（努力、机遇）	以后的积极性有可能降低	可能提高以后的积极性

如果把失败的原因归结为相对稳定的因素、可控的因素或者内部因素，就会容易使人不再坚持努力行为；相反，如果把失败的原因归结为相对不稳定的因素、不可控因素或外部因素，则人们比较容易继续保持努力行为。

所以，当员工感到主要受内因控制时，他们会觉得可以通过自己的努力、能力或技巧来影响行为的结果；当员工感到主要受外因控制时，他们会觉得行为的结果非自己所能控制的，而是受到外力的摆布，正是这种被感知的控制，会对人们的满足和绩效带来不同的影响。在激励过程中，归因过程起着很大的作用。

虽然激励理论包括内容理论、过程理论和强化理论，但这些理论并不矛盾，而是互为补充的。

模块六　选择激励方法

模块情境

一位游人旅行到乡间，看到一位老农把喂牛的草料铲到一间小茅屋的屋檐上，不免感到奇怪，于是问道："老公公，你为什么不把喂牛的草放在地上，方便它直接吃呢？"老农说："这种草草质不好，我要是放在地上，它就不屑一顾；但是，我把草放到让它勉强可以够得着的屋檐上，它就会努力去吃，直到把全部草料吃个精光。"

【思考】 老农喂牛的故事给予我们什么启示？

问│题│分│析

现实生活中，尽管领导者采用了大量的激励政策，但下属总是不能按照领导者所希望和要求的方式工作，达不到激励的效果。所以，要使激励产生预期的效果，就必须考虑到激励内容、激励制度、组织分工、目标设置、公平考核等一系列的综合因素，并且看重个人满意度在努力中的反馈。

从模块情境中我们可以看到，草料虽然可以激励牛正常工作，但是草料放在不同的位置，牛的反馈是不一样的。其实，在管理上也是如此，太容易得到的东西没有人会珍惜，很多时候一个头衔、一点儿奖励，哪怕一个很小的官职、一份价值不太高的奖品，也不要轻易授人，最好能够激励下属通过合适的方式去获得。这就要考验领导者的激励方法。

知识精讲

所有激励理论都是面对一种情况，而现实中每个组织成员都有自己的特性，其需求、个性、期望、目标等个体变量都不相同。因而，领导者在处理激励问题时，应该针对组织成员的不同特点采用不同的方法。领导者要能最大限度地激发组织成员的工作热情，使得组织成员能够坚持以积极的工作态度，尽个人的最大努力去完成组织任务，除了遵循一些基本的激励原则，还要注意采用多种多样的激励方式。在管理实践中，激励的方式方法与措施因不同需要而多种多样，主要是围绕薪酬与奖励、是否增加责任、职务与地位的升迁及衷心的赞许与表扬等展开的。

一、激励的原则

激励是一门科学，为了有效激励，一般需要遵循以下原则：

1. 组织目标与个人目标相结合

在激励机制中，设置目标是一个关键环节。目标设置必须体现组织目标的要求，否则激励将偏离实现组织目标的方向。目标设置还必须能满足组织成员个人的需要，否则无法提高组织成员的目标效价，达不到满意的激励力。

只有将组织目标与个人目标结合好，使组织目标包含较多的个人目标，使个人目标的实现离不开为实现组织目标所做的努力，这样才会收到良好的激励效果。激励过程如图 5-16 所示。

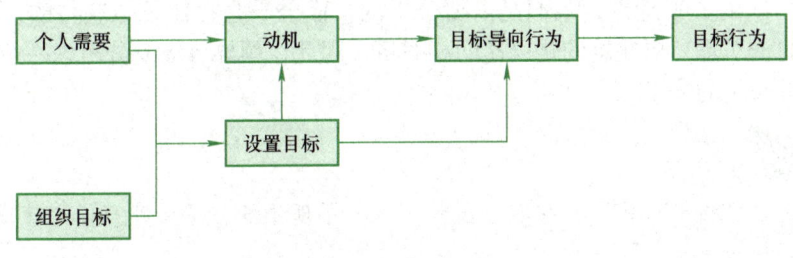

图 5-16　激励过程

2. 物质激励与精神激励相结合

组织成员存在着物质需要和精神需要，相应的激励方式也应该是物质激励与精神激励相结合的。物质需要是人类最基础的需要，但层次也最低，只能作用在表面上，激励深度有限。所以，随着社会生产发展和人员素质的提高，应该将重心转移到较高层次的精神激励上。

物质激励是基础，精神激励是根本，在两者结合的基础上，逐步过渡到以精神激励为主。但要注意避免走极端，迷信物质激励则导致拜金主义，迷信精神激励又会导致唯意志论，两者都是片面有害的。

3. 正强化与负强化相结合

根据斯金纳的强化理论，管理者应遵循正强化与负强化相结合的原则：利用正强化对组织成员的符合组织目标的期望行为进行奖励，使组织成员的积极性更高；利用负强化对组织成员的违背组织目标的非期望行为进行惩罚，以使得这种行为不再发生，使犯错误的组织成员积极地向正确方向转移。

显然，正强化与负强化都是必要而有效的，不仅作用于当事人，而且会间接地影响周围其他人。不过，负强化具有一定的消极作用，容易使人产生挫折心理和挫折行为。因此，领导者在进行激励时应该把正强化与负强化巧妙地结合起来，并坚持以正强化为主、负强化为辅。

> 其身正，不令而行；其身不正，虽令不从。
> ——《论语·子路》

4. 内在激励与外在激励相结合

根据赫茨伯格的双因素理论，可利用保健因素和激励因素实现内在激励与外在激励的相结合：保健因素能消除组织成员不满，从外部进行激励；满足组织成员自尊和自我实现需要等激励因素，则能很好地实现内在激励。

内外激励相结合，不仅能使组织成员从工作本身和工作环境中取得很大的满足感，使其在工作中充满兴趣、乐趣，并愿意接受挑战，还能因为任务的实现，激发其成绩自豪感和自我实现感。这样产生的工作动力远比单纯地使用外在激励或内在激励更深刻和持久。因此，在激励中，领导者应善于以内在激励为主，将外在激励与内在激励相结合，达到事半功倍的效果。

5. 民主与公平相结合

根据亚当斯的公平理论，人们是需要公平的，而公平是在比较中获得的，人们注重的不只是所得的绝对量，更注重的是可比的相对量。因此，领导者应充分考虑一个群体内及群体外相关人员激励的公平性。

> **思考与讨论**
>
> 我们常说"按劳分配"，按劳分配算不算公平理论的公平原则？作为管理者，你将如何做到尽量公平？

二、激励的方法

虽然已有很多的激励理论，理论的作用是对现实进行解释，对未来做出预测，为领导工作提供依据，但理论不是方法，在现实中，常常有一些有效激励的方法和技能。

1. 目标激励

目标激励是指通过在组织中全面推行目标管理，加强组织成员对组织目标的制定、分解、协商和实施措施的制定及其成果评价等关系的参与意识，从而增强实现组织目标的责任感和积极性。用于激励的目标有工作目标、个人成长目标和个人生活目标。

企业领导者通过设置和选择适当的目标确定员工努力的方向。目标的设定要科学合理，具有一定的可操作性，使员工努力后能够实现目标，以激励员工的自信心。

2. 工作激励

工作激励是指通过设计合理的工作内容，分配恰当的工作任务来激发员工的内在热情。按双因素理论，对人最有效的激励因素来自工作本身。为了达到组织目标而将物质激励与精神激励结合起来，对工作内容、工作职能和工作关系等进行满足员工个人需要的设计，以激发员工工作的积极性，提高工作满意度和工作效率。

工作激励的主要形式有工作轮换、工作扩大化、工作丰富化、增加工作的意义、增强工作的挑战性和实行弹性工时制等。

3. 薪酬激励

薪酬激励是指通过收入的差异性和公平性来激发员工的工作热情。领导者可以把绩效薪酬建立在个人绩效、团队绩效或者组织绩效的基础上。当个人绩效能够确定时，以个人绩效为基础支付薪酬对其激励作用最大。当组织成员以团队形式工作时，个人绩效难以准确衡量时，就必须采用以团队绩效或组织绩效为基础的薪酬计划。

> 香饵之下，必有悬鱼，重赏之下，必有死夫。
> ——《三略·上略》

将基于个人绩效的薪酬计划和基于团队或组织绩效的薪酬计划结合起来，有可能在激励所有个人共同工作、彼此合作并互相帮助的同时，激励每个人都高水平地完成工作。常见的绩效薪酬方案有计件工资、佣金、利润共享、员工持股、股票期权等，具体如表 5-13 所示。

表 5-13 常见的绩效薪酬方案

方　案	具　体　内　容
计件工资	领导者根据每个员工生产的产品数量向他们支付报酬
佣金	领导者以个人销售额的一定比例向员工支付报酬
利润共享	公司给员工一定比例的利润
员工持股	企业内部员工出资认购本公司的部分股份，委托专门机构进行管理运作，并参与持股分红
股票期权	企业资产所有者对高层次经营和技术人才实行的一种长期激励的报酬制度

4. 教育培训激励

教育培训激励是指通过灌输组织文化和开展技术知识培训，提高组织成员的素质、增强其更新知识、共同完成组织目标的热情。培训既可以提高组织成员自觉性、积极性和创造力,又能增加组织的产出和利润;既能使组织受益,又可以增强组织成员本人的素质和能力,使组织成员受益。

组织通过教育培训,提高组织内部沟通水平,达成相互理解与支持,以提高组织整体的工作绩效。

5. 形象激励

一个人通过视觉感受到的信息占全部信息量的80%。因此,充分利用视觉形象的作用,激发员工的荣誉感、成就感、自豪感,也是一种行之有效的激励方法。对企业来说,常用的方法有用照片、资料张榜公布,用新媒体等手段表彰宣传新人、新事、优秀员工、劳动模范等,这样可以达到内容丰富、形式多样、喜闻乐见的效果。

6. 荣誉激励

荣誉激励实质上是一种精神激励。它是对为组织存在和发展做出过较大贡献的人给予一定的荣誉,并将这种荣誉以特定的形式固定下来。这样不仅可以对这些获得荣誉的人以激励,还可以对其他成员产生激励作用。

荣誉激励具有巨大的感召力和影响力,甚至可以促使人们为某项特殊的荣誉而自愿献身。所以,荣誉激励可以成为管理者手中的一个制胜法宝。

7. 榜样激励

榜样激励是指通过树立榜样或在组织中树立正面典型和标兵,激发组织员工的工作热情,形成你追我赶的工作氛围,从而达到激励的目的。运用榜样激励主要包括先进典型的榜样激励和领导者自身的榜样激励。

领导者要善于发现先进事迹和先进人物,并树立榜样,及时宣传,以榜样的事迹来激励组织成员。此外,领导者在工作中各方面都应起到模范带头的作用,身先士卒,严格要求自己,从而对组织成员产生激励和影响。

8. 晋升激励

对大多数公司来说,职位晋升机制也是重要的激励方法。如果公司提拔绩效杰出者,那么,晋升职位也是对绩效的一种回报。

职位晋升激励作用的大小取决于员工有多大的机会获得提升以及职位提升后的收入增加程度。

9. 支持性激励

支持性激励是指通过领导者对下属的尊重、信任和关怀,尽可能地创造条件满足下属的合理需要,从而提升下属对事业的忠诚度。这种激励方法是通过在工作中满足组织成员的信任感、责任感等需要达到激励效果的。

10. 兴趣激励

兴趣对人的工作认真程度、钻研程度、创新精神的影响是巨大的,往往与求知、求美、自我实现密切联系。领导者在管理中应重视组织成员的兴趣因素,促进实现预期的精神激励效果。

兴趣激励能激发员工的参与感、使命感,增强组织成员的责任感和归属感,从而有效地提高组织的凝聚力。

11. 参与激励

企业以员工参与管理及决策为诱因，激发员工的积极性和创造性。员工参与管理，有利于满足员工的尊重需要，有利于集中群众意见，保证决策的科学性和正确性。参与管理激励机制通过一系列制度和措施，如自我发展计划、合理化建议、雇员调查、员工评议、自我评议、同事评议等，可使员工在管理和决策中发挥作用。

参与管理有利于激发员工工作的积极性、主动性和创造性，缓和劳资关系，增强凝聚力，提高劳动生产率。

12. 组织文化激励

组织文化激励是指通过建立组织文化，塑造组织全体员工共同的价值观念和期望模式，树立企业员工的团队意识。

华为激励

> **思考与讨论**
>
> 你知道"鲇鱼效应"吗？这是不是一种激励？你还知道哪些激励方法？

激励的方式多种多样，但没有一种激励方式是对所有人都有同样的价值和效力的。即使同一个人在不同时期，对同一种激励方式也会有不同的反应。所以，没有一种一成不变的激励模式可循。领导者必须根据不同的对象，灵活地采取不同的激励方式和把握不同的激励力度，这样才能取得良好的激励效果。

> **管理故事　三个金人**
>
> 古代曾经有个小国的使者来中国，进贡了三个一模一样的金人。金人金光闪闪、十分精致，皇帝龙颜大悦。但这位使者出了一道题目：这三个金人哪个最有价值？皇帝想了许多办法，请珠宝匠检查、称重量、看做工，可三个结果都是一模一样的。怎么办？使者还等着回去复命呢。泱泱大国，难道连这点小事都不懂？最后，一位已经卸官的老臣说他有办法。随即，皇帝便将使者请到大殿上，老臣胸有成竹地拿出三根稻草并分别插入三个金人的一只耳朵里。结果第一根稻草从第一个金人的另一只耳朵里出来了；第二根稻草从第二个金人的嘴巴里出来了；第三根稻草掉进了第三个金人的肚子里，什么响动也没有。于是，老臣说："第三个金人最有价值！"使者听后默默无言——答案正确。
>
> 【思考】为什么第三个金人最有价值？

巩固练习

一、选择题

1. 领导和非领导的差异在于领导具有一些可被确认的基本特性，持这种观点的理论被称为（　　）。

　　A. 领导行为连续统一体理论　　B. 管理方格理论
　　C. 领导特质理论　　D. 归因理论

2. 下列各类领导者中具有独裁式、指示性领导风格的是（　　）。
   A. 民主型领导者　　　　　　　　B. 关心型领导者
   C. 以员工为中心的领导者　　　　D. X理论领导者
3. 领导行为连续统一体理论指出，有效的领导方式应是（　　）。
   A. 独裁型领导
   B. 民主型领导
   C. 放任型领导
   D. 根据领导者、下属、处境的不同而灵活运用各种方式
4. 以员工为中心的领导最关心的是（　　）。
   A. 员工的成长及参与　　　　　　B. 下属的执行情况
   C. 职权与奖励权力　　　　　　　D. 对工作过程的集中控制
5. 根据管理方格图，对生产高度关心而对人很少关心的管理属于（　　）领导方式。
   A.（9,1）任务导向型　　　　　　B.（1,9）乡村俱乐部型
   C.（9,9）团队型　　　　　　　　D.（1,1）贫乏型
6. 菲德勒权变理论中的情景因素包括（　　）。
   A. 任务结构　　　　　　　　　　B. 个人特点
   C. 上下关系　　　　　　　　　　D. 任务结构和上下关系
7. 假设领导者不能改变领导风格来适应情境的理论是（　　）。
   A. 路径—目标理论　　　　　　　B. 弗鲁姆—耶顿模式
   C. 期望理论　　　　　　　　　　D. 菲德勒权变理论
8. 根据生命周期理论，领导风格随着下属成熟程度的不同而不同，对于高度成熟的下属应采取（　　）的领导风格。
   A. 高工作，高关系　　　　　　　B. 低工作，低关系
   C. 高工作，低关系　　　　　　　D. 低工作，高关系
9. 任务导向型领导行为在下述因素中最关心的是（　　）。
   A. 下属的意见、感情　　　　　　B. 员工满意程度
   C. 工作群体的团结　　　　　　　D. 下属执行情况
10. 如果领导风格不适应领导情境，菲德勒认为应该（　　）。
    A. 改变情景以适应领导风格
    B. 改变领导风格以适应情景
    C. 什么也不做，环境的动态变化最终会适应领导风格
    D. 放弃该工作
11. "大棒"是传统的激励手段之一，以下现象中不属于由"大棒"产生的消极效应的是（　　）。
    A. 消极怠工　　　　　　　　　　B. 一切向钱看
    C. 生产劣质产品　　　　　　　　D. 对工作漠不关心
12. 当某人力图同他人交往并建立亲近和睦的关系时，其表现出的是（　　）。
    A. 对权力的需要　　　　　　　　B. 对成就的需要
    C. 安全需要　　　　　　　　　　D. 对社交的需要

二、判断题

1. 当代的领导理论研究表明，理想的有效领导行为是对人和生产都高度关心。（   ）
2. 根据菲德勒的权变理论，在有利情景和最不利情景时，任务导向型领导方式较为有效。（   ）
3. 根据管理方格理论，（1,1）型领导者对生产和人都很少关心。（   ）
4. 领导特质理论从才智、情感、体魄等方面确认成功领导的个人特质。（   ）
5. 惩罚是指通过不提供个人所期望的结果来减弱某人的行为。（   ）
6. 报酬和工作环境是赫茨伯格双因素理论中导致不满的因素。（   ）
7. 强化理论基于这样的假设：受到奖励的行为会重复进行，而招致惩罚的行为会更加趋向于重复发生。（   ）
8. 根据马斯洛的需要层次理论，必须在自尊需要得到满足后，社交需要才有激励的作用。（   ）
9. 效价是指个人对通过某种行为会导致一个预期成果的可能性的估计。（   ）
10. 根据公平理论，当获得相同结果时，员工会感到自己是被公平对待的。（   ）

三、简答题

1. 作为重要领导人的秘书，依靠哪些权力影响他人？
2. 职权和个人影响力有什么区别和联系？
3. 实现有效沟通需要满足哪些条件？
4. 简述有效沟通的原则。
5. 描述激励的过程。
6. 激励的原则有哪些？激励的方法有哪些？

拓展训练

拓展1：沟通能力测试

回答以下问题并计分。评分规则为：第1～5题："经常"1分；"有时"2分；"很少"3分。第6～12题："经常"3分；"有时"2分；"很少"1分。

1. 别人曾误解你的意思吗？
2. 与别人谈话时，你经常离开话题的本意而跳到别的话题上吗？
3. 有人曾让你进一步确认你要表达的意思吗？
4. 你嘲笑过他人吗？
5. 你总是尽量避免与他人面对面交流吗？
6. 你总是尽量表达你的意思，并以你认为最合适的方式与他人交谈吗？
7. 交谈时，你注视着对方的眼睛吗？
8. 谈话结束时，你是否询问别人明白你的意思了吗？
9. 你总是找一个合适的时间和地点与他人交谈吗？
10. 你总是把事情的前因后果澄清给别人吗？

11．如果你要表达的意思复杂，令人难以明白，你会事先考虑吗？
12．你征求过别人的观点吗？

| 测评结果 |

得分为 32 分以上的，具有很强的口头交流技能，但在某些方面或许还有提高的余地。
得分为 26～32 分的，具有一定的口头交流技能，但有待进一步提高。
得分为 26 分以下的，口头交流技能有待全面提高。

拓展 2：课后实践

2.1 案例分析

林肯电气公司的"双赢模式"

1．公司背景介绍

林肯电气公司创立于 1895 年，主要生产电力发动机和发电机。其创立者约翰·C.林肯是一位技术天才，他的兄弟詹姆斯则善于管理。正是这对技能和兴趣都互补的兄弟创立了这家知名的制造公司。

时至 1975 年，约 48% 的员工成为公司的股东；约 80% 的股票被员工、林肯家族成员和他们的基金拥有。

在公司发展的前 80 年中，林肯公司只有三位董事长，即约翰、詹姆斯和 1972 年上任的威廉姆。

2．林肯电气公司的激励机制

林肯电气公司的总部设在克利夫，2011 年，林肯电气公司年销售额为 44 亿美元，拥有 2 400 名员工，并且形成了一套独特的激励机制。该公司 90% 的销售额来自生产的弧焊设备和辅助材料。

林肯电气公司的生产工人按件计酬，他们没有最低小时工资，但为公司工作两年后，便可以分享年终奖金。该公司的奖金制度有一整套计算公式，全面考虑了公司的毛利润及员工的生产率与业绩，可以说是美国制造业中对工人最有利的奖金制度。在不景气的年头里，如 1982 年的经济萧条时期，林肯电气公司的员工收入降为 27 000 美元，虽然这相比其他公司还不算太坏，可与经济繁荣时期相比就差了一大截。

公司自 1958 年开始一直推行职业保障政策，从那时起，他们没有辞退过一名员工。当然，作为对此政策的回报，员工也相应要做到几点：在经济萧条时，他们必须接受减少工作时间的决定；接受工作岗位调换的决定，有时甚至为了维持每周 30 小时的最低工作量而不得不被调整到一个报酬更低的岗位。

林肯电气公司极具成本和生产率意识，如果工人生产出一个不合标准的部件，那么除非这个部件返修至符合标准，否则这件产品就不能计入该工人的工资中。严格的计件工资制度和高度竞争性的绩效评估系统，形成了一种很有压力的氛围，有些工人还因此产生了一定的焦虑感，但这种压力有利于生产率的提高。据该公司的一位管理者估计，与美国国内的竞争对手相比，林肯电气公司的总体生产率是这些竞争对手的 2 倍，且 20 世纪 30 年代经济大萧条后公司年年获利丰厚，没有缺过一次分红。该公司还是美国工业界中工人流动率最低的公司之一，其下属两个分厂被《财富》杂志评为全美十佳管理企业。

【思考】

1. 林肯电气公司使用了何种激励理论来调动员工的工作积极性？
2. 为什么林肯电气公司的方法能够有效激励员工？
3. 你认为这种激励制度可能给公司管理当局带来什么问题？

2.2 参观企业与对话企业家

实训目的

1. 培养学生了解真实的现代组织的能力。
2. 掌握管理者的领导角色，并培养领导意识。

实训内容

1. 到企业参观使学生了解真实的企业，以及企业的组成部分和企业中的管理岗位。
2. 与企业家对话交流，使学生对管理的概念和重要性有大概的了解，对企业家应具有的素质和人格魅力有初步认识，并了解管理在社会生产实践中的大量应用。

方法与要求

1. 学生实地参观一家企业，并观察组织的岗位设置，随机与管理者对话，并录音或录像。
2. 与企业家直接对话（有条件的可在课堂上进行），并录音或录像。

学生提出的主要问题可参考如下：

您是如何管理企业的？
您在管理中遇到的主要困难有哪些？
什么是最重要的管理学知识？
您的企业最需要哪种类型的人才？

实训考核

1. 针对不同的企业家，组织学生讨论并写下自己的感想。
2. 根据每个学生在对话中的表现和课后书面材料进行评分，并记入公司积分。

单元六

控 制 职 能

📖 知识目标

- 理解控制的概念、作用、类型
- 掌握有效控制的原则及基本过程
- 理解控制方法
- 掌握常用的控制技术

✍ 技能目标

- 能运用控制原理对生活、学习等实际问题进行有效控制
- 会用控制的基本原则和方法提升自己的时间管理能力

✍ 素质目标

- 加强对自我情绪行为的控制与调整,提高自我控制能力
- 培养具备新时代背景下社会主义特色的有效控制的素养

知识导图

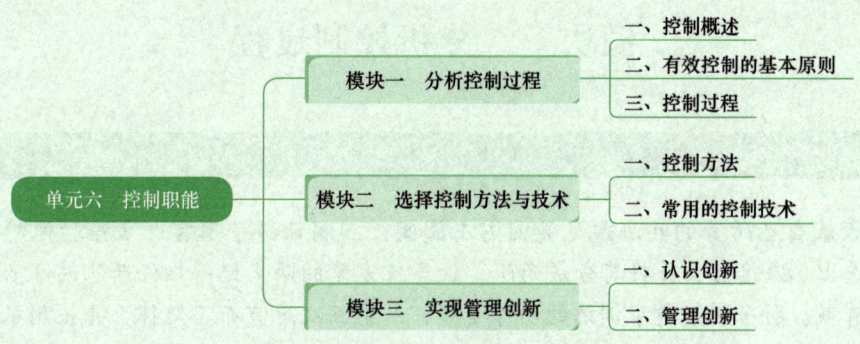

案例启发　扁鹊论医

魏文王问名医扁鹊说："你们家兄弟三人都精于医术，到底哪一位医术最高呢？"扁鹊答说："长兄最好，中兄次之，我最差。"文王吃惊地问："你的名气最大，为何反而长兄医术最高呢？"扁鹊惭愧地说："我治病，是治病于病情严重之时。一般人都看到我在经脉上穿针管来放血、在皮肤上敷药等大手术，所以以为我的医术高明，因此名气响遍全国。我中兄治病，是治病于病情初起之时。一般人以为他只能治轻微的小病，所以他的名气只及于本乡里。而我长兄治病，是治病于病情发作之前。由于一般人不知道他事先能铲除病因，所以觉得他水平一般，但在医学专家看来，他水平最高。"

【思考】"扁鹊论医"案例给我们带来哪些启示？

【案例启发】扁鹊对魏文王论医，把医生治病分为三种过程：病前诱因防治、病中病因治理和病后难点处理，并且说明控制病因最厉害。这个故事说明事后控制不如事中控制，事中控制不如事前控制。在现代社会中，可惜大多数的企业经营者未能认识到这一点，等到错误的决策造成了重大损失后才寻求弥补，为时已晚。

扁鹊论医

控制，即"纠偏"，是指按照计划标准衡量取得的成果，纠正发生的偏差，以确保计划目标的实现。在实际工作中，不管计划制定得多么周密，人们在执行计划的过程中总是不可避免地产生与计划脱节的现象，因此，控制是管理的一项重要职能。有效的控制可以保证管理的各项活动按照既定的组织目标方向前进。控制系统越完善，管理者实现组织的目标就越容易。

在管理中，创新也是管理的永恒主体，创新原有三层含义：一是更新；二是创造新的事物；三是改变。简而言之，创新就是利用已存在的自然资源创造新事物的一种方法。

本单元不仅作为最后一个单元阐述分析管理控制职能实务，也简单阐述关于管理创新的问题。所以，本单元包括分析控制过程、选择控制方法与技术和实现管理创新三个模块，有助于学习者了解管理控制职能和管理创新能力，为有效实现组织目标奠定坚实的基础。

模块一　分析控制过程

模块情境

孙子带着自己所著的兵法觐见吴国国王阖闾，阖闾让孙子用宫女来检验他的兵法。于是，孙子选出180名宫女并将其分成两队，让吴王宠爱的两名妃子担任两队的队长，命令每个人都拿着戟。孙子讲清楚了训练的动作要领，三番五次地宣布了纪律，并把用来行刑的斧钺摆好，然后击鼓命令向右，宫女们却哈哈大笑起来。孙子说："纪律不明确，交代不清楚，这是将帅的罪过。"随后，孙子又三番五次地讲纪律，然后命令击鼓向左，宫女们又哈哈大笑起来。孙子说："纪律不明确，交代不清楚，这是将帅的罪过。但已经再三说明了纪律而不执行命令，那就是下级士官的罪过了。"于是孙子不顾吴王的反对，杀了他的两个宠妃示众。在孙子接下来的训练中，无人敢再笑，所有的动作都符合规定的要求，队伍训练得整整齐齐。阖闾知道孙子善于用兵，终于用他为将，孙子的威信也从此建立。

【思考】孙子为什么敢冒险杀掉吴王的两个宠妃？

问题分析

作为管理者，在进行正式的训导活动之前有义务事先给予警告，必须首先让下属了解到组织的规章制度并接受组织的行为准则。如果下属得到了明确的警告，知道哪些行为会招致惩罚并知道会有什么样的惩罚，他们便更有可能遵守组织的行为准则。模块情境中，孙子为了控制好组织规章制度（兵法）的实施，不得已采用了惩罚（杀了吴王的妃子）。所以有效的控制是实现组织目标的保证手段。

知识精讲

控制作为管理职能的一个重要组成部分，是一个企业计划、组织、领导职能实现的保障；反过来，计划、组织、领导又是控制的基础。没有有效的控制，计划、组织、领导不能在企业中实现；而没有计划、组织和领导的企业，也不可能实现有效的控制。

一、控制概述

1. 控制的概念

> 不以规矩，不能成方圆。
> ——《孟子·离娄上》

控制，从管理的角度看，它是管理的一项重要职能，与计划、组织、领导工作是相辅相成、互相影响的。具体来说，控制就是指为了实现组织目标，以计划为标准，由管理者对被管理者的行为活动进行检查、监督、调整等的管理活动过程。它包含以下三层含义：

1）控制有很强的目的性，即是为了保证组织中的各项活动按计划进行。
2）控制是一个过程，即发现问题、分析问题、解决问题的过程。
3）控制是通过"监督"和"纠偏"来实现的。

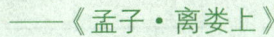

你听说过"蝴蝶效应"吗？你认为蝴蝶效应与控制有什么关系？

2. 控制的作用

> 差以毫厘，谬以千里。
> ——《汉书·司马迁传》

若没有有效控制，组织目标是无法实现的，任何组织、活动都需要控制。具体而言，控制的作用主要表现在以下四点：

（1）控制是完成计划的重要保障。计划与控制存在紧密的联系，如图6-1所示。一方面，明确的目标和计划是组织开展控制工作的前提，计划的内容是控制的标准；另一方面，有效的控制是实现计划和组织目标的基本保证。

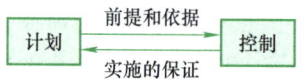

图6-1 计划与控制的关系

控制对计划的保障作用主要表现在两个方面：一是通过控制，纠正计划执行过程中出现的各种偏差，督促计划执行者按计划办事；二是对计划中不符合实际情况的内容，根据执行过程中的实际情况进行必要的修正、调整，使计划更加符合实际。

（2）控制是提高组织效率的有效手段。控制过程是一个纠正偏差的过程，它不仅能够使计划执行者回到计划确定的路线和目标上来，还有助于提高人们的工作责任心，防止再出现类似的偏差。另外，在控制过程中，良好的控制系统通过反馈不断提取经验，提高组织学习力，从而提高组织生产经营管理效率。

（3）控制是管理创新的催化剂。现代管理中控制的特点是通过控制活动来调动受控者的积极性。所以，在具有良好反馈机制的控制系统中，控制不仅能保证计划完成，还会因为反馈中受到的启发，激发创新。

（4）控制是使组织适应环境的重要保证。一个组织要想生存发展，必须适应环境，计划就是组织为适应环境而做的准备。事实上，组织在实施目标和计划的过程中，正是环境的变化使得组织的计划不再正确，实质上就是组织与环境不再相适应。控制在某个方面就是防止这种不适应的程度加深。因此，控制的一个重要的作用是使组织与环境相适应。

3. 控制的基本类型

控制是多种多样的，从不同的角度可以划分为不同的控制类型，如表6-1所示。

表6-1 控制的基本类型

划分标准	控制类型
按控制点的位置划分	前馈控制、现场控制、反馈控制
按控制的性质划分	预防性控制、纠正性控制
按控制的方式划分	集中控制、分层控制、分散控制
按控制工作的专业划分	库存控制、进度控制、成本控制、质量控制
按控制对象关系划分	直接控制、间接控制

下面仅介绍一种最基本的分类方式，即按照控制点的位置不同，将控制划分为前馈控制、现场控制与反馈控制。

（1）前馈控制。前馈控制也称预先控制或事前控制，是指组织在一个项目和活动开展之前，为了实现组织控制的目标而采取的一些控制措施。这些措施可以是规章制度，也可以是一些具体的程序要求。

前馈控制以未来为导向，在工作之前对工作中可能产生的偏差进行预测和估计，它的目的是开始之前就将问题的隐患排除掉，做到防患于未然。所以，前馈控制的基本目的是保证某项活动有明确的绩效目标，保证各种资源要素的合理投放。

（2）现场控制。现场控制又称事中控制、过程控制、实时控制、同步控制，是指在某项活动或工作进行过程中的控制，即管理者在现场对正在进行的活动给予指导与监督，以保证各项活动按原定计划进行。现场控制是一种主要被基层主管人员采用的控制方法。因此，它的有效性主要取决于主管人员的个人素质。现场控制的目的是及时处理例外情况、纠正工作中出现的偏差。

（3）反馈控制。反馈控制又称成果控制或事后控制，是指在一个时期的生产经营活动已经结束以后，对本期的资源利用状况及其结果进行总结。这是最常见的控制类型。

事后控制的主要特征是根据事先确定的控制标准对实际工作绩效进行比较、分析和评价，发现偏差情况，以便采取措施，对今后的活动进行纠正，同时为未来计划的制订和活动的安排提供借鉴。

> **思考与讨论**
>
> 我们常听到"治病不如防病，防病不如讲卫生"，治病、防病、讲卫生分别属于什么控制？你是如何理解这句话的？

二、有效控制的基本原则

在许多情况下，人们制订了良好的计划，也有了适应的组织，但由于没有把握住控制这一环节，最后还是达不到预期的目的。有效控制，就是以较少的人力、物力和财力使组织的各项活动处于控制状态。也就是说，在实际运行活动过程中，一旦偏差出现，能及时发现并纠正偏差，从而把组织的损失减少到最低限度。一个有效的控制系统，应该遵循以下五个基本原则：

1. 目标明确原则

控制的目标是为了实现计划，控制是实现计划的保证。为实现每一项计划所进行的控制工作有很大的不同，都需要按不同计划的特殊要求和具体情况来设计。所以，控制工作要考虑到各种计划的特点，抓住控制目标就能更好地发挥作用。

2. 控制关键点和关注例外原则

为了进行有效的控制，需要特别注意在根据各种计划来衡量工作绩效时有关键意义的那些因素。控制住了关键点，也就控制住了全局。同时，在控制工作中强调关键点的控制也是提高控制工作效率的要求。

同时，控制要对例外进行关注，不应仅依据偏差的大小而定，还必须考虑相应的工作或标准的重要性，即强调例外必须跟关键点结合起来，关键点上的例外偏差是最应予以重视的。

3. 及时性原则

及时性原则又称适时原则，是指在实施有效控制时，及时提供信息，一旦发生偏差，系统能迅速检测并做出管理上的反应。如果反应过于迟缓，纠正措施将毫无价值。

时滞现象是反馈控制的一个难以克服的困难。纠正偏差的最理想方法应是在偏差产生以前就注意到偏差产生的可能性，从而采取必要的防范措施。

4. 灵活性原则

灵活性原则又称控制的弹性原则，是指控制工作即使在面临计划发生变动、出现了未能预见的情况或计划失败的情况下，也能发挥作用。控制系统本身应当具有足够的灵活性以适应各种不同的变化，持续地发挥作用，与计划一同变动，不能把控制工作过于死板地同计划拧在一起，以免在整个计划失策或发生突然变动时控制也跟着失控。或者说，控制必须有弹性，比如企业的预算工作、滚动计划等。

5. 经济性原则

经济性原则是指控制系统的运行从经济角度看必须是合理的，任何控制系统产生的效益都要与其成本进行比较。要精心选择控制点，适时适度地降低控制的各种耗费，改进控制方法和手段，防止在无效控制上花费精力和财力，用尽可能低的成本取得期望的效果。

> **思考与讨论**
>
> "亡羊补牢，未为迟也"，从管理控制职能的角度看，你是如何理解这句话的？

三、控制过程

控制是一个不断往复循环的管理实践活动的过程。单从一次控制活动来看，它主要由三个阶段构成：一是确立控制标准；二是衡量工作绩效；三是纠正偏差。控制过程如图 6-2 所示。

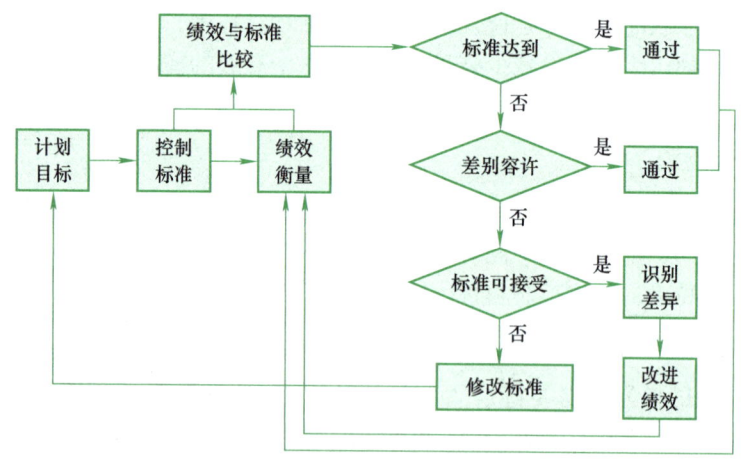

图 6-2　控制过程

1. 确立控制标准

（1）控制标准的含义。控制标准是指计量实际或预期工作成果的尺度，是从整个计划方案中选出的对工作绩效进行评价的关键指标，是控制工作的依据和基础。

确定控制标准是控制过程的第一步，要控制就要有标准，离开可参照的标准，就无法实施控制。

（2）制定控制标准的要求。控制工作中制定的标准应该满足以下几个方面的要求：

1）简明准确。简明准确即保证标准明确、不含糊，对标准的量值、单位、可允许的偏差范围等要明确说明，对标准的表述要通俗易懂，便于理解和接受。含糊的、解释起来主观随意性大的控制标准是不利于控制的。

2）相对稳定性。相对稳定性即标准要有一定程度的稳定性，要能用于一段较长的时间，即使有弹性，也是在一定的原则范围内变化。否则，标准经常变化，会使标准缺乏权威性，并加大控制工作的难度。但这种稳定不是绝对的，控制标准也要随组织活动的发展进行必要的调整。一般情况下，随着组织的发展和组织效率的提高，控制标准应不断提高。

3）合理。合理即标准的确定要客观，不能过高，也不能过低，要使绝大多数人可以通过努力达到。因为建立标准的目的，是用它来衡量实际工作，并希望工作达到标准的要求。所以，控制标准的建立必须考虑到工作人员的实际情况。如果标准过高，人们将因根本无法实现而放弃努力；如果标准过低，人的潜力又会得不到充分发挥，降低工作效率。

4）可操作性。可操作性即标准要便于对实际工作绩效的衡量、比较、考核和评价，要使控制便于对各部门的工作进行衡量，当出现偏差时，能找到相应的责任单位。

5）利益目标一致性。利益目标一致性即标准要有利于组织的整体利益和组织目标的实现。

（3）控制标准的类型。控制标准有定量和定性两类。

1）定量控制标准。定量控制标准是以明确的、数量化的指标来表现的。这种标准客观性强，易于把握。常用的定量控制标准有以下三种：①实物标准。实物标准是企业在耗用原材料、能源、雇用劳动力，以及生产产品质量、性能和用途等方面的标准。例如，企业中的产品质量、单位产品工艺消耗定额、废品的数量等。②价值标准。价值标准反映了组织的经营状况，包括成本标准、利润标准和资金标准等。例如，单位产品成本、年利润额、销售收入、税金等。③时间标准。时间标准为工作的开展提供了时间限制，表现为一系列的时间标准。例如，工时定额、工程周期、交货期、生产线的节拍、生产周期等。

2）定性控制标准。定性控制标准是指反映事物某些基本性质的指标。有些工作绩效不能用数量来衡量，只能进行一些定性的描述，如某人的工作能力、某人的工作态度、某人的职业素质、某品牌的美誉度、企业的信誉等。

（4）制定标准的方法。在实际工作中，制定标准主要有如下三种方法：

1）经验估计法。经验估计法即由经验丰富的管理人员结合实际情况以直接估计来制定标准的方法。

这种方法的优点是简便易行、工作量小，并方便标准的及时修改。其缺点是对影响标准的各项因素不能仔细分析和计算，技术依据不足，受管理人员主观因素的影响，容易出现偏高偏低的现象，因而水平不易平衡。为了提高工作质量，在应用这种方法时，必须依靠群众，进行调查研究，尽量避免只依靠个别人的经验作为制定标准的唯一依据。要仔细、客观地分析研究各种资料，尤其是同过去的同类资料进行对比。

2）统计分析法。与统计分析法相应的标准称为统计标准。它是通过分析反映企业经营在各个历史时期状况的数据或对比同类企业的水平，运用统计学方法为未来活动而建立的标准。

最常用的有统计平均值、极大（或极小）值和指数等。统计分析法常用于确立与企业的经营活动和经济效益有关的标准。

这种方法的优点是简便易行，但由于历史的局限，其难以反映发展和变化的要求。

3）技术分析法。技术分析法又称工程方法，相应的标准称为工程标准。它是以准确的技术参数和实测的数据为基础的，主要用于测量生产者或某一工程的产出定额标准。例如，机器的产出标准就是根据设计的生产能力确定的；劳动时间定额是利用秒表测定的受过训练的普通工人以正常的速度按照标准操作方法对产品或零部件进行某个工序的加工所需的平均必要时间。

以上三种制定标准的方法各有优劣,因此,在日常管理工作中可根据标准的性质、工作的要求选择使用。

2. 衡量工作绩效

(1) 衡量工作的核心问题。有了合理的标准,下一步就要对实际工作绩效进行评价。为此,要收集实际工作的数据,了解和掌握实际情况,对照标准进行衡量。在这里,衡量什么以及如何去衡量,是两个核心问题。

1) 衡量什么的问题。应该说,衡量什么的问题在此之前就已经得到了解决。因为在确定标准时,随着标准的制定,计量对象、计量方法以及统计口径等也就相应地被确定了。所以,要衡量的是实际工作中与已制定的标准所对应的要素。

2) 如何衡量的问题。如何衡量的问题是一个衡量方法选择的问题。在实际工作中有各种各样的方法,常用方法如表 6-2 所示。

表 6-2　衡量绩效的常用方法

方　法	含　义	优　点	缺　点
现场观察	最常用的方法,通过自身实地走访、蹲点和与工作人员现场交流来了解工作的实际进展情况及存在的问题	获得第一手资料	比较费时费力 容易主观 有可能是假象,难以深层次观察
统计报告	运用各种数量分析方法,将在实际工作中采集到的数据进行加工处理后得到的信息	节省管理者的大量时间	原始数据存在不确定性 统计口径有可能不一致,容易误判
口头汇报	可以通过会议、聚会、一对一面谈或电话沟通等口头汇报的形式获得信息	快捷方便、及时反馈	汇报内容受汇报人主观因素的影响 不便于存档
书面报告	通过正式的文字报告传递信息	正式,提供的内容比较精确、全面 便于存档和查找	及时性不够 报告受书面表达形式的影响,与真实性存在差异
抽样检查	随机抽取一部分工作作为样本,进行深入细致的检查、测量,再通过样本数据的统计分析,从而推测全部工作的情况	节省大量的繁杂工作 比较科学有效	样本抽取失真,容易与真实性存在差异

无论采取哪一种方法来衡量工作绩效,都要注意所获取的信息质量主要体现在以下四个方面:①真实性,即所获取的信息应能客观地反映现实,这是最基本的要求;②完整性,即不要遗漏重要的信息,以免影响工作的全面性和可靠性;③及时性,就是信息的采集、加工、检索、传递要及时,以反映即时动态,过时的信息会失去其作用,使控制工作无效,甚至导致错误的结果;④适用性,即应根据不同部门的不同要求,采集不同种类、范围、内容、精确度的信息。

(2) 分析衡量结果。管理者根据收集到的绩效信息,将实际工作业绩和标准进行对比分析,确定偏差,以便进一步采取纠正措施。一般而言,工作中存在偏差是在所难免的,这时就需要确定一个可以接受的偏差浮动范围,如图 6-3 所示。如果偏差超过这个范围,过高或过低都要引起管理者的注意。

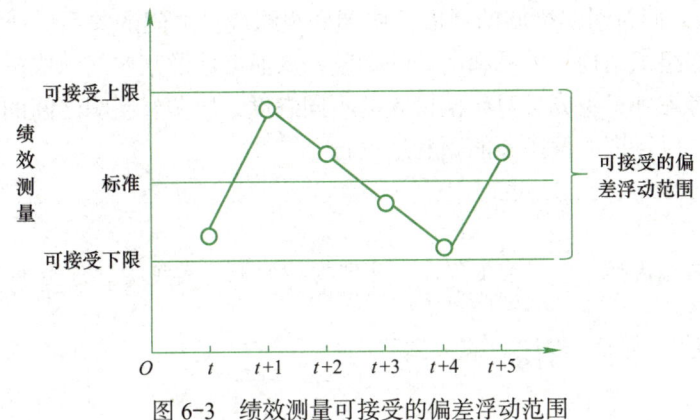

图 6-3 绩效测量可接受的偏差浮动范围

3. 纠正偏差

在衡量实际绩效后,若没有发生偏差,或偏差在规定的"容限"之内,则该控制过程只需前两个阶段即可完成。但是如果有偏差且超出范围,就要找出偏差产生的原因,并采取相应措施加以纠正。

(1)找出偏差的原因。造成偏差的原因可能是在组织内部,也可能是在组织外部;可能是可控的,也可能是不可控的。造成偏差的原因一般有以下几种:

1)标准不合理。有时标准制定得不切实际,过高或过低。如制定的目标过高,则可能绝大多数人达不到控制标准。也有的标准绝大多数人轻而易举就可以完成,这说明控制标准定得太低了。还有的标准过于概括,可操作性差,致使相关人员在执行过程中难以把握,从而出现了偏差。这时应根据具体情况,及时调整标准,使之合理可行。

2)标准执行的问题。有时标准本身不存在大的问题,但是由于执行者自身的原因,也可能使工作出现偏差。如工作人员责任心不强、工作能力不够,或者没有就标准的有关细节进行认真的培训,致使有关人员对标准的掌握不够具体和明确等。这时应该加强员工培训,甚至改组领导班子。

3)外部环境发生重大变化。组织外部环境的重大变化也会影响计划的执行,如国家相关政策法规的改变、某个大客户突然破产、发生重大的自然灾害等。由于这些因素往往是不可控的,所以,一般只能采取一些补救措施。

(2)采取纠偏措施。在多数情况下,需要采取措施以纠正偏差。确定纠偏措施以及实施过程要注意如下问题:

1)使纠偏方案双重优化。针对某一对象的纠偏措施可以是多种多样的,一个可行的纠偏方案,其经济性必须优于不采取任何措施、使偏差任其发展可能带来的损失,如果实施纠偏方案的费用超过存在偏差带来的损失,其经济性就不好,这是第一重优化;第二重优化是在此基础上,将经济可行的方案进行对比,选择追加投资量少、纠正偏差效果满意的方案来组织实施。

2)充分考虑原计划实施带来的影响。当发现偏差时,已部分或全部实施了原计划。由于客观环境发生了重大变化,或是主观认识能力的提高而引起的纠偏需要,可能会导致对部分原计划,甚至全部计划的否定,从而要对企业的活动方向和内容进行重大的调整。这种调整可以称为"追踪决策"。在制定和选择追踪决策的方案时,要充分考虑原计划的实施所带来的影响。

3）注意消除人们对纠偏措施的疑虑，协调好组织成员之间的关系。任何纠偏措施都会在不同程度上引起组织结构、关系和活动的调整，从而会涉及某些组织成员的利益。因此，管理人员要充分考虑到组织成员对纠偏措施的不同态度，协调好组织之间的关系，争取更多人的理解和支持，以保证纠偏措施能顺利地进行。

> **思考与讨论**
>
> 人们常说的"治标"与"治本"，从管理的控制职能角度看，你是如何理解"治标"与"治本"关系的？

模块二　选择控制方法与技术

模块情境

从前有户人家，灶上的烟囱笔直地冲着屋檐，灶口堆着许多柴草。烧火煮饭时，浓烟夹着火星，直往屋檐上冒，椽子已经被熏得又黑又焦。灶膛里的炭火掉在柴草上，就得赶快扑打弄灭。有人看到这种情形，对那家主人说："这样太危险了，弄不好要发生火灾的。应当把烟囱改成弯的，不要冲着屋檐，这样火星就不会飞到椽子上去了。还要把灶口的柴草搬开，烧火时就是有炭火掉下来，也不要紧了。"

那家主人说："我家的炉灶砌了好多年了，烟囱一直是这样，从来没有什么事，用不着改。烧火的时候灶口总有人，就算有炭火掉下来，马上就扑灭了。再说，改烟囱多费事，柴草不在灶口多不方便。"

主人不听那人的劝告，依然照旧。没过多少天，那户人家果然失火了，左邻右舍赶快来救火，生怕火势蔓延开。幸亏发现得早，大家救得及时，终于把火扑灭了。

那户人家置办了酒席，感谢邻居们奋力相救，安排伤势最重的人坐在首席，其他人也按功劳大小依次就座，就是没请建议他把烟囱改弯、把柴草从灶口搬开的人。有人提醒主人："当初要是听了他的意见，及时采取措施，就不会发生火灾了。要是不发生火灾，大伙儿就不会受伤，你家也不会受损失，更不用破费钱财置办酒席。要说功劳，数他的功劳最大，你为什么把他忘了？"

主人听了这番话，觉得很有道理，连忙恭恭敬敬地把那人请来，向他表示感谢，让他坐在首席。

【思考】为什么主人最后把提建议的人请过来坐在首席？

问题分析

一般人认为，在管理中足以摆平或解决各种棘手问题的人就是优秀的管理者。其实，这是有待商榷的。一个优秀的管理者，不仅是问题的解决者，更是问题的预防者。

从模块情境中我们可以看到，当初主人如果听从提建议的人的建议做好"防患"措施，也不会出现后面论功大小的局面。所以，不是所有人都有预见，也不是所有的"防患"都被认可，一个优秀的管理者不仅要具备"防患"意识，还需要给出可行的"防患"建议与措施，制定出有效控制的方法与改进技术。模块情境中的人不仅提出了建议，还提出了具体的解决控制措施，主人明白了自己的失误以及认识到那个人的功劳最大，所以恭敬地请他坐在了首位。

知识精讲

一、控制方法

控制是管理的一个重要职能，要对整个组织活动进行全面的控制，并达到预期的控制效果，就必须借助各种有效的控制方法。根据控制的对象、内容和条件不同，选择不同的控制方法。控制方法有预算控制和非预算控制两大类。

1. 预算控制

预算控制是指根据预算规定的收入与支出标准来检查和监督各个部门的生产经营活动，以保证各种活动或各个部门在充分达成既定目标和实现利润的过程中对经营资源的高利用率，从而使费用支出受到严格有效的控制。

（1）预算的编制。为了有效地从预期收入和费用两个方面对企业经营进行全面控制，不仅需要对各个部门、各项活动制定分预算，而且要对企业整体编制全面预算。

分预算是按照部门或项目来编制的，它们详细说明了相应部门的收入目标或费用支出水平。

全面预算则是在对所有部门或项目分预算进行综合平衡的基础上编制而成的，它概括了企业经营涉及的各个方面在未来时期的总体预算。

（2）预算的种类。预算可分为收入预算和支出预算、现金预算、资金支出预算、资产负债预算。

1）收入预算和支出预算。收入预算和支出预算提供了关于企业某段时间经营状况的一般说明，即从财务角度计划未来活动的目标以及为完成这些目标需要付出的费用。

2）现金预算。现金预算是对企业未来生产和销售活动中现金的流入与流出进行预算。

3）资金支出预算。资金支出预算可能涉及企业经营活动的好几个阶段，是关于资金支出的长期预算。

4）资产负债预算。资产负债预算是对企业年度末期财务状况进行预算，通过将各部门和各项目的分预算汇总在一起，表明了如果企业的各种业务活动达到预先制定的目标，在财务期末企业资产与负债会呈现何种状况。

（3）预算的作用。预算的实质是用统一的货币单位为企业各部门的各项活动编制计划，它使企业在不同时期的运行成果和不同部门的经营绩效具有可比性，为协调企业活动提供了依据。同时，预算的编制与执行始终是与控制过程联系在一起的，预算为企业的各项活动确立财务标准，方便了控制过程中的绩效衡量工作，并为采取纠正措施奠定了基础。

（4）预算的局限性。首先，预算只能帮助企业控制那些可以计量的，特别是可以用货币单位计量的业务活动；其次，编制预算时通常要参照上期的预算项目和标准，可能会忽视本期活动的实际需要；再次，缺乏弹性且非常具体，特别是涉及较长时期的预算可能会过度束缚决策者的行动，使企业经营缺乏灵活性和适应性；最后，管理人员的精打细算可能忽视了部门活动的本来目的，而且预算申请多半是要被削减的，因而他们申报的费用预算往往多于实际的需要。

2. 非预算控制

除预算控制方法以外，管理控制工作中还采用很多非预算控制方法。这里非预算控制方法主要介绍常见的生产控制和审计控制。

（1）生产控制。企业可以被看作一个动态系统，首先获得原材料、零部件、劳动力等投入，经过企业系统的转换和经营，生产出有形的产品和无形的服务，在这个过程中会涉及库存控制和质量控制。

1）库存控制。库存控制是对制造业或服务业生产经营全过程中各种物品、产品以及其他资源进行的管理和控制，是存储管理的一部分。对库存的控制是为了减少库存，降低各种费用，提高经济效益。常见的库存控制方法有 ABC 分类法、经济批量法、订货点法和定期补充法等，如表 6-3 所示。

表6-3　常见的库存控制方法

方　　法	含　　义
ABC 分类法	根据重要程度不同，对企业库存物资进行分类，然后对不同类别的物资实施不同的管理。一般来讲，对 A 类物资要进行最严格的控制，因为 A 类物资的数量最少、占用的资金最多；对 B 类物资进行一般的控制；对 C 类物资进行最少的控制，因为，虽然它们数量很多但是占用资金很少
经济批量法	企业在满足均衡生产需要的条件下，通过费用计算确定最低的合理订货批量的数学方法。当企业在一定期间内总需求或订购量一定时，如果每次订购的量越大，则需要订购的次数越少，订购费用就越少，存储费用就越高；如果每次订购的量越少，则所需订购的次数越多，那么存储费用较低而订购费用较高。经济批量法就是在订购费用和存储费用之间取得平衡，计算出每次订购的数量，从而使总费用达到最低
订货点法	设置一个订货点，当现有库存量降低到订货点时，就向供应商发出订货请求，每次的订货量为一个固定值，即经济订购批量
定期补充法	采用固定的订货时间间隔，每次订货的数量为将现有库存量补充到期望库存量所需的数量

2）质量控制。全面质量管理是以保证产品质量和工作质量为中心，企业全体员工参与的质量管理体系，它具有多指标、全过程、多环节和综合性的特征。全面质量管理的思想包括永远进取，没有最好，只有更好；提高质量，采用最广泛的质量定义；精确衡量，比较标准，纠正偏差；放权员工，鼓励员工参与质量管理工作。

质量控制一般分为以下四个阶段，如图 6-4 所示。

第一阶段：计划（Plan）。明确问题并对可能的原因及解决方案进行假设。

第二阶段：实施（Do）。实施行动计划。

第三阶段：检查（Check）。评估结果。

第四阶段：处理（Action）。如果对结果不满意，就返回计划阶段；如果对结果满意，就对解决方案进行标准化。

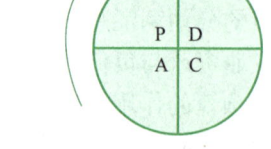

图 6-4　质量管理 PDCA 循环

（2）审计控制。审计控制是针对企业整体运行和经营活动的一种控制方法。审计是对反映企业资金运行过程及其结果的会议记录及财务报表进行审核、鉴定，从而判断其真实性和可靠性，最终为控制和决策提供依据。审计的形式多种多样，根据审计主体和内容的不同，可将审计控制分为三种主要类型：①由外部审计机构的审计人员对财务报表及其反映的财务状况进行的外部审计；②由内部专职人员对企业财务控制系统进行全面评估的内部审计；③由外部或内部的审计人员对管理政策及其绩效进行评估的管理审计，如表6-4所示。

表6-4 按主体和内容的审计控制分类

分类	含义	优点	缺点
外部审计	由外部机构（如会计师事务所）选派的审计人员对企业财务报表及其反映的财务状况进行独立的评估	核对企业财务记录的可靠性和真实性	困难比较大
内部审计	由企业内部的专职人员对企业财务控制系统进行全面评估	促进企业的财务结构优化、提高资源有效配置	费用高、要求高
管理审计	审计人员对被审计单位经济管理行为进行监督、检查及评价并深入剖析	控制全面，有利于组织优化流程、结构等，提高组织效率	工作容易重复

除了上述介绍的几种控制方法外，常用的控制方法还有很多，如比率分析法，统计报告法、目标管理等。随着时代的发展、管理的日趋复杂，这些以程序化、规范化为特征的传统控制方式在应用上受到一定程度的限制。当前出现了重视市场机制与文化机制等现代新型控制方法，如社群控制、市场控制等。

> **思考与讨论**
>
> 《中庸》说："中也者，天下之大本也；和也者，天下之达道也。致中和，天地位焉，万物育焉。"你是如何理解这句话的？对"一放就乱，一管就死"的怪圈有何启示？

二、常用的控制技术

控制的主要目标与结果就是绩效。绩效既是控制成效的核心标志，更是各类组织管理成效的核心标志。

组织绩效就是组织的产品、服务、顾客服务、运营效率、财务表现和社会责任等各方面的综合反映。在此，主要介绍常用的两种绩效控制和改进方法：平衡计分卡和六西格玛管理。

1. 平衡计分卡

平衡计分卡（Balanced Score Card，BSC），是20世纪90年代初由哈佛大学商学院教授佛罗伯特·卡普兰（Robert S. Kaplan）和诺朗·诺顿研究所（Nolan Norton Institute）所长、美国复兴全球战略集团创始人兼总裁戴维·诺顿（David P. Norton）所从事的"未来组织绩效衡量方法"的一种绩效评价体系。它打破了传统的单一使用财务指标衡量业绩的方法，在财务指标的基础上加入了未来驱动因素。

平衡计分卡已经成为当前最常见的绩效考核方式之一。它是从财务、客户、内部流程、学习与成长四个角度，将组织的战略落实为可操作的衡量指标和目标值的一种新型绩效管理体系。所以，平衡计分卡主要通过图（战略地图）、卡（平衡计分卡）、表（单项战略行动计划表）来实现战略的规划。

（1）平衡计分卡的四个维度。平衡计分卡主要从四个维度，即财务维度、客户维度、内部流程维度和学习与成长维度，对组织的战略落实进行绩效管理，如图6-5所示。

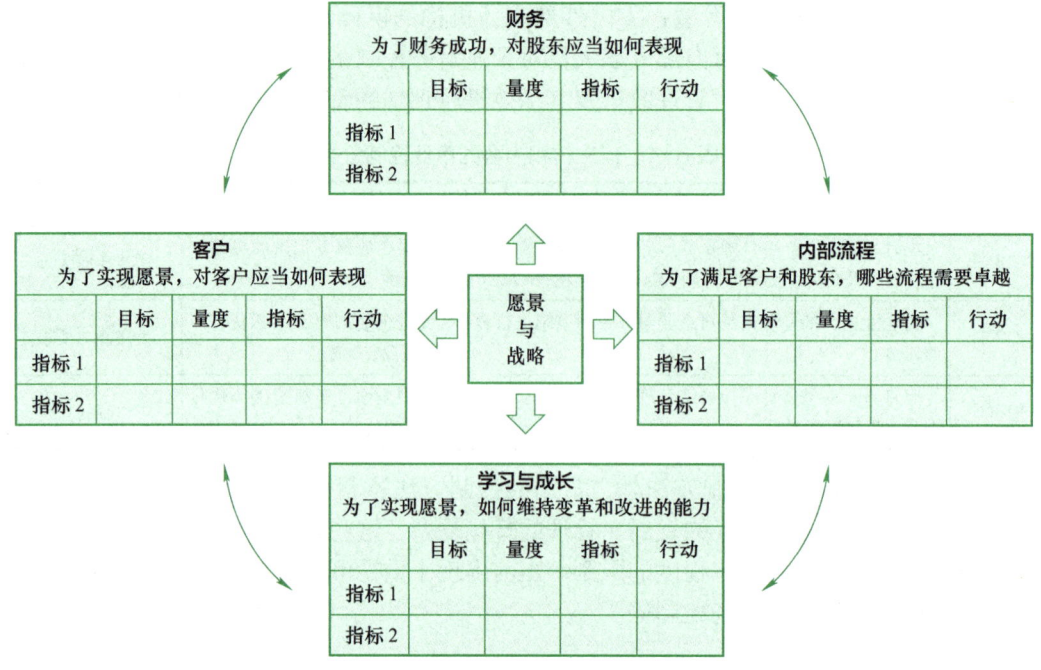

图 6-5 平衡计分卡的四个维度

1)财务维度。财务性指标是一般企业常用于绩效评估的传统指标。财务性绩效指标可显示出企业的战略及其实施和执行是否正在为最终经营结果(如利润)的改善做出贡献。

2)客户维度。平衡计分卡要求企业将使命和策略诠释为具体的与客户相关的目标和要点。企业应以目标客户和目标市场为导向,应当专注于满足核心客户的需求,而不是试图满足所有客户的偏好。

3)内部流程维度。建立平衡计分卡的顺序,通常是在先制定财务和客户方面的目标与指标后,才制定企业内部流程方面的目标与指标,这个顺序使企业能够抓住重点,专心衡量那些与股东和客户目标息息相关的流程。内部流程绩效考核应以对客户满意度和实现财务目标影响最大的业务流程为核心。

4)学习与成长维度。学习与成长的目标为其他三个维度的宏大目标提供了基础架构,是驱使上述三个维度获得卓越成果的动力。面对激烈的全球竞争,企业今天的技术和能力已无法确保其实现未来的业务目标。

(2)平衡计分卡的特点。平衡计分卡方法突破了财务作为唯一指标的衡量工具,做到了多个方面的平衡。平衡计分卡与传统评价体系比较,具有如下特点:

1)平衡计分卡为企业战略管理提供了强有力的支持。平衡计分卡的评价内容与相关指标和企业战略目标紧密相连,企业战略的实施可以通过对平衡计分卡的全面管理来完成。

2)平衡计分卡可以提高企业整体管理效率。平衡计分卡所涉及的四项内容都是企业未来发展成功的关键要素,通过平衡计分卡所提供的管理报告,将看似不相关的要素有机地结合在一起,可以大大节约企业管理者的时间,提高企业管理的整体效率,为企业未来发展奠定坚实的基础。

3）注重团队合作，防止企业管理机能失调。平衡计分卡通过对企业各要素的组合，让管理者能同时考虑企业各职能部门在企业整体中的不同作用与功能。

4）平衡计分卡可增强企业激励作用，扩大员工的参与意识。平衡计分卡强调目标管理，鼓励下属创造性地（非被动）完成目标，这一管理系统强调的是激励动力。

5）平衡计分卡可以使企业的信息负担降到最低。平衡计分卡可以使企业管理者仅关注少数而又非常关键的相关指标，在满足企业管理需要的同时，尽量减少信息负担成本。

2. 六西格玛管理

六西格玛管理（Six Sigma Management）是20世纪80年代末首先在美国摩托罗拉公司发展起来的一种新型管理方式。六西格玛管理就是通过设计和监控过程，将可能的失误减少到最低限度，从而使企业做到质量与效率最高、成本最低、过程周期最短、利润最大，全方位地使顾客满意。因此，六西格玛管理的实质是对过程的持续改进。它体现了"只有能够衡量才能够改进"的思想。这一方法论包括了两大块内容：一是确立衡量质量的尺度并设定目标；二是构筑实现上述目标的途径。

实现六西格玛目标的"六步法"内容如下：

第一步，明确你所提供的产品或服务是什么。

第二步，明确你的客户是谁，他们的需要是什么。

第三步，明确为了提供使客户满意的产品和服务，你需要什么。

第四步，明确你的过程。通常要借助流程图将过程的现状描绘出来。

第五步，纠正过程中的错误，杜绝无用功。在上一步对过程现状充分认识的基础上，分析过程中的错误和冗余，绘制纠错后的理想流程图。

第六步，对过程进行测量、分析、改进和控制，确保改进持续进行。

通过周而复始地实施这六个步骤，就可以实现持续改进，逐步实现六西格玛质量水平。上述过程也称为DMAIC改善模式，如图6-6所示。

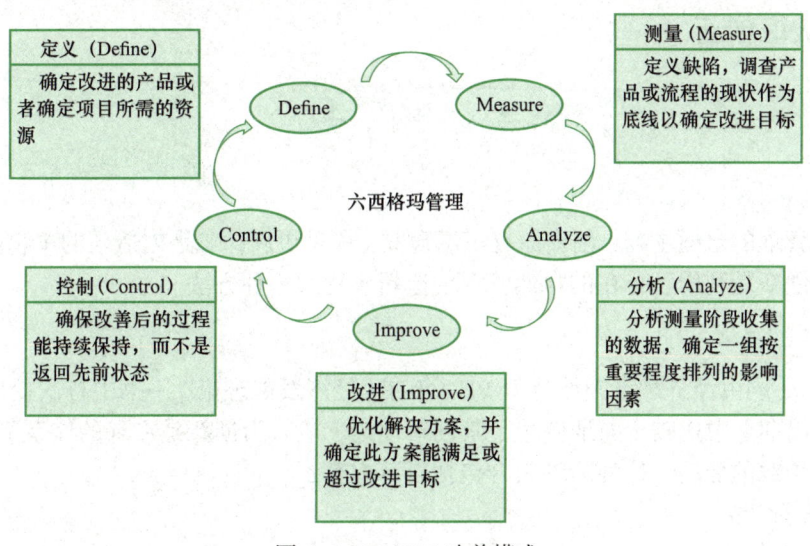

图6-6 DMAIC改善模式

模块三　实现管理创新

模块情境

一天清早,爸爸为了让哭闹不止的儿子转移注意力,将一幅色彩缤纷的世界地图撕成许多细小的碎片丢在地上。他许诺说:"小明,如果你能拼起这些碎片,我就带你出去吃冰淇淋。"

爸爸以为这件事会使小明花费上午的大部分时间,但没过10分钟小明便拼好了。爸爸惊叹道:"孩子,你怎么拼得这么快!"小明很轻松地答道:"在地图的另一面是一个人的照片,我把这个人的照片拼在一起,然后再把它翻过来。我想,如果这个'人'是正确的,那么这个'世界'也就是正确的。"于是,爸爸非常开心地带小明出去了。

【思考】小明为什么那么快就把世界地图拼起来了?

问题分析

实践证明,创新对生产方式的改进和经济效益的提高有着很大的推动作用。所以,企业都在大力发展并营造良好的管理创新氛围。但现实中,人们总是认为创新太难,需要特别的人才。

从模块情境中我们可以看到,小明并不是按照世界地图来完成拼图任务的,而是从地图的另一面找到了快速解决的方法。这说明创新者经常把创新想象得太高深、太神秘、太复杂,所以阻碍了创新,换一个思路也许就能"柳暗花明"。因此,我们从事管理工作要对创新的理念及管理创新的过程有清晰的认识和理解。

知识精讲

一、认识创新

> 穷则变,变则通,通则久。
> ——《周易·系辞下》

创新是管理的永恒主题,创新原有三层含义:一是更新;二是创造新的事物;三是改变。简而言之,创新是利用已存在的自然资源创造新事物的一种方法。

1. 创新的含义

"创新"一词由经济学家熊彼特于1912年在《经济发展理论》一书中首次提出。1939年,他在《商业周期》中比较全面地阐述了其创新理论。他认为创新是在新的体系里引入新的组合,是生产函数的变动。这种新的组合包括以下内容:

1)引进新产品。
2)引入新技术。

3）开拓新的市场。
4）控制原材料新的供应来源。
5）实现工业的新组织。

熊彼特的创新概念涉及范围相当广泛，它是指各种可提高资源配置效率的新活动，这些活动不一定与技术相关。与技术相关的创新主要是指第1）项和第2）项。

现代管理大师德鲁克进一步提出："创新的行动就是赋予资源以新的创造财富的能力的行为。"它有两种不同的创新：一种是技术创新，它在自然界中为某种自然物找到新的应用方式并赋予经济价值；另一种是制度创新，它在经济社会中创造出一种新的管理机构、管理方式或管理手段，从而在资源的管理中取得更大的经济价值与社会价值。

管理创新就是根据内部条件和外部环境的变化，不断创造出新的管理制度、新的管理方法、新的工艺方式和新的市场，促使管理要素更加合理地组合运行。

2. 创新的特点

创新的重要性已广为人知，为了更有效地进行创新，我们必须认识创新的特点。一般而言，创新具有以下特点：

（1）创造性。创造性是指创新所进行的活动与其他活动相比具有突破性的质的提高。也可以说，创新是一种创造性构思付诸实践的结果。

创新的创造性首先表现在新产品、新工艺上，或是体现在产品、工艺的显著变化上，其次表现在组织结构、制度安排、管理方式等方面的创新上。这种创造性的特点就是勇于打破常规，在掌握规律的同时能紧紧把握时代前进的趋势，勇于探索新路子。

（2）风险性。由于创新过程涉及许多相关环节和影响因素，因此其创新结果存在一定程度的不确定性，也就是说，创新带有较大的风险性。一个创新的背后往往有着数以百计的失败的设想。据统计，在美国，企业产品开发的成功率只有20%～30%，如果计算从设想到进行开发到成功的比率，那就更是凤毛麟角了。

创新具有风险性，首先是因为创新的全过程需要大量的投入，这种投入能否顺利地得到价值补偿，受到来自技术、市场、制度、社会、政治等不确定因素的影响。其次是因为竞争过程的信息不对称，竞争者也在进行各种各样的创新，但其内容我们未必清楚，因而我们花费大量的时间、财力、人力资源研究出来的成果，很可能对手已经抢先一步获得或早已超越这一阶段，从而使我们的成果失去意义。最后是因为创新作为一个决策过程，无法预见许多未来的环境变化情况，故不可避免地带有风险性。

（3）高收益性。企业创新的目的是增加企业的经济效益，以促进企业发展。在经济活动中，高收益往往与高风险并存，创新活动也是如此，因而尽管创新的成功率较低，但成功之后可获得的利润却很丰厚，这就促使企业不断投入创新。

（4）系统性和综合性。企业创新是涉及战略，市场调查、预测、决策、研究开发、设计、安装、调试、生产、管理等一系列过程的系统活动。这一系列活动是一个完整的链条，其中任何一个环节出现失误都会影响企业创新的效果。同时，与经营过程息息相关的经营思想、管理体制、组织结构的状态也影响着企业的创新效果。所以，创新具有系统性和综合性。

创新的系统性和综合性还表现在创新是许多人共同努力的结果，它通常是远见和技术的结合，需要众多参与人员的相互协调和相互作用，才能产生系统的协同效应，使创新达到预期的目的。

（5）时机性。时机是时间和机会的统一体，也就是说，任何机会都是在一定的时间范围内存在的。如果我们正确地认识客观存在的时机并能充分地利用时机，就有可能获得较大的发展；反之，如果错失了时机，我们的种种努力就会事倍功半，甚至会前功尽弃、出现危机。

创新也具有这样的时机性。消费者的偏好处于不断的变化之中，同时社会的整体技术水平也在不断提高，因而创新在不同方向具有不同的时机，甚至在同一方向也随着阶段性的不同具有不同的时机。这也要求创新者在进行创新决策时，必须根据市场的发展变化趋势和社会的技术水平进行方向选择，并识别该方向的创新所处的阶段，选准切入点。

（6）适用性。创新是为了进步与发展，因而只有能够真正促使企业进步与发展的创新，才是真正意义上的创新。从这个意义上说，创新并非越新奇越好，而是以适用为基本准则。

> **思考与讨论**
>
> 我们常常说"创新""发明"，你是如何理解"创新"与"发明"的？

二、管理创新

管理创新在企业管理中是激发组织潜力的重要形式，在管理创新中，要注意创造性思维的管理和创造技法的运用。下面主要从两个方面来简单描述：

1. 创造性思维

（1）创造力。管理中的创新，靠的是创造力，而创造力的大小受很多因素影响和制约。一般来说，创造力来源模式如图6-7所示。

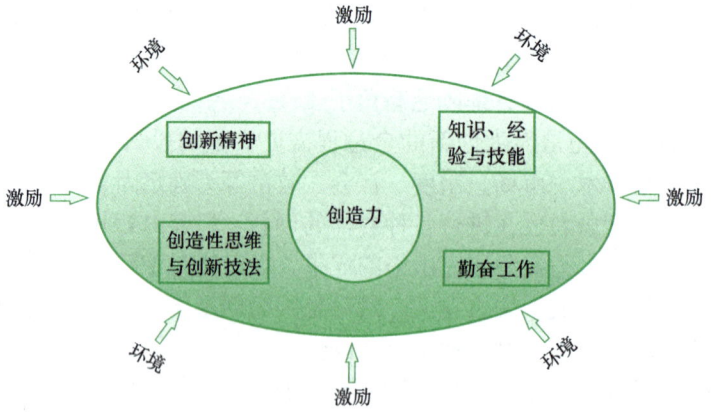

图6-7 创造力来源模式

创造力主要来自内外六个方面的综合作用，具体来说：

1）创新精神。创新精神是创新的灵魂，主要体现在强烈的创新欲望、敢于创新的勇气、现代创新理念等。

2）知识、经验与技能。创新是对传统的突破，但不是在零起点飞跃的，而是在过去的知识、经验、技能基础上的飞跃。管理者的管理理论基础越扎实、实际管理经验越丰富、管理的技能越高超，就越有条件进行管理上的创新。

3）勤奋工作。创新不是人们臆想出来的，卓有成效的创新也依赖于脚踏实地、勤奋工作。

4）创造性思维与创新技法。创造性思维与创新技法是激发创造力、实现创新的智力支持与实现途径。

5）激励。激励给创造者注入动力。管理中的激励主要包括对创造者以精神激励，特别是激发他们的成就感和追求成功的欲望，同时包括各种形式的奖励等。

6）环境。环境是激发或抑制创新的重要条件，营造宽松而充满激励的环境会有效促进创新。

其中，前四个方面来自管理者自身，是创造力的直接来源；后两个是来自外部的影响因素，具有促进创造力形成的作用。上面六个方面的综合作用能产生巨大的创造力。

（2）创造性思维含义及分类。创造性思维是一种具有开创意义的思维活动，即开拓人类认识新领域、开创人类认识新成果的思维活动。创造性思维是以感知、记忆、思考、联想、理解等能力为基础，以综合性、探索性和求新性为特征的高级心理活动，需要人们付出艰苦的脑力劳动。一般而言，它主要包含以下几种思维形式，如表6-5所示。

表6-5 创造性思维的形式

分　类	含　义	实现途径
发散思维	为解决某一问题而最大限度地放开思路，从多视点、多方向、多途径寻求解决方法的一种开放性思维方式	①立体思维 ②想象思维 ③联想思维 ④联结思维 ⑤逆向思维
收束思维	利用已有的知识和经验，将众多信息、经验进行分析、整理和综合，以便最终实现最优化和系统化的思维形式	将发散思维逻辑化、系统化
灵感思维	创造性思维的重要形式，是一种非自觉越轨思维	①顿悟 ②拥有广博的知识和信息 ③积极深入地思索 ④创造适时的松弛

2. 创造技法

创造技法是创造性思维的具体运用形式。根据管理实践经验，有以下一些创造技法：

（1）寻异。寻异是指打破常规，突破思维定式，改变现状求新寻异，以创造出全新的构想与事物，通过改进与创新，谋求出奇制胜。

（2）综合。综合是指将各种要素和不同方案综合起来，从而形成新的构想或事物。管理者在进行重要决策时，应让下级提出诸多备选方案。如无特别理想的方案，则可以将几种方案综合起来，取各自优点，去各自弊端。能实现几种方案的综合，本身就具有创新成分。在产品创新上，把多种功能综合起来，从而制造出新的产品。

（3）分解。分解即面对有关方案，如认为整体方案弊端太大，则可将其科学分解，剔除不适当部分，只选择和应用其中部分内容。分解也是一种变动或创新。

（4）折中。当几种意见对立而又各有利弊，处于两难选择时，管理者应在深入分析的基础上，对几种方案进行折中处理，从而使各方都能接受。折中也是一种高难度的创新。

> **思考与讨论**
>
> 你听说过"折中效应"吗？鲁迅先生在《无声的中国》中写过关于"如何开天窗"的问题解决。请问你是如何理解的？折中对你有什么启示？

（5）换元。换元又称替代，是指用等效目标进行替代，以寻求新的构想或方案。换元可以在一种方案行不通时，用另一种方案进行替代，也可以对原方案中某些要素或环节进行替代。有时还要进行多轮替代，直至满足目标要求为止。换元是创新的重要手段。

（6）重组。按照新的思路，将原有的要素进行重新组合，就有可能获得有价值的新事物。体现这一创造技法的比较有名的有詹姆斯·韦伯·扬创意法和亚瑟·凯斯勒的"二旧换一新"构想。

1）詹姆斯·韦伯·扬创意法。他最重要的观点是"新构想是不折不扣的老要素之新组合"。产生创意的五个步骤如图6-8所示。

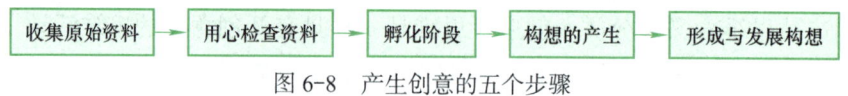

图6-8　产生创意的五个步骤

2）亚瑟·凯斯勒的"二旧换一新"构想。所谓"二旧换一新"，是指一个新构想通常可以出自两个相互抵触的想法的再生组合，即两个相当普通的甚至可以是相反或对立的概念或想法、两种情况、两个事件组合在一起，使"二旧"换成"一新"，产生一个全新的构想。

（7）移植。当将某一个领域中的机制与办法引进新的领域，用来解决所要解决的管理问题时，就会产生一种全新的思路或办法，使某一领域传统的东西一下子变成了另一领域全新的东西。

（8）逆寻。逆寻即运用逆向思维，在原有解决问题的思路的相反方向上寻求解决方案。人们在思考或处理问题的过程中，经常存在一种思维惯性，沿着原有解决问题的思路走下去，直至碰壁。而逆向思维则是打破原有的思维惯性，从原有思路的相反方向突破，以寻求全新的解决问题的思路与方案。

> **管理故事**　把梳子卖给和尚
>
> 有一家效益相当好的大公司，决定进一步扩大经营规模，高薪招聘营销主管。广告一出，报名者云集。
>
> 面对众多应聘者，招聘工作的负责人说："相马不如赛马。为了选拔出高素质的营销人员，我们出一道实践性的试题：想办法把木梳尽量多地卖给和尚。"
>
> 绝大多数应聘者感到困惑不解，甚至愤怒："出家人剃度为僧，要木梳何用？岂不是拿人开涮！"过了一会儿，应聘者接连拂袖而去，几乎散尽。最后只剩下三位应聘者：小伊、小石和小钱。
>
> 负责人对剩下的这三位应聘者交代："以10日为限，届时请各位将销售成果向我汇报。"
>
> 10日期到，负责人问小伊："卖出多少？"小伊答："一把。""怎么卖的？"小伊讲述了经历的辛苦，以及受到众和尚指责的委屈。好在下山途中遇到一个小和尚一边晒太阳，一边使劲挠着头皮。小伊灵机一动，赶忙递上了木梳，小和尚用后满心欢喜，于是买下一把。
>
> 负责人又问小石："卖出多少？"小石答："10把。""怎么卖的？"小石说他去了一座名山古寺。由于山高风大，进香者的头发都被吹乱了。小石找到了寺院的住持说："蓬头垢面是对佛的不敬。应在每座庙的香案前放把木梳，供善男信女梳理头发。"住持采纳了小石的建议。那座山上共有10座庙，所以他卖出了10把木梳。

负责人又问小钱："卖出多少？"小钱答："1 000把。"负责人惊问："怎么卖的？"小钱说他到一个颇具盛名、香火极旺的深山宝刹，朝圣者如云，施主络绎不绝。小钱对住持说："凡来进香朝拜者，多有一颗虔诚之心，宝刹应有所回赠，以作纪念，保佑其平安吉祥，鼓励其多做善事。我有一批木梳，您的书法超群，可先刻上'积善梳'三个字，然后便可作赠品。"住持大喜，立即买下1 000把木梳，并请小钱小住几天，共同出席了首次赠送"积善梳"的仪式。得到"积善梳"的施主与香客很是高兴，一传十，十传百，朝圣者更多，香火也更旺。这还不算完，好戏更在后头：住持希望小钱再多卖一些不同档次的木梳，以便有针对性地赠给不同的施主与香客。

【思考】三位应聘者为什么出现不同的结果？小钱采用了哪些技法？

巩固练习

一、选择题

1. 控制主要通过（　　）来实现。
   A. 检查　　　　B. 监督　　　　C. 纠偏　　　　D. 计划
2. 按照控制点的位置分类，控制类型不包括（　　）。
   A. 分层控制　　B. 前馈控制　　C. 现场控制　　D. 反馈控制
3. 六西格玛组织人员构成不包括下列选项中的（　　）。
   A. 绿带　　　　B. 财务代表　　C. 业务负责人　D. 倡导者
4. 当前最常见的绩效考核方式之一——平衡计分卡主要从（　　）对组织进行绩效管理。
   A. 财务维度　　　　　　　　　　B. 客户维度
   C. 内部流程维度　　　　　　　　D. 学习与成长维度
5. 熊彼特认为，引入一种新产品或者新的特性是（　　）。
   A. 技术创新　　B. 管理创新　　C. 制度创新　　D. 环境创新
6. 创新管理决策涉及多个方面，以下不属于创新决策逻辑的是（　　）。
   A. 创新基础的选择　　　　　　　B. 创新方式的选择
   C. 创新对象的选择　　　　　　　D. 创新战略的选择
7. 从技术创新角度来看，（　　）主要涉及材料、产品、工艺、手段等不同方面。
   A. 创新基础的选择　　　　　　　B. 创新水平的选择
   C. 创新对象的选择　　　　　　　D. 创新方式的选择
8. 管理创新和其他管理职能的区别在于管理创新更重视（　　）。
   A. 资源的运用效用　　　　　　　B. 指导
   C. 控制　　　　　　　　　　　　D. 计划
9. 以下不属于管理创新的角度的是（　　）。
   A. 从形式角度考察不同管理创新的特点
   B. 从过程角度考察不同管理职能的创新内涵
   C. 从内容角度讨论管理创新的意义
   D. 从要素角度讨论管理基础的创新

10. 创新与维持的关系，说法正确的是（   ）。
    A. 维持是创新基础上的发展
    B. 创新是维持的逻辑延续
    C. 维持是为了实现创新的成果
    D. 创新是为高层次的意识提供依托和框架

二、问答题

1. 什么是控制？控制应遵循的原则有哪些？
2. 结合实际，阐述控制的基本过程。
3. 常用的控制方法和技术有哪些？
4. 谈谈你对创新的理解和认识。
5. 管理创新需要具备哪些能力？

拓展训练

拓展 1：自我评估练习

你能控制自己的预算吗？大学读书期间，你至少应该掌管自己的财务，你的个人预算管理的好坏或许预示着你将来在工作中管理公司预算的能力。按照下面的描述评估你的预算能力，如果下面的表述对你不适用，那么在类似的环境中你的行为方式是什么？

1. 钱一到手我就花光。   （   ）
2. 每周、每月、每学期初，我都列出全部的固定支出。   （   ）
3. 每月月末，我好像总是手头拮据。   （   ）
4. 我能支付所有的花销，但没有钱用于娱乐。   （   ）
5. 我现在还存不了钱，毕业以后再说吧。   （   ）
6. 我背负着一些债务。   （   ）
7. 我有一张储蓄卡，每月总能剩点钱。   （   ）
8. 我用信用卡透支消费。   （   ）
9. 每周吃饭，看电影及其他娱乐要花多少钱我心中有数。   （   ）
10. 我只用现金付款。   （   ）
11. 买东西时我追求物美价廉。   （   ）
12. 朋友需要时我会借钱给他们，即使这样会使我的资金告急。   （   ）
13. 我从来不向朋友借钱。   （   ）
14. 我每个月存点钱，以备真正需要时使用。   （   ）

|测评结果|

如果对 1、3、5、6、8、12 题回答为"是"，说明你的预算能力非常糟糕。
如果对 2、4、7、9、10、11、13、14 题回答为是，则说明你具有训练有素的预算能力。

拓展 2：课后实践

2.1 编制预算方案

│实训目的│

1. 培养学生初步运用预算控制的能力。
2. 掌握管理者的角色，并培养管理者的控制技能。

│实训内容│

班级组织一次座谈会，需要购置水果、饮料、小吃、奖品、用具、装饰品等，为了使活动丰富多彩，请你根据有关产品的市场价格和活动设计情况，制定出本次活动的开支预算方案并进行解释。

│方法与要求│

1. 小组作业，课上布置，课后完成。
2. 在下一次课上，由小组代表演示，并加以分析。
3. 小组演示后，每个人根据小组展示活动的情况并结合本章学习的内容，撰写一份心得体会。

│实训考核│

由教师和学生对各公司组建情况进行评估打分，并记入公司积分。

2.2 案例分析

韦尔奇的创新

杰克·韦尔奇是美国通用电气公司的首席执行官。在韦尔奇执掌帅印的 20 年中，通用电气公司连续 4 年被《财富》杂志评选为"全球最受赞赏的公司"的第一位，得票率比第二位的微软公司高出 50%，韦尔奇也被誉为 20 世纪最成功的企业家和首席执行官。韦尔奇的创新有两个特点：

其一，沿着一个核心不断地修改前进，形成一个连续不断的深化和递进系列。例如，韦尔奇刚一就任通用电气公司的首席执行官就思考人的因素。1985 年，他把人力资源因素作为通用电气公司的"第三个及最后一个价值"。1985 年，他明确提出了代表通用电气公司核心信念的五条价值观：使顾客满意、变化是永恒的、知识是分享而不是截留、似是而非的生活方式、通用人必须认同通用电气价值观。然后每过几年对此进行修正，以纳入新的思想和举措。20 世纪 90 年代末，通用电气公司的价值观演化为九条，如创造卓越、鄙视官僚主义、兼收并蓄、质量生命、自信等，有关顾客的内容没有了。但是，到了 1999 年，当他了解到顾客并没有感受到六西格玛的好处时，又重写了九条价值观。第一条是"热情地专注于驱动顾客价值"；第二条是以六西格玛为生命，确保顾客是"第一个受益人"；第七条是强调"以顾客为中心的视角"；其他是鄙视官僚主义、尊重智力资本等。

其二，创新的一致性和简洁性。韦尔奇的每一个创造性的概念、计划和行动都是建立在一套具有内在一致性的假设之上的，从价值到学习再到领导的素质理论，都集中于同一个模式；用好的思想领导组织，激励他人提出自己的想法，行为方式应有助于形成一个健康的、不断增长的学习型组织。不仅如此，韦尔奇的创新绝不故弄玄虚，他非常重视简洁，能够用几个精心挑选的词汇将自己的构想表达得清清楚楚，使组织中的每一个人都能把握。这是韦尔奇成功的关键之一。

通过对韦尔奇在通用电气公司20年管理实践的描述和分析可以看出：企业家是勇于创新和善于创新的人，他们不仅是精明的实践家，而且是伟大的思想家；他们不是鲁莽的武夫，而是智勇双全的将军；他们不仅面对实际，脚踏实地，喜欢变化，具有科学的态度，而且自信、灵活、开放、坦诚，具有很高的领导艺术。从韦尔奇的身上，我们看到的是生生不息、奋发向上的创新精神。

【思考】

1. 韦尔奇创新管理中的"新"体现在哪些方面？
2. 你还了解哪些韦尔奇的管理思想？从本案例中你受到何种启发？

要求：小组进行讨论，形成小组意见，小组代表发言，教师点评，并形成书面作业上交。教师根据每组的发言情况及书面作业给出小组成绩，并记入公司积分。

参 考 文 献

[1] 罗宾斯，库尔特. 管理学：第 13 版 [M]. 刘刚，程熙镕，梁晗，等译. 北京：中国人民大学出版社，2017.
[2] 杨强. 管理学基础 [M]. 2 版. 北京：中国人民大学出版社，2014.
[3] 周三多，陈传明，刘子馨，等. 管理学：原理与方法 [M]. 7 版. 上海：复旦大学出版社，2018.
[4] 王栓军. 企业管理模拟指导教程 [M]. 2 版. 北京：北京邮电大学出版社，2015.
[5] 王栓军. 管理学基础 [M]. 2 版. 北京：北京邮电大学出版社，2018.
[6] 方桂萍，卢慧芳. 管理学基础 [M]. 2 版. 北京：清华大学出版社，2015.
[7] 尤玉钿. 管理学基础与实务 [M]. 北京：高等教育出版社，2020.
[8] 卫海英，袁泉. 管理学基础与应用 [M]. 西安：西安电子科技大学出版社，2016.
[9] 单凤儒. 管理学基础 [M]. 7 版. 北京：高等教育出版社，2021.
[10] 德鲁克. 卓有成效的管理者 [M]. 许是祥，译. 北京：机械工业出版社，2005.
[11] 邢以群. 管理学 [M]. 4 版. 杭州：浙江大学出版社，2016.
[12] 卢润德，严宗光，袁泉，等. 管理学 [M]. 2 版. 北京：机械工业出版社，2013.
[13] 方振邦. 管理学基础 [M]. 3 版. 北京：中国人民大学出版社，2016.
[14] 毛杰，郭琰. 管理学基础 [M]. 南京：南京大学出版社，2015.
[15] 高良谋. 管理学 [M]. 4 版. 大连：东北财经大学出版社，2014.
[16] 罗哲. 管理学 [M]. 2 版. 北京：电子工业出版社，2014.
[17] 白瑷峥. 管理学原理 [M]. 北京：中国人民大学出版社，2014.